비교문화연구
Comparative Cultural Studies

이 저서는 2016년 정부(교육부)의 재원으로 한국연구재단 대학인문역량 강화사업(CORE)의 지원을 받아 수행된 저서임

글로벌지역학총서 I

비교문화연구

2017년 8월 25일 인쇄
2017년 8월 31일 발행

저 자 | 이 홍 종
발행인 | 김 영 섭
발행처 | 부경대학교 출판부
주 소 | 부산광역시 남구 대연3동 599-1
전 화 | (051) 629-6914
F A X | (051) 629-6917
E-Mail | upress@pknu.ac.kr

값 25,000원

ISBN 979-11-8726-311-1 94300
979-11-8726-310-4 (세트)

글로벌지역학

총서 - I

비교문화연구

Comparative Cultural Studies

이홍종 지음

PUKYONG NATIONAL UNIVERSITY PRESS
부경대학교 출판부

책 머리에

공대 다니면서 독일로 유학갈 친구가 '알리앙스 프랑세즈'에서 프랑스어를 열심히 배우고 있어 "무엇 때문에 프랑스어를 배우느냐?"고 물으니 서울대 국문과 김윤식교수님을 들먹이며 "한 나라의 언어를 배우는 것은 그 나라의 문화를 알 수 있기 때문에 그것으로도 충분한 이유가 된다"고...

필자와 같은 정치학도는 "정치가 아닌 것이 없다"고 하지만 사회학에서 말하는 사회, 그리고 문화는 인간 만사에 관계되지 않는 곳이 없다. 마찬가지로 사회 현상을 설명하는 데 있어 문화처럼 강력한 변수는 없다고 본다. 심지어 국제관계도 '문명의 충돌'이라고 하지 않는가? 문화와 문명의 같은 점과 다른 점은 본론에서 설명할 기회가 있다.

문화가 가장 많이 사용되는 학문은 인류학이다. 민속학, 고고학, 언론정보학 등도 예상된 바이지만 이 책을 쓰면서 심리학에서도 문화와 비교문화가 많이 연구된다는 것을 새롭게 알게 되었다. 그리고 이번 기회에 '정치학과 비교문화'와의 관계를 정리하게 되었다.

사회과학의 하나인 정치학이 자연과학과 같은 수준의 과학성을 가지기 위하여 사회과학의 대상을 하나의 생명체/유기체로 보려는 행태주의(behavioralism) 혁명이 일어났고 그 결과가 시스템(system) 이론이다. 그리고 이것을 가지고 정치를 비교하고 정치발전을 논하였는데 모델은 같은데 다르게 나타나는 것을 "정치문화가 다르다."

라고 대충 넘어가려고 했던 것이 아니었나? 소위 "정치적 기분, 태도, 평가, 의무감, 약속 등을 포함하는 정치체제의 심리적 측면 또는 내재화된 정치체제"가 정치문화라고 하면서... 결과적으로는 정치문화적 측면을 밝히려고 인터뷰, 여론조사 등이 발달되었다.

시스템 이론가의 적자(嫡子)인 알몬드(G. Almond)와 버바(S. Verba)가 쓴 *Civic Culture*를 공부했을 때 놀랐던 것은 참여형 정치문화가 아닌 전통(미분화未分化)형 · 신민(臣民)형 · 참여형이 합쳐진 복합형태가 바람직하다고... 이 복합형태는 참여형을 기본으로 하면서 전통(미분화)형이나 신민형을 배제하지 않는 유연한 특징을 갖기 때문에 안정적인 정치체계에 가장 적합하다고 되어 있다. 미국정치학 책이 참여형 정치문화를 주장하지 않는데 놀랐였다. 시대에 뒤떨어졌다고 할 지 모르지만 "지금도 입헌군주제가 상당히 통합의 정치에 구심점의 역할을 해 주고 있는 것이 아닌가?" 생각한다.

책 제목은『비교문화연구』인데 책을 쓰다 보니 비교문화 보다는 문화에 더 초점이 맞추어졌다. 그러나 문화에 대한 연구에 있어서 자연스럽게 가장 중요한 것이 비교문화이니 이해해 주기 바란다. 마지막으로 책을 쓸 기회를 주신 부경대학교 코어사업단장님이신 정해조교수님과 출판을 맡아 준 부경대학교 출판부에 감사드립니다.

2017년 봄 이홍종

차례

Ⅰ. 비교문화연구

1. 문화

– 왜 문화인가?

1) 문화는 인간의 다양한 삶의 양식을 표현한다.
2) 과학기술의 발달, 대중사회의 도래 그리고 세계화(globalization)로 민족과 계층을 초월한 인류 보편의 문화를 가능하게 하였다.
3) 인류 보편의 문화는 더불어 문화의 다양성도 가져온다.[1]
4) 문화연구의 궁극적인 목표는 올바른 문화 읽기, 문화 실천 그리고 문화 창출이다.[2]
5) 문화적 정치적 사고는 인간의 전반적인 세계에 대한 새로운 이해를 가져왔다.[3]

---

1 조수동 · 김주완 · 이강화 · 이윤아. 2002.『문화의 이해』대구: 이문출판사, p. 15.

2 http://terms.naver.com/entry.nhn?docId=2073305&cid=44411&categoryId=44411 (검색일: 2017. 3. 1).

3 http://terms.naver.com/entry.nhn?docId=1518485&cid=41908&categoryId=41912 (검색일: 2017. 3. 1).

– 문화(文化, culture)의 개념

문화의 사전적 정의는 "한 사회의 개인이나 인간 집단이 자연을 변화시켜온 물질적 · 정신적 과정의 산물"이다.[4] 문화의 개념에는 인간의 생각과 행동 방식 중 사회 구성원들로부터 배우고 전달받은 모든 것들. 의식주, 언어, 풍습, 종교, 학문, 예술, 제도 등을 모두 포함한다. 문화(culture)는 라틴어의 'cultus'에서 유래하였다. '재배하다', '경작하다', '마음을 돌보다', '지적인 개발을 하다' 등의 뜻이 있다.[5] 나중에는 이것이 자연(nature)적인 행동과 반대되는 문명화된 행동이라는 의미로 바뀌었고 나아가 상류 계급의 행동을 의미하게 된다. 이어서 19세기에는 가장 훌륭한 예술, 음악, 사상을 가리키는 '고급문화'의 개념으로 등장하였다. 20세기에 들어와서 대중문화가 발달하면서 문화의 개념이 '세련된, 교양 있는, 고급스러운'의 의미뿐만 아니라 인간의 모든 생활양식을 넓은 의미로 가리키는 것으로 정립되었다.

문화의 의미는 크게 좁은 의미의 문화와 넓은 의미의 문화로 나눌 수 있다. 좁은 의미의 문화란 문학이나 예술 분야와 관련된 의미로 정신적이고 세련되고 교양 있는 모습을 말한다. 예를 들어 문화인, 문화생활, 문화 시설, 문화 행사, 신문의 문화면 등을 들 수 있다. 넓은 의미의 문화란 한 사회에서 공통적으로 나타나는 독특한 생활양식을 의미하며 사회 구성원들이 후천적인 학습을 통해 공유하고

---

4 http://terms.naver.com/entry.nhn?docId=554876&cid=46634&categoryId=46634 (검색일: 2017. 3. 1).

5 http://terms.naver.com/entry.nhn?docId=960185&cid=47305&categoryId=47305 (검색일: 2017. 3. 1).

있는 행동 양식과 사고방식 등을 말합니다. 예를 들어 전통 문화, 청소년 문화, 기독교 문화, 한국 문화, 서양 문화, 대중문화 등이 있다.

– 문화와 문명(civilization)의 차이

문화와 비슷하게 문명이란 말도 있다. 문화와 문명의 차이점은 무엇일까? 문화는 문명을 구성하는 개별적 요소이며 그 양상이다.[6] 문화란 한 사회의 구성원들이 후천적으로 학습된 공통적인 생활양식을 말한다. 즉, 문화란 한 사회의 구성원들의 생활양식 자체를 가리키지만, 문명이란 지식과 기술의 발전 단계를 말한다. 문명은 물질적이고 사회적인 발전이 이루어진 발달된 사회에서만 존재하지만, 문화는 미개하고 야만적인 사회에서도 존재한다.

– 문화의 기능

문화의 기능에서 가장 본질적인 것은 사회의 재생산이다. 문화는 그 사회의 생활양식이다. 인간이 한 사회의 구성원이 된다는 것은 그 사회에 이미 존재하는 삶의 양식을 습득하여 사용할 수 있게 된다는 의미이고 이는 그 삶의 양식을 반영하고 있는 사회의 질서, 규범, 가치 등을 따르게 된다는 것을 의미한다. 문화는 천성적으로 타고나는 것이 아니라 교육되는 것이다. 사회 구성원들을 사회체제에 편입시키면서 사회를 재생산하는 문화의 기능은 문화가 이데올로

6 조수동 · 김주완 · 이강화 · 이윤아. 2002. 『문화의 이해』 대구: 이문출판사, p. 25.

기와 밀접한 관계가 있다는 점을 보여준다. 다양한 문화적 기제들이 사람들로 하여금 주어진 문화에 순응하게 함으로써 기존의 사회 체제를 유지하고 재생산하는 기능을 한다.[7]

– 대중문화(mass culture)와 고급문화(high culture)

텔레비전이나 라디오와 같은 대중 매체를 통해 전달되는 문화를 대중문화라고 한다. 대중문화는 접근하기 쉬운 대중 매체가 전달하기 때문에 모든 사람이 이해하고 즐길 수 있는 문화다. 그래서 대중문화는 여러 사람들을 묶어 주고 많은 사람들이 손쉽게 문화를 접할 수 있게 해 준다. 유행에 민감한 대중문화는 돈이 되는 것만을 좇고 개성을 무시하기 쉽다는 단점도 함께 가지고 있다.[8]

산업사회가 도래하고 대중사회가 형성되면서 이런 뛰어난 교양으로서의 문화를 갖춘 엘리트층의 지배가 도전받게 되었을 때, 이런 문화 개념의 옹호자들은 물질문명과 과학기술, 정치, 경제와 떨어져 독립적으로 존재하는 문화의 개념을 더욱 방어적으로 고수했다. 대중문화와 대립하는 고급문화의 개념을 통해 기존의 엘리트적 문화관을 고수하며 대중문화를 저급한 것으로 치부하는 논리나 이른바 순수문화를 주장하였다. 그 결과는 정치, 경제적 영역과 단절된 문화 영역의 분리였다. 문화의 심미적 수준에 따라 고급문화와 저급문화(low culture)를 구분하기도 한다. 대개 고급문화는 주로

---

7 http://terms.naver.com/entry.nhn?docId=554876&cid=46634&categoryId=46634 (검색일: 2017. 3 1).

8 http://terms.naver.com/entry.nhn?docId=960185&cid=47305&categoryId=47305 (검색일: 2017. 3. 1).

서양에서 비롯된 예술적 전통의 맥락에 있는 문화를 의미하고 저급 문화는 대량생산된 대중문화 산물을 가리키는 경우가 많다. 그러나, 고급문화와 저급문화는 고정되고 불변하는 실체가 아니고, 역사적으로 변화하는 유동적이며 자의적인 구분일 따름이다.[9]

– 청년문화(youth culture)

대중문화는 세대 간의 차이와 갈등이 드러나는 영역이다. 청년문화는 어린이에서 성인으로의 이행기에 있는 청년기 특유의 역할, 가지관, 행동양식을 가신 하위문화이다. 청년문화를 보는 시각으로서는 소득수준의 향상에 의한 청년문화의 성립이라고 하는 경제적 조건과 독자적 자기실현의 강한 욕구라고 하는 정신적 조건을 들 수 있다. 또한 청년문화의 유형은 기성질서와의 관계로부터 '동조' →'일탈'→'반항'이라고 하는 행동양식과 정신구조특성을 축으로 설명할 수 있다.[10] 서구의 역사에서 청년문화는 청년 세대가 부모 세대와 구별되는 가치와 취향, 태도와 행위를 보여주기 시작한 1950년대와 1960년대를 통해 학문적인 주제로 등장했다.[11]

한국에서 청년문화는 주로 1970년대 초반 대학생층을 중심으로 서구의 라이프스타일과 대중문화를 추종하는 흐름을 지칭하는 개념으로 처음 사용되었다. 한국의 청년문화는 1970년대 후반 유신체

9 조수동 · 김주완 · 이강화 · 이윤아. 2002.『문화의 이해』대구: 이문출판사, pp. 68–75.

10 http://terms.naver.com/entry.nhn?docId=473122&cid=42120&categoryId=42120 (검색일: 2017. 3. 1).

11 http://terms.naver.com/entry.nhn?docId=563455&cid=46634&categoryId=46634 (검색일: 2017. 3. 1).

제가 대중문화에 대한 억압을 강화하는 과정에서 사실상 강제로 퇴출되었다. 1980년대에는 진보적 성격의 문화운동이 활발하게 벌어졌는데 이런 문화운동의 가장 중요한 기반이 대학이었고 대학생들의 진보적 청년문화가 당대의 기성 사회의 대중문화와 갈등을 빚었다. 1990년대 이후 10대 청소년 계층의 문화가 대중문화 시장의 주류로 등장하면서 청년문화 대신 청소년 문화라는 용어가 논란의 대상으로 대두되었다.[12]

– 한류(韓流)[13]

1990년대 말부터 아시아에서 일기 시작한 한국 대중문화의 열풍을 한류라 한다. 1996년 한국의 텔레비전 드라마가 중국에 수출되고 2년 뒤에는 가요가 알려지면서 아시아를 중심으로 대한민국의 대중문화가 대중적 인기를 얻게 된 현상을 말한다. 이후 한국 대중문화의 열풍은 중국뿐 아니라 타이완 · 홍콩 · 베트남 · 타이 · 인도네시아 · 필리핀 등 동남아시아 전역으로 확산되었다. 특히 2000년 이후에는 드라마 · 가요 · 영화 등 대중문화만이 아니라 김치, 고추장, 라면 등 한국 음식, 그리고 한국제 가전제품 등 한국 관련 제품의 이상적인 선호현상까지 나타났는데 포괄적인 의미에서는 이러한 모든 현상을 가리켜 한류라고 한다. 대중문화의 수용 차원을 넘어 한국의 연예인, 나아가 한국인과 한국 자체에 애정을 느껴 한국

---

12 http://terms.naver.com/entry.nhn?docId=563455&cid=46634&categoryId=46634 (검색일: 2017. 3. 1).

13 한류에 대해서는 뒤에 '언론정보학과 비교문화'에서 자세히 설명하겠다.

어를 익히거나 한국 제품을 사려는 젊은이들까지 생겨났다.[14]

– 포르노그래피(pornography)[15]

성(sexuality)에 대한 논의는 생물학이나 사회적/문화적 측면에서 이루어지고 있다.[16] 인간의 성적 행위를 직접적으로 묘사하는 영화, 서적, 사진, 만화 등을 총칭하여 포르노그래피라고 한다.[17] 서양 문학에서 포르노그래피는 고대 그리스 제전에서 불렀던 외설스러운 노래와 로마 폼페이에서 발견된 벽화 등에서 발견된다. 중세부터 18세기까지는 주로 부패한 성직자와 귀족들의 로맨스 등을 묘사한 작품에서 나타났고 19세기부터는 인쇄술의 발달과 중산층의 등장으로 대중을 대상으로 하는 포르노그래피 서적이 범람했으며 사진이 발명되면서 포르노그래피 사진이 등장했다. 20세기 포르노그래피는 영상이 주는 사실성을 배경으로 포르노그래피 영화가 매스미디어와 결합하여 산업화됐다. 오늘날에는 인터넷으로 대표되는 글로벌 통신망이 포르노그래피를 확산시키는 계기가 되어 누구나 원하는 시간에 언제든 포르노그래피에 노출될 수 있는 환경이 되었으며 통신 수단을 이용한 포르노그래피에의 참여도 가능하다. 1968년 미국 존슨 대통령이 19명의 저명한 사회 인사로 '음란성과 포르노

---

14 http://terms.naver.com/entry.nhn?docId=1221901&cid=40942&categoryId=31614 (검색일: 2017. 3. 1).
중국에서는 이들을 가리켜 '합한족(哈韓族)'이라는 신조어로 부른다.

15 포르노그래피에 대해서는 뒤에 '언론정보학과 비교문화'에서 자세히 설명하겠다.

16 김주완 · 조수동 · 김용섭 · 이윤아. 2002. 『성과 사랑』 대구: 이문출판사. pp. 32-41.

17 어원은 그리스어 포르노그래포스(pornographos)로 '창녀에 관하여 쓰여진 것'을 뜻한다.

그래피에 관한 대통령 위원회'를 구성하여 2년 동안 포르노그래피의 실태와 영향에 관한 실증적인 연구가 이루어졌다. 이 위원회는 성범죄에 영향을 미치는 인과 관계를 부정하는 입장을 취해 그 결과로 성인에 대한 포르노그래피 판매 금지에 관한 법률을 철폐했고 서구 여러 나라들도 1970년 이후 규제를 풀었다. 다른 연구에 따르면 노골적인 선정물이라 하더라도 여성과 남성이 평등하게 참여하는 포르노그래피는 공격성을 유발시키지 않는다. 오늘날의 미디어 환경에서 포르노그래피를 제도적으로 규제하는 것은 불가능하다. 포르노그래피 또한 개인의 성적 자기 결정권의 영역으로 인정하되 부정적 영향을 상쇄하기 위한 교육의 중요성을 강조하는 논의도 제기되고 있다.[18]

덴마크에서는 포르노그래피가 널리 퍼지면서 성범죄가 줄어들기 시작했고 해금 후에는 3분의 1로 줄었다. 미국의 성범죄자는 10대 때 포르노그래피에 접할 기회가 없었던 사람들 중에 많다. 강간하는 사람은 대개 성을 금기시하는 가정에서 자랐다. 그중 18%는 에로틱한 물건을 소지하여 부모의 꾸지람을 들은 경험이 있는 사람들이었다. 성적 표현을 포르노그래피라고 생각하는 경향은 성행동에 대하여 죄악감을 갖는 사람일수록 강하다.[19]

---

18 http://terms.naver.com/entry.nhn?docId=350394&cid=42617&categoryId=42617 (검색일: 2017. 3. 1).

19 http://terms.naver.com/entry.nhn?docId=1158278&cid=40942&categoryId=32856 (검색일: 2017. 3. 1).
구미(歐美)의 포르노그래피에는 성교장면을 악마가 엿보는 모습을 그려 죄악감을 나타내는 경우가 많다.

질문하기

- 문화란 무엇인가?

- 우리는 왜 문화에 대해 공부하는가?

- 좋은 문화란 어떤 것인가?

- 문화읽기란 무엇인가?

- 문화적 사고란 무엇인가?

- 대중문화란 무엇인가?

- 왜 청년문화인가?

- 한류란 무엇인가?

- 할리우드 스타는 어떻게 만들어지는가?

- 사람들은 왜 스타에 열광하는가?

- 팬은 누구인가?

- 스포츠는 왜 재미있는가?

- 포르노그래피는 어떻게 볼 것인가?

- '논다는 것'이 왜 중요한가?

참고문헌

김주완 · 조수동 · 김용섭 · 이윤아. 2002. 『성과 사랑』 대구: 이문출판사.

김창남 외. 1986. 『노래운동론』(공동체 9) 서울: 공동체.

김창남. 1986. 『김민기』 서울: 한울 아카데미.

김창남 외. 1991. 『TV를 읽읍시다』 서울: 한울아카데미.

김창남. 1995. 『대중문화와 문화실천』 서울: 한울아카데미.

김창남. 1996. 『대중문화와 문화실천』[반양장] 서울: 한울아카데미.

김창남. 2004. 『대중음악과 노래운동 그리고 청년문화』 서울: 한울아카데미.

김창남. 2010(1998). 『대중문화의 이해』(전면2개정판) 서울: 한울아카데미.

김창남. 2015. 『정치와 커뮤니케이션』(커뮤니케이션이해총서) 서울: 커뮤니케이션북스.

김창남. 2015. 『나의 문화편력기: 기억과 의미의 역사』 서울: 정한 책방.

앤드루 에드거 · 피터 세즈윅. 저. 박명진 · 이영욱 · 김창남 역. 2012. 『문화이론 사전』(패러다임 총서)[개정판] 서울: 한나래.

원용진. 2011. 『새로 쓴 대중문화의 패러다임』 서울: 한나래.

전경수. 1994. 『문화의 이해』 서울: 한울아카데미.

조수동 · 김주완 · 이강화 · 이윤화. 2002. 『문화의 이해』 대구: 이문출판사.

L. A. White 저. 이문용 역. 1978. 『문화의 개념』 서울: 일지사.

Ogburn, William Fielding. 1922. *Social Change with Respect to Culture and Original Nature*. New York: B. W. Huebsch.

2. 비교문화

– 문화의 보편성과 특수성

어느 시대, 어느 사회에나 문화에는 공통적인 특성이 있다. 이것은 인간의 기본적인 성격에 기초하여 생겨난다. "한국 사람은 누구나 김치를 먹는다." "어느 사회에나 구성원들이 지켜야 할 규범이 있다" 등은 문화의 보편성의 예에 해당한다. 문화가 모든 시대와 사회에 걸쳐 나타나는 것이 가능한 이유는 무엇일까? 그 답은 바로 보편성이다. 이는 인간이 가진 생물적 · 심리적으로 공동된 성향을 의미하며 바로 이 때문에 문화의 보편성이 나타난다. 문화의 보편성이라는 것은 인간 문화가 가진 공통적인 성향을 말한다. 대부분의 사회에서 적정한 연령이 되면 결혼을 하며 도둑질이나 살인을 금기시하는 것이 나타나는 것이 그 예이다. 그러나 시대나 사회마다 결혼 풍습의 세부 내용은 모두 다르다. 문화의 세부 내용이나 형태가 다른 이유는 인간 집단의 고유한 환경이나 역사 등을 통해 문화가 독자적으로 발전해 왔기 때문이다. 시대나 사회에 따라 문화의 세부 내용이 달리 나타나는 것을 문화의 특수성이라고 한다. 문화의 특수성으로 인해 문화의 다양성이 나타난다.[20]

문화를 인간 삶의 고유 양식이라 규정할 수 있다면 문화라는 것은 모든 인류에게 보편적인 것인 것인가? 문화는 야성(野性)의 세련화와 문자화 내지는 교양 형성 그리고 도덕화라는 성격, 말하자

20 http://terms.naver.com/entry.nhn?docId=941379&cid=47335&categoryId=47335 (검색일: 2017. 3. 1).

면 문화의 보편성은 철학적으로 '합리성'을 그 안에 지닌 것이다. 이런 시각에서 우리는 문화의 질을 논하고 문화 향상을 기획하며, 선진국과 후진국을 가린다. 그러나 문화의 양상은 다양하기 때문에 '합리성'이라는 하나의 척도로서 문화의 우열을 가리기가 어려운 경우도 있다. 이런 경우에 우리는 이런 문화 양상들을 비교하여 질의 차이를 얘기할 수는 없고 단지 형태의 다름만을 얘기할 수 있을 뿐이다. 그래서 문화의 다양성을 말하는 것은 온당한 일이다. 문화는 민족 간에, 사회 집단 간에 서로 다르며 저마다 나름의 배경을 가지고서 형성된 것인 만큼 하나의 문화 형태를 기준으로 놓고 다른 형태의 문화의 질을 평가할 수는 없다는 '문화상대주의'의 길로 나아간다.[21]

– 문화상대주의(文化相對主義)

필자가 영화 <미션 the mission>(1986)을 보았을 때 감동을 받은 장면이 여러 개 있었지만 제일 충격적인 장면은 남미 오지의 "착한" 원주민 과라니족이 세 번째 낳은 애는 죽이는 장면이다. 아프리카의 여성 할례에 대해 들었을 때 받은 충격과 분노와 비슷했다.

문화인류학자 레비 스트로스는 그의 저서 『슬픈 열대』에서 다음과 같은 이야기를 하고 있다.[22]

21 http://terms.naver.com/entry.nhn?docId=996068&cid=41978&categoryId=41986 (검색일: 2017. 3. 1).

22 레비 스트로스 저. 박옥줄 역. 1998.『슬픈 열대』서울: 한길사.

만약에 우리와 다른 사회에서 살아온 관찰자가 우리를 연구하게 된다면 우리의 어떤 풍습이, 그에게는 우리가 비문명적이라고 여기는 식인 풍습과 비슷한 것으로 간주될 가능성이 있다는 점을 인식해야만 한다.

여기에서 나는 우리의 재판과 형벌에 대해 생각해보고 싶다. 만약 우리가 외부에서 이것을 관찰하게 된다면 우리는 두 개의 상반되는 사회 유형을 나눌 수 있을 것이다.

어떤 무서운 힘을 지니고 있는 사람들을 중화시키거나 자신들에게 유리하도록 변모시키는 방법에 대해서 식인 풍습을 실행하는 첫 번째 사회 유형에서는 그 사람들을 자기네의 육체 속으로 빨아들이는 것이 최선이라고 믿는다. 반면에 우리 사회와 같은 두 번째 사회 유형에서는 이 끔찍한 사람들을 일정 기간 또는 영원히 고립시킴으로써 사회로부터 추방하는 것을 최선이라고 생각하면서, 특별히 고안된 시설 속에 고립시키고 모든 접촉을 금한다.

우리가 미개하다고 여기는 대부분 사회의 관점에서 볼 때, 우리와 같은 사회가 행하는 이러한 풍습은 그들에게 극심한 공포를 불러일으키는 것이다. 단지 우리와 대칭되는 풍습을 지니고 있다는 이유만으로 우리가 그들을 야만적이라고 간주하듯이, 우리들도 그들에게는 야만적으로 보일 것이다.

문화는 시간과 장소, 집단과 집단 사이에서 서로 다르게 정의될 수 있다.[23] 문화상대주의는 문화의 다양성을 인정하고 이해하는 견

23 조수동 · 김주완 · 이강화 · 이윤아. 2002. 『문화의 이해』 대구: 이문출판사. p. 22.

해이다. 문화의 다양성을 인정하고 각 문화는 문화의 독특한 환경과 역사적 · 사회적 상황에서 이해해야 한다. 사회의 환경과 맥락을 고려하여 문화를 판단하는 것으로, 어떤 문화요인도 나름대로 존재 이유가 있다. 문화의 상대성을 부정하는 극단적 태도는 자민족 중심주의로 자기 민족의 모든 것이 타민족의 문화보다 우월하다고 믿고 타민족의 문화를 배척하는 태도를 말한다. 문화인류학자 루스 F. 베네딕트(Ruth Fulton Benedict)의 1935년 저서 『문화의 패턴』(Patterns of Culture)[24]에서 인간 행위를 지배하는 윤리가 사회의 관습에 따라 얼마나 다양한가를 보여준다. 베네딕트에 따르면 각 사회의 문화는 서로 상대적인 단면들을 가지고 있으며, 문화적 가치들은 그 사회관계적 조건에 따라 각각의 고유한 의미를 지니고 그에 따라 각기 다른 사회적 관계맺음의 원리, 즉 윤리를 형성한다. 이는 도덕 판단의 정당화 방식 또는 근거가 결국 문화적 환경의 표현이나 합리화 이상의 것이 아님을 보여준다. 윌리엄 G. 섬너(William Graham Summner)에 따르면 도덕이란 어떤 이성적 관념의 체계에 속하는 것이 아니라 인간 사회의 일반적 생활양식 즉 풍습에 유래하는 것이다. 이러한 풍습이 어느 정도 세련화 과정을 거쳐 특정사회에서 사회적 정당성을 포함하는 고도로 세련된 풍습으로 발전할 때 관습이 된다. 도덕원리의 정당성 근거는 오로지 사회적 전통에 기초하며, 사회적 전통은 사회적 상황에 따라 변화할 수 있으므로 결국 그 정당성의 근거 또한 불변적인 것은 아니다.[25]

---

24 루스 베네딕트. 1935. 이종인 역 2008. 『문화의 패턴』(*Patterns of Culture*) 서울: 연암서가.
25 http://terms.naver.com/entry.nhn?docId=1202256&cid=40942&categoryId=32856 (검색일: 2017. 3. 1).

– 절대적 기준으로 문화를 판단해선 안 되는 이유

범죄자를 잡아먹는 것과 사형하는 것 중 어느 것이 더 야만적일까? 이는 누구의 눈으로 보느냐에 따라 달라지는 문제가 아닐까?

지금 아파트에 사는 것이 과거의 주거 문화에 비해 더 발달한 문화라고 여길 수 있다. 그러나 과거에서 온 사람은 화장실이 집 안에 들어와 있는 것을 더럽고 이해할 수 없는 주거 문화라고 생각할 수도 있다. 문화를 이해할 때 자기의 문화나 상대의 문화를 절대적인 기준으로 하여 우열을 판단하는 것에는 자문화 중심주의와 문화사대주의가 있다. 예로 중화사상, orientalism, occidentalism 등이 있다. 문화적으로 자문화 중심주의는 다른 문화를 판단할 때 자기 민족의 문화를 기준으로 다른 문화를 비하하는 것이다. 프랑스의 여배우 브리짓 바르도가 한국의 개고기 음식 문화를 야만적인 행위로 규정하고 항의 편지를 보낸 것도 마찬가지이다.[26] 자민족 중심주의가 심각해지면 두 가지로 변화될 수 있다. 첫째는 다른 인종이나 문화를 무시하고 자신의 것만을 중시하는 경우로 이것은 국수주의로 흐를 수 있다. 유대인 학살을 자행한 독일 나치즘이 대표적인 예이다. 둘째로 자신의 문화 우월성을 강조하면서 다른 문화에 자신의 문화를 강요하는 문화 제국주의[27]로 흐를 수 있다. 개별 민족이나 국가가 갖는 문화의 고유성을 인정하기보다는 자신의 문화를 우월

---

26 이에 일부 한국 사람들은 푸아그라(프랑스의 유명한 음식재료 중 하나인 거위간)를 얻기 위해 거위에게 강제로 사료를 먹이는 것이야말로 야만적이라고 비난했다.

27 문화제국주의에 대해서는 뒤에 "정치학과 비교문화"에서 설명하겠다.

하다고 생각하여 다른 문화에 지배적인 영향력을 행사하기도 한다. 자문화 중심주의나 문화 사대주의는 기본적으로 문화의 다양성과 그 문화가 가진 사회적 맥락을 고려하지 않는 데서 시작한다. 문화의 다양성을 고려한다면 하나의 절대적 기준을 가지고 문화를 평가하는 일은 없어질 것이다.[28]

– 문화 상대주의의 필요성

인도 바라나시의 갠지스 강에는 배설물은 물론 화장이 덜 된 시신까지 떠다닌다. 그 강가의 한쪽에서는 죽은 사람을 화장하고 다른 한쪽에서는 빨래를 하거나 목욕을 한다. 사람들은 이 모습에 질색하면서도 바라나시를 보지 않으면 진정한 인도를 보지 못한 것이라 한다. 갠지스 강은 힌두교를 믿는 이들에게 성스러운 강이고 여기에서의 목욕은 죄를 씻어내는 의미이기에 그들에게 최대의 기쁨이다. 그리고 이 강에서 죽어서 화장되고, 유골이 강을 흘러간다면 이보다 더한 기쁨은 없다. 이러한 인도인들의 사고를 알게 되면 갠지스 강에서 이루어지는 모든 행동을 이해하는 것이 쉬워진다. 다른 문화를 이해하기 위해서는 상대방의 관점에서 왜 그런지를 찾아보아야 한다. 그러나 문화 상대주의는 다른 집단에게 비난받는 자신만의 독특한 문화를 방어하는 근거로 활용되기도 한다. 예를 들어, 순장을 하는 나라가 있다면 문화 상대주의 관점은 왜 그들이 그런 행동을 하는지를 이해하자는 것이다. 그들의 극단적 문화 현상

---

28 http://terms.naver.com/entry.nhn?docId=1718544&cid=47336&categoryId=47336 (검색일: 2017. 3. 1).

을 변론하기 위한 도구로 사용되어서는 안 된다.[29]

– 모든 현상에 문화 상대주의 태도를 가져야 할까?

여성 할례란 여성의 외부 성기를 잘라내는 것으로 여성의 성적 쾌감을 줄여 정숙한 여성으로 만들겠다는 것이다. 할례의 문제는 단순히 이해하고 끝내야 하는가? 아니면 여성 할례는 인간 존엄성에 반하는 행위로 보아야 하는가? 바로 보편적 가치와 상대적 가치의 문제이다. 문화권에 상관없이 어느 사회에나 인간의 존엄성, 자유, 평등, 인권 등 보편직 가치가 존재하고 이것을 인정해야 한다. 그러나 가치의 상대성을 강조하는 학자들은 가치에 위계 서열은 없으며 지역이나 시대에 따라 가치는 상대적이라고 본다. 문화 상대주의는 정답을 제시하지 않는다. 다만 자신의 문화 중에서 인간의 존엄성을 해치는 문화 현상을 정당화하기 위해 문화 상대주의가 존재하는 것이 아니라는 점을 기억해야 한다.[30]

– 비교문화와 전통문화

음식, 옷, 주거 양식 등을 비롯해서 풍습, 도덕, 종교와 같은 것들이 문화에 포함되기에 우리는 다양한 문화를 이해하고 인정해야 한다. 비교문화는 시간적 비교와 공간적 비교가 있다. 전통문화는 옛

29 http://terms.naver.com/entry.nhn?docId=1718544&cid=47336&categoryId=47336 (검색일: 2017. 3. 1).

30 http://terms.naver.com/entry.nhn?docId=1718544&cid=47336&categoryId=47336 (검색일: 2017. 3. 1).

날부터 전해 내려오는 그 나라 고유의 문화이다. 윷놀이, 제기차기 등의 민속놀이, 춘향전, 심청전 같은 옛날이야기, 명절에 올리는 차례나 돌아가신 분을 기리는 제사, 고유의 아름다움을 자랑하는 각종 문화재, 한복 등이 모두 우리의 전통문화이다. 전통문화는 단순히 지나간 과거의 문화를 뜻하는 것은 아니다. 전통문화는 과거와 현재를 이어 주면서 우리 민족이 공동체 의식을 느낄 수 있게 하는 역할을 한다. 그렇다고 예로부터 전해 내려온 모든 것이 전통문화인 것은 아니다. 전통 문화는 보존하고 이어나가면서 발전시킬 만한 것을 말하고, 남녀 차별과 같이 옛날에 있었던 나쁜 풍습은 전통문화라고 하지 않는다.[31]

– 관련된 개념들[32]

1) 자문화 중심주의 : 자기 문화의 기준에서 다른 문화를 무시하거나 열등하다고 바라보는 태도

2) 문화 사대주의 : 다른 문화의 기준에서 자기 문화를 무시하거나 열등하다고 바라보는 태도

3) 문화 상대주의 : 어느 하나의 문화 관점에서가 아니라 개별 문화의 맥락을 고려하면서 문화를 이해하려는 태도

---

31 http://terms.naver.com/entry.nhn?docId=960185&cid=47305&categoryId=47305 (검색일: 2017. 3. 1).

32 http://terms.naver.com/entry.nhn?docId=1718544&cid=47336&categoryId=47336 (검색일: 2017. 3. 1).

4) 가치 절대주의 : 사회에 구분 없이 보편적으로 모든 인간이 중요하게 여기는 가치가 있다고 보는 관점

5) 가치 상대주의 : 보편적인 가치보다는 사회의 특수성이나 개별 사회의 속성에 따라 인정하고 중요하게 여기는 가치가 다르다고 보는 관점

질문하기

- 사형과 식인, 어느 것이 더 야만적일까? 범죄자를 잡아먹는 것과 사형하는 것 중 어느 것이 더 야만적일까? 이는 누구의 눈으로 보느냐에 따라 달라지는 문제가 아닐까?

- 한국의 개고기문화는 야만적 행위인가?

- 여성 할례의 문제는 어떻게 보아야 하는가?

- 문화라는 것은 모든 인류에게 보편적인 것인가?

- 인류 세계의 문화 형태들을 일별해 볼 때, 그 모습은 시대적으로 지역적으로 민족적으로 계층적으로 성별로 연령별로 다기 다양하다. 과연 이러한 제 유형의 문화를 관통하는 문화의 보편적 성격이 있으며, 문화 평가의 보편적 척도가 있는가?

- 절대적 기준으로 문화를 판단해선 안 되는 이유?

- 모든 현상에 문화 상대주의 태도를 가져야 할까?

참고문헌

김창남. 2015.『나의 문화편력기: 기억과 의미의 역사』서울: 정한 책방.

레비 스트로스 저. 박옥줄 역. 1998.『슬픈 열대』서울: 한길사.

루스 베네딕트. 1935. 이종인 역 2008.『문화의 패턴』(Patterns of Culture) 서울: 연암서가.

앤드루 에드거 · 피터 세즈윅. 저. 박명진 · 이영욱 · 김창남 역. 2012.『문화 이론 사전』(패러다임 총서)[개정판] 서울: 한나래.

원용진. 2011.『새로 쓴 대중문화의 패러다임』서울: 한나래.

전경수. 1994.『문화의 이해』서울: 한울아카데미.

조수동 · 김주완 · 이강화 · 이윤화. 2002.『문화의 이해』대구: 이문출판사.

L. A. White 저. 이문용 역. 1978.『문화의 개념』서울: 일지사.

Ogburn, William Fielding. 1922. *Social Change with Respect to Culture and Original Nature*. New York: B. W. Huebsch.

3. 문학과 비교문화

– 문학과 문화

문화로서의 문학은 예술 문화로서의 문학과 생활 문화로서의 문학가 있다. 생활 문화로서의 문학은 언어활동을 통해 이루어진다. 문학 작품에는 언어 생활의 관습이 나타나게 된다. 시간, 공간, 종교, 역사적 환경 등의 차이에 따라 그 언어생활의 관습이 각각 다를 수 있다. 문학 작품에서 그 문화적 특색이 드러난다. 문학은 삶의 양식을 반영하게 마련이다. 삶의 양식은 사고방식의 차이에 따라 달라진다. 문학 작품에서 여러 상황과 갈등에 대처하는 방식, 문제를 해결해 나가는 태도 등 삶의 양식을 통해 그 사고방식의 문화적 특색을 이해할 수 있다.[33]

예술 문화[34]로서의 문학은 언어의 미적 요소가 드러나도록 표현하는 것을 목표로 한다. 언어의 미적 요소는 음성 상징처럼 모든 언어에 공통된 것도 있고 율격처럼 언어에 따라 다른 것도 있다. 작품의 언어미를 파악하며 감상하고, 일상생활에서도 활용해야 한다. 문학은 아름다움을 창조하는 미학이다. 아름다움은 숭고미, 우아미, 비장미, 해학미 등이 있다. 어떤 것을 더 가치 있는 것으로 여겨 추구하고 창조하는가에 따라 문화의 특색은 달라지므로 작품이 추

---

33 http://terms.naver.com/entry.nhn?docId=939343&cid=47319&categoryId=47319 (검색일: 2017. 3. 1).

34 '문화예술'이라고도 하며 문화와 예술의 복합어이다. 예술은 문화에 포섭되는 관계에 있다. 모든 예술은 문화에 포함될 수 잇지만 모든 문화가 모두 예술은 아니다. 조수동 · 김주완 · 이강화 · 이윤아. 2002.『문화의 이해』대구: 이문출판사, p. 32.

구하고 있는 미적 가치를 살펴 문화적 의미를 이해해야 한다.[35]

문학(文學)은 문학 작품의 구성, 그 창작과 감상, 그리고 그것을 둘러싼 역사적, 사회적, 문화적 문맥 등에 관해 연구하는 학문이다. 문학은 한 편의 작품을 구성하는 요소들, 예를 들어, 은유, 상징, 리듬, 인물, 시점, 비극성 등의 의미와 작품 속 기능에 관해 연구한다. 그리고 문학은 작가가 한 편의 작품을 생산하는 메커니즘과 독자가 그것을 수용하는 과정에 관해서도 연구한다. 또한 문학은 작품의 창작과 감상에서 중요한 토대가 될 뿐만 아니라 최종적으로 그 의미에 결정적 영향력을 발휘하는 역사적, 사회적, 문화적 문맥에 관해서도 종합적으로 연구한다. 이는 문학이 문학 작품에 대한 감수성 외에 사회, 역사, 정치 등에 관한 풍부한 지식 또한 필요로 함을 의미한다. 문학이라고 하면 시, 소설, 수필 등으로 분류되는 문학 작품을 의미하는 경우가 많기 때문에 경우에 따라 학문으로서의 문학은 그와 구분해서 '문학 연구'로 명명된다. 그러나 대부분의 경우 '문학'이라는 용어는 문학 작품뿐만 아니라 그에 대한 연구에 대해서도 포괄적으로 사용된다. 학문으로서의 문학에는 이론 연구, 장르 연구, 작품 연구, 작가 연구, 독자 연구, 문학사 연구, 문화 연구 등이 모두 포함된다. 문학은 현재 영화나 컴퓨터 게임의 서사, 또한 인터넷 기반 글쓰기로까지 그 영역을 확장하고 있다.[36] 모든 문화 활동의 글쓰기가 문학으로 되었다.

---

35 http://terms.naver.com/entry.nhn?docId=939433&cid=47319&categoryId=47319 (검색일: 2017. 3. 1).

36 http://terms.naver.com/entry.nhn?docId=2164839&cid=44411&categoryId=44411 (검색일: 2017. 3. 1).

– 문화 연구로서 문학

문화 연구에서는 문학 작품의 창작과 독서를 위한 배경이 되는 사회적 · 역사적 조건들에 관해 탐구한다. 작가가 문학 작품의 창작자라는 점을 인정한다. 그러나 작가의 창작 행위를 규정하고 작품의 의미를 결정하는 것은 궁극적으로 특정한 사회적 · 역사적 문맥이라는 점을 전제한다. 그러므로 문화 연구는 특정한 시대와 지역의 연구함으로써 그 시대 · 지역에서 문학이 갖는 의미를 해석하고, 그 시대 · 지역에서 문학이 수행하는 기능을 파악하려고 한다. 과학적 사유의 역사에 관해 연구한 푸코(Michel Foucault)의 『말과 사물』(Les mots et les choses), 동양에 대한 서양의 사고를 지식과 권력의 관계로써 해석한 사이드(Edward W. Said)의 『오리엔탈리즘』(Orientalism) 등은 대표적인 문화 연구서들이다. 최근 문학 연구는 기존 장르들에 포함되지 않는 여러 형태의 글쓰기라든가 영화, TV 드라마, 만화, 컴퓨터 게임 등으로 확장되고 있다.[37] 인간이 만들어 낸 모든 문화적 생산물들이 연구 대상이 되고 있다. 앞으로 인간의 의사소통 수단이 다양해진다면 문학 역시 다양한 형태로 존재하게 된다.[38] 그리고 문학과 문화의 관련성은 더욱 밀접하게 될 것이다.

---

37 오늘날에 와서는 영화 · 사진 · 라디오 · 텔레비전 등의 시청각 미디어가 대중 속으로 파고 든다. 그러므로 활자문화를 대신하는 시청각문화의 시대가 전개되고 있다. 이것도 현대의 문학이 직면한 위기의 주요 요인이 되고 있다. 위기는 동시에 발전의 계기이기도 하다. 언어와 시청각적 이미지를 대규모로 종합한 전혀 새로운 문학의 형식이 앞으로 탄생할 가능성도 배제할 수 없다. http://terms.naver.com/entry.nhn?docId=1095588&cid=40942&categoryId=32859 (검색일: 2017. 3. 1).

38 http://terms.naver.com/entry.nhn?docId=2164839&cid=44411&categoryId=44411 (검색일: 2017. 3. 1).

– 관련 개념들[39]

1) 허구: 문학은 상상력에 의한 산물로서 일종의 허구(虛構, fiction)다. 허구에는 크게 두 가지 의미가 담겨져 있다. 첫째 '상상력에 의한 문학'이고 둘째 '순수 창작물'[40]이다. 이는 '허구(fiction)'의 라틴어 어원 'fictio'에 기인한다. '형(形)을 만들다, 형성하다'를 뜻하는 'fingere'와 '가장하다, 꾸며내다, 속이다'를 뜻하는 'feign'이 모두 'fictio'에서 파생했기 때문이다. 문학의 사회적/문화적 위치는 허구라는 점과 관련해서 확보된다. 문학 작품은 물론 독자에게 사실성 효과를 유발할 수 있다. 하지만 궁극적으로는 허구로서 상상력에 의해 꾸며낸 가능성의 세계인 것이다.

2) 개연성: 개연성(蓋然性, probablity)은 간단히 말하면 '그럴듯함'이다. 실제로 일어난 일은 아니지만 충분히 일어날 법한 일을 지시할 때 사용된다. 아리스토텔레스는 『시학』에서 처음으로 개연성을 문학의 특징으로 규정한 바 있다. 그에 따르면 문학은 '실제로 일어난 일'보다 '일어날 수 있는 일'을 다룬다. 문학이 추구하는 보편적 진실이란 형이상학적 진리나 종교적 신념보다 개연성, 즉 '그럴듯함'인 것이다. 그로 인해 문학은 실제 일어난 일을 다루는 역사와 구별된다.

---

39 http://terms.naver.com/entry.nhn?docId=2164839&cid=44411&categoryId=44411 (검색일: 2017. 3. 1).

40 혹은 고의로 사람을 속이는 날조이다.

3) 인물: 문학 작품에 등장하는 사람이나 인격을 말한다. 그 형상은 대부분 인간이지만, 경우에 따라서는 동물이나 무생물일 수도 있다. 동물이나 무생물은 작가에 의해 인간의 속성을 부여받음으로써만 문학 작품의 인물이 될 수 있다. 서사 문학에서 인물들은 특정 행위를 수행하는 존재, 즉 행위자로서 사건을 유발하거나 사건에 참여한다.

4) 전형화(典型化, typication): 문학 작품에 등장하는 인물은 특정 사회 계층, 직업, 집단의 여러 특징들을 집약적으로 보여준다. 그는 단순한 한 명의 개인이 아니라 특정 사회 계층, 직업, 집단 등을 대표하는 존재이다. 이처럼 한 인물 속에 역사적/사회적/문화적 특성이 집약되는 것을 전형화라고 부른다. 한 편의 작품은 아무리 분량이 늘어난다고 하더라도 당대 사회나 역사를 모두 담아낼 수 없다. 그 때문에 작가는 당대 사회나 역사를 한 개인의 삶을 통해서 압축적으로 재현할 수밖에 없다. 이 경우 개인의 삶은 역사적/사회적/문화적 의미를 압축해서 보여주게 된다.

5) 플롯(plot)과 줄거리(story): 플롯은 서사 작품에서 사건들의 배열이나 연관관계를 의미한다. 이는 독자들의 관심과 흥미, 서스펜스, 두려움 등을 유발하는 동시에 작가의 메시지나 주제를 전달하기 위한 틀을 제공해준다. 플롯은 보통 줄거리와 구별되어 설명된다. 줄거리란 아무런 선별 없이 시간의 선후관계에 따른 사건들의 배열을 의미하는 것으로서 플롯 구성을 위한 원료로 기능한다. 서사 문학에서 '사건'이 하나의 구슬이라면 '스토리'는 한 줄로 엮인

구슬들이고 '플롯'은 특정한 목적을 위해 구슬을 엮는 순서와 방법이다.

6) 시점(視點): 모든 이야기는 어떤 누군가에 의해 발화되고 서술된 모든 양식은 발화자와 수용자의 관계를 설정하게 된다. 서술자(narrator)가 이야기하기 위해 선택하는 시선의 위치와 각도, 발화의 지점을 시점(point of view)이라고 한다. 시점은 서술자가 어떤 사람이고 어떤 위치에 서느냐에 따라 달라진다. 그가 믿을 만한 사람인지 혹은 그렇지 못한지에 등에 따라 서술되는 내용과 시각의 차이는 클 수 있다.

질문하기

- 생활 문화로서의 문학과 예술 문화로서의 문학?

- 예술과 문화의 관계는?

- 정보화 시대의 문화와 문학은?

- 문화 연구로서의 문학?

- 사이드의 『오리엔탈리즘』(*Orientalism*)?

- 문학과 전형화(典型化, typication)?

참고문헌

김창남. 2015.『나의 문화편력기: 기억과 의미의 역사』서울: 정한 책방.

레비 스트로스 저. 박옥줄 역. 1998.『슬픈 열대』서울: 한길사.

루스 베네딕트. 1935. 이종인 역 2008.『문화의 패턴』(Patterns of Culture) 서울: 연암서가.

미셸 푸코 저. 이규현 역. 2012.『말과 사물』(현대사상의 모험 27) 서울: 민음사.

앤드루 에드거 · 피터 세즈윅. 저. 박명진 · 이영욱 · 김창남 역. 2012.『문화 이론 사전』(패러다임 총서)[개정판] 서울: 한나래.

우치다 타츠루 저. 이경덕 역. 2010.『푸코 바르트 레비스트로스 라캉 쉽게 읽기: 교양인을 위한 구조주의 강의』서울: 갈라파고스.

원용진. 2011.『새로 쓴 대중문화의 패러다임』서울: 한나래.

전경수. 1994.『문화의 이해』서울: 한울아카데미.

조수동 · 김주완 · 이강화 · 이윤화. 2002.『문화의 이해』대구: 이문출판사.

질 들뢰즈 저. 권영숙, 조형근 역. 2012.『푸코』서울: 새길아카데미.

Edward W. Said 저. 박홍규 역. 2015.『오리엔탈리즘』서울: 교보문고.

L. A. White 저. 이문용 역. 1978.『문화의 개념』서울: 일지사.

Ogburn, William Fielding. 1922. *Social Change with Respect to Culture and Original Nature*. New York: B. W. Huebsch.

4. 역사학, 고고학 그리고 비교문화

– 역사학과 문화

역사학(歷史學)이란 과거에 일어난 사건, 사회 변화, 사상, 문화를 다루는 학문으로 과거를 좀 더 깊이 이해하기 위해서 인간의 활동에 대한 기록을 정확하고 포괄적으로 복원한다. "역사란 무엇인가?" 무언가 흥미진진하고 비밀스러운 답이 나올 것만 같은 질문이다. 역사라는 말의 뜻은 인간이 살아온 사회생활 총체로서의 '과거'를 의미한다. 베른하임(Ernst Bernheim)은 "역사학은 인간에게 자기 지식과 자기 인식을 가르쳐 과거의 사건이나 상태가 어떻게 해서, 그리고 무엇으로 생성되고, 무엇이 장차 그런 것에서 생성될 것인가를 알게 하여 과거의 사건이나 상태에서 현재의 그것을 이해하게 하는 것이다."라고 표현하였다. 헤겔(Georg Wilhelm Friedrich Hegel)은 역사의 개념을 객관적 의미와 주관적 의미로 나누었다. 객관적 의미의 역사는 '사건 자체'이고, 주관적 의미의 역사는 '사건의 기술'에 속한다고 하였으므로 역사에는 '사실로서의 역사'와 '기록으로서의 역사'의 양면이 있다.[41] 고찰크(Gottschalk)가 지적했듯이, 역사가의 임무는 3차원에 걸치는 것으로서 방법에 있어서는 과학, 기술에 있어서는 예술, 해석에 있어서는 철학이다. 결국 역사의 기본적인 구성계기로서 과학성 · 문학성 · 철학성이 고려된다. 그렇게 고찰되는 한, 역사란 극히 종합적인 것이다.[42]

---

41 http://terms.naver.com/entry.nhn?docId=2164809&cid=44411&categoryId=44411 (검색일: 2017. 3.1).

역사는 과거에 있어서의 인간의 행위를 대상으로 함으로써 그 대상은 직접 우리들이 지각(知覺)할 수 없는 것이다. 역사는 과거부터 현재까지 남아 있는 기록문서, 즉 사료(史料)를 매개로 하여 인식된다. 사료는 문헌사료뿐만 아니라 인간에 의해 만들어지고 남은 모든 것이 사료이다. 고문서, 고기록을 비롯하여 책, 신문, 일기, 서한 등의 문헌은 물론 가요, 구비전설(口碑傳說)에서 문자에 의한 전승, 예를 들어 금석문, 족보, 연대기, 회화, 유물로서의 인골(人骨), 석기, 도기, 집터(주거지), 언어 등이 모두가 사료이다. 사료 가운데서 문자에 의한 기록문서가 가장 우위를 점한다. 역사는 인간의 자기 인식을 목적으로 하고 있다. 인간에게 있어 가장 중요한 것은 자기 자신을 아는 일일 것이다. 이 말은 자기의 개인적인 특수성을 아는 일이 아니라, 인간으로서의 자기의 본질을 안다는 의미이다.[43]

– 비교역사학(comparative history)과 비교문화

비교역사학과 역사적인 사회들 간에 특수하거나 일반적인 사례[44]에서 기능하는 인과적 영향력을 더 광범하게 이해하고자 하는 목적에서 비교를 하고 유사성과 차별성을 검토하는 것이다. 비교역사학은 역사사회학과 매우 유사하며 일반적으로 비교사회학과도 유사하다.[45]

---

42 http://terms.naver.com/entry.nhn?docId=388319&cid=41978&categoryId=41985 (검색일: 2017. 3. 1)

43 http://terms.naver.com/entry.nhn?docId=1126255&cid=40942&categoryId=33371 (검색일: 2017. 3. 1).

44 예로서 자본주의의 기원, 봉건주의의 기원과 일반적인 본질 등이 있다.

45 http://terms.naver.com/entry.nhn?docId=1520638&cid=50298&categoryId=50298 (검색일: 2017. 3. 1).

– 고고학과 비교문화

역사학 중 고고학(考古學)이 비교문화와 연결되는 분야가 많다. 문화는 인류학에서 주로 연구되는 개념이지만 문화는 고고학에서도 고고학적 자료를 해석하는 데 있어서 필수적인 개념이다. 타일러(E. B. Tylor)에 의하면 "문화란 사회구성원에 의해 습득된 지식, 신앙, 예술, 법, 도덕, 관습 및 인간이 사회의 성원으로서 획득한 어떤 다른 능력이나 습관 등을 포함한 복합총체"라고 정의하였다. 고고학에서 문화가 갖는 특징은 고고학자들이 볼 수 없으며 이미 사라져버렸다는 것이다. 특히 정치제도, 언어, 종교적 신념 등은 유물로 남겨지지 않는다. 고고학자들은 자료를 통해 과거 문화를 복원할 수밖에 없다. 고고학에서의 문화란 인류학에서 연구되는 문화와 달리 제한적일 수밖에 없기 때문에 고고학에서 연구되는 문화를 '고고학적 문화(archaeological culture)'라 부른다. 처음으로 고고학에 문화의 개념을 접목시킨 고고학자로는 차일드(G. Childe)를 들 수 있다. 그는 유럽의 문화를 해석하는 데 노력함으로써 문화가 고고학의 연구대상이 되는 데 중요한 역할을 하였다. 특정한 고고학적 자료의 분포 영역은 특정 집단의 영토로 간주하고, 시기적인 분포영역의 변화양상을 이들 민족 집단의 확산과 이동양상을 해석하는 근거로 삼았다. 이 같은 견해는 이미 코시나(Kossina)에 의해서 제시된 바 있었다. 코시나는 몬텔리우스(G. O. A. Montelius)의 형식학적 방법에 의거해 고고학적 영역을 뚜렷하게 경계지워 정의할 수 있다고 보고, 그 영역을 민족 혹은 종족의 거주영역이라고 정의하였다. 이러한 고고학적 문화의 개념은 인류학보다도 역사학으로

부터 온 개념이라고 지적되었다. 유물복합체들의 유형은 사회행위의 유형을 반영하는데 이를 '고고학적 문화(archaeological cultures)'라 한다. 그러나 최근까지도 고고학적 문화를 "특정사회에 해당하는 일련의 유형화된 유물복합체들"로 혹은 "어떤 특정한 시기와 장소에서 행해졌던 일련의 행위를 보이며 계속적으로 나타나는 유물복합체들" 등으로 각각 정의하고 있어 고고학적 자료에 국한시키는 경향이 있다. 결국 문화는 고고학자들이 직접 볼 수 없으며 이미 사라져버린 것이다. 고고학자들은 물질적인 자료를 통해 과거 문화를 복원할 수밖에 없다.[46]

고고학은 인간이 남긴 유적/유물과 같은 물질 증거와 그 상관관계를 통해 과거의 문화와 역사 및 생활방법을 연구하는 학문이다. 문자가 없는 시대[47]의 역사의 이해에 필수불가결한 학문으로서 고고학의 발달과 더불어 인류가 언제 기원하였으며 세계 각지의 다양한 문화가 어떠한 과정을 겪어 오늘날과 같은 상태에 도달할 수 있게 되었는가를 알 수 있게 되었다. 고고학은 20세기에 들어와 더욱 풍부하고 다양한 내용의 종합과학으로 발전하였다. 제2차 세계대전 이래 과학기술의 발전과 더불어 새로운 자료 분석기법과 연대측정방법의 응용과 더불어 고고학 연구의 시간적인 폭과 연구대상 역

---

46 http://terms.naver.com/entry.nhn?docId=1638371&cid=43065&categoryId=43065 (검색일: 2017. 3. 1).

47 고고학은 기록이 없는 선사시대나 원사시대 또는 고대 사람들의 일상생활 및 관습을 그들이 남긴 유물과 유적을 통해서 복원하고 설명함으로써 문화의 기원과 성장 발달과정을 조사 연구하는 학문이다. 인류문화의 역사는 수백만 년 동안 계속되어 왔지만 문자가 발명되어 인류생활의 기록을 남긴 것은 6000년이 채 못 된다. 인류문화의 대부분은 기록되지 않은 상태에 있고 역사학자가 문헌에 의해서 다룰 수 있는 기록역사는 인류문화의 수백분의 일에 불과하다. http://terms.naver.com/entry.nhn?docId=2169002&cid=50852&categoryId=50852 (검색일: 2017. 3. 1).

시 비약적으로 확대되었다. 오늘날 고고학은 500만 년 전 무렵부터 오늘에 이르기까지 인류가 지구상에서 살아오며 남긴 온갖 대상을 연구한다. 일부 고고학자들은 현대 물질문명의 부산물인 쓰레기를 통해 현대의 물질문화를 전문적으로 연구하고 있다.[48]

오늘날의 고고학은 문화사와 문화과정의 복원을 위해 고고학적 토대 위에 이념과 상징행위까지 포함하는 총체적인 접근방법을 취하는 추세이다.[49] 그리고 고고학적 자료의 해석단계에서는 분석단계의 결과를 종합하고 추론을 거쳐 과거 문화를 해석하는데 추론에서는 민족지 자료, 문헌 자료, 실험고고학 등이 이용된다. 문화의 해석에는 진화론, 전파론, 문화유물론, 문화생태학 등의 문화이론을 비롯하여 다양한 방법과 이론이 요구된다.[50]

---

48 http://terms.naver.com/entry.nhn?docId=1061160&cid=40942&categoryId=33369 (검색일: 2017. 3. 1).

49 http://terms.naver.com/entry.nhn?docId=567211&cid=46619&categoryId=46619 (검색일: 2017. 3. 1).

50 http://terms.naver.com/entry.nhn?docId=1637679&cid=43065&categoryId=43065 (검색일: 2017. 3. 1).

질문하기

- 역사란 무엇인가?

- 자기자신을 알기 위해서 무엇을 할 수 있겠는가?

- 사료와 비교문화?

- 객관적 의미의 역사와 주관적 의미의 역사?

- 고고학적 문화란?

- 문화사?

- 문화유물론?

- 문화생태학?

- 유물복합체의 유형?

참고문헌

김원룡. 1973.『한국고고학개설』서울: 일지사.

김원룡. 1974.『한국의 고분』서울: 세종대왕기념사업회.

김원룡. 1976.『한국문화의 기원』서울: 탐구당.

김원룡. 1982.『한국의 벽화고분』서울: 동화출판공사.

국사편찬위원회. 1997.『한국사1 · 2 · 3』서울: 국사편찬위원회.

브라이언 M. 페이건 저. 최몽룡 역. 1987.『인류의 선사시대』서울: 을유문화사.

최몽룡. 1991.『고고학에의 접근』서울: 신서원.

최몽룡. 1992.『한국선사고고학사』서울: 까치.

최몽룡 외. 1996.『고고학과 자연과학』서울: 서울대학교출판부.

최몽룡. 1997.『도시 · 문명 · 국가』서울: 서울대학교출판부.

최몽룡 외. 1997.『인물로 본 고고학사』서울: 한울아카데미.

최몽룡 외. 1997.『한국고대국가형성론』서울: 서울대학교출판부.

최몽룡 외. 1998.『고고학연구방법론』서울: 서울대학교출판부.

최성락. 1998.『한국고고학의 방법과 이론』서울: 학연문화사.

한상복 외. 1985.『문화인류학개론』서울: 서울대출판부.

B. Fragan. 1991. *In the Beginning.* NY: Harper Collins.

F. Eddy. 1984. *Archaeology*. NJ: Prentice Hall.

F. Hole & R. Heizer. 1973. *An Introduction to Prehistoric Archaeology.* New York.

J. Deetz. 1967. *Invitation to Archaeology.* The Natural History Press.

L. A. White 저. 이문웅 역. 1978.『문화의 개념』서울: 일지사.

L. Binford. 1972. *An Archaeological Perspective*. NY: Seminar Press.

5. 철학과 비교문화

– 철학과 문화

철학(哲學, philosphy)이라는 용어는 소크라테스(Sokrates,)에서 시작한다. 소크라테스가 문제를 삼았던 것은 자연이 아니라 인간이다. 이 인간은 영혼으로서 인간이며 소피스트(sophist)에서 볼 수 있는 개인적 인간이 아니라 보편적 인간이었다. 인간이 영혼을 잘 가꾸는 것은 지혜(sophia)를 사랑(philos)하는 것이며, 그것이 곧 철학하는 것(philosophia)이다. 여기에서 철학이라는 용어가 나온 것이다.[51]

철학은 교육학, 정치학, 과학, 역사, 신학, 수학 등의 인접학문과 밀접한 연관을 가지고 있다. 또한 이들 분과 학문의 기초가 되고 있으므로 철학에 대한 기초적 이해는 모든 학문 활동을 보다 깊이 있게 조망해 볼 수 있는 발판을 제공해 준다. 철학은 인류 문화의 토대로서 동서양 사상/문화가 수행해온 역할과 현대 사회에서 부딪치는 문제들에 대하여 생산적으로 탐구하고 이를 통해 한국 사회의 사상/문화를 발전시키는 데 기여하고 다양한 문화권 사이의 교류에 능동적으로 대응할 수 있는 전문인을 양성한다.[52]

51 http://terms.naver.com/entry.nhn?docId=2073281&cid=44411&categoryId=44411 (검색일: 2017. 3. 1).

52 http://terms.naver.com/entry.nhn?docId=917851&cid=44346&categoryId=44346 (검색일: 2017. 3. 1).

– 문화철학로서의 미학과 문화예술

철학은 크게 존재론, 인식론, 윤리학 그리고 미학으로 나눈다. 미학은 다시 자연의 아름다움과 인공적인 아름다움으로 나누어진다. 인공적인 아름다움이 문화예술이다.

내용 중심의 철학에서는 실천철학(實踐哲學, philosophia practica)과 이론철학(理論哲學, theoretical philosophy)을 들 수 있다. 이론철학은 지식의 획득을 목적으로 삼는 철학인데 여기에 형이상학, 인식론, 논리학(論理學, logic)이 있다. 형이상학(methaphysics)은 존재자들로 하여금 존재하게 하는 근본원리에 관한 학문으로 존재론, 우주론(宇宙論, cosmology), 신학(神學, theology)이 여기에 속한다. 인식론(episthemology)은 사유의 내용을 다루는 학문이며 논리학(logics)은 사유의 규범과 형식을 다루는 학문이다. 형이상학은 2000년이 넘도록 서양철학의 근간으로서 주축을 이루었다. 플라톤, 아리스토텔레스를 주축으로 한 형이상학은 중세를 거쳐 영국의 경험론(經驗論, empiricism), 프랑스를 주축으로 한 대륙의 이성론(理性論, rationalism), 그리고 근세철학(近世哲學, modern philosophy)의 아버지라 불리는 칸트, 헤겔, 아르투르 쇼펜하우어(Arthur Schopenhauer) 등 독일관념론(獨逸觀念論, deutscher idealismus) 철학에 이르기까지 유럽철학의 중심이 되어왔다. 인식론은 앎에 관한 앎의 학문이요 앎에 관한 앎의 체계이다. 인식은 가장 넓은 의미의 지식을 일컫는 말이다. 존재론(ontology)은 무엇이 '있다.'는 것을 나타내는 말로서 유(有)라고도 하여 비존재(非存在)비유(非有) 또는 무(無)와 대립시키기도 한다. 존재라는 말은 존재자의 뜻으로도 쓰인다. 실천철학은 인생을 위하여 소중한 가치의 실현을 궁극의 목적으로 삼는 것인데 여기에는 윤리학(倫理學, ethics)과 미학(美學, aesthethics)을 들 수 있다. 윤리학은 행위에 관한 실천적 문제들에 종사하는 당위의 학(學)이며, 미학은 미적 사실을 전반에 걸쳐 대상으로 삼는 학문이다.[53]

미학은 미적 사실 전반에 걸쳐 대상으로 삼는 실천철학이다. 미학은 아름다움을 느끼고 표현하고 공감하는 실천철학이다. 미(beauty)라는 말은 꽃이나 산, 호수 등의 사물부터 인간의 선행, 긍정적 사고, 아름다운 이야기(미담), 착한 마음 그리고 실험, 증명, 기술까지 여러 방면으로 해당된다. 미의 실천철학으로서는 예술(art)이 있다. 'art'의 원어인 라틴어의 'ars'가 조립하다, 연구하다의 뜻에서 나왔고, 독일어의 'kunst'는 본래 '알고 있다' 또는 '할 수 있다.'라는 의미의 'können(can)'에서 나왔듯이 모두 어려운 과제를 잘 해결할 수 있도록 특별히 숙련된 기술을 지칭하는 용어이다. 세계에는 민속학(民俗學, folklore), 건축, 조각, 회화, 음악, 무용, 문학(文學, literature) 등이 있으며 중국과 한국에는 서예(書藝)라고 하는 독특한 예술/문화예술이 있다.[54]

– 문화예술의 분류

시각예술(visual art)은 회화나 그림 같은 이차원적인 시각예술과

53 http://terms.naver.com/entry.nhn?docId=2073281&cid=44411&categoryId=44411 (검색일: 2017. 3. 1).

54 http://terms.naver.com/entry.nhn?docId=2073281&cid=44411&categoryId=44411 (검색일: 2017. 3. 1).

조각이나 건축 같은 삼차원적인 시각예술을 포함한다. 청각예술(auditory art)은 모든 형식의 음악을 포함한다. 그러나 노래, 오페라 그리고 음악과 문학을 결합한 예술도 포함한다. 언어예술(verbal art), 문학예술은 시각 및 청각예술과 다르다. 이상의 세 가지 유형의 예술들을 결합한 다른 예술들도 있다. 이 집단은 온갖 공연 예술들을 포함한다. 연극(drama)은 문학과 의상, 무대장치 등등의 시각예술들을 결합한다. 오페라는 주도적인 요소로서 음악예술과 문학예술, 그리고 무대미술을 결합한다. 무용은 주도적 요소로서 움직이는 신체들의 시각적 광경들과 음악 반주, 때로는 동반적인 언어들과 종종 무대미술을 결합한다. 영화는 마치 움직이는 것처럼 보이도록 빠른 연속 속에서 제시된 일련의 그림들이라는 시각적 요소를 언어적 요소(대본)와 결합하며, 간헐적인 배경음악과 결합한다. 모든 시간예술들은 또한 공간 예술(spatial arts: arts of space)이다. 음악과 문학은 둘 다 시간예술(temporal arts: arts of time)이다. 시간예술들에서 각 부분들은 청중 앞에 한꺼번에 나타나지 않고 오로지 시간 속에 연속적으로 나타난다. 공간예술들에서는 전 작품이 동시에 제시된다. 작품의 각 부분들에 대한 주목은 물론 연속적이다. 이 외에도 세계의 개별예술을 보면 각 나라마다 민속학(民俗學)[55]이 있다.[56]

55 민속학에 대해서는 뒤에 "인류학, 민속학, 그리고 비교문화"에서 자세히 설명될 것이다.

56 http://terms.naver.com/entry.nhn?docId=2073286&cid=44411&categoryId=44411 (검색일: 2017. 3. 1).

– 예술 및 정신적 산물로서 문화

현대사회에서 문화는 정신적이거나 지적이고 예술적인 산물을 지칭하는 의미로 사용된다. 신문의 문화면은 문학, 예술, 종교, 학문, 교육, 패션, 방송, 영화 등의 주제로 구성된다. 이는 신문의 다른 면을 구성하는 정치, 경제, 사회 등의 영역과 구분된다. 문화를 이렇게 인간의 정신 활동과 관련된 몇 가지 영역으로 정의하는 방식에는 문화를 물질적 생산이나 분배를 둘러싼 사회관계와 분리해 사고하는 관념이 깔려 있다. 여기에는 배타성, 순수성, 전문성과 같은 개념이 개입한다. 문화는 사회와 무관한 순수한 것이며 고유의 배타적인 영역으로 존재한다는 생각은 이런 식의 문화 개념에서 쉽게 나타나곤 한다.[57]

57 http://terms.naver.com/entry.nhn?docId=554876&cid=46634&categoryId=46634 (검색일: 2017. 3. 1).

질문하기

- 철학이란?

- 철학과 인접학문들과의 관계?

- 인류 문화의 토대로서 동서양 사상과 문화가 수행해 온 역할?

- 실천철학과 이론철학?

- 문화철학으로서 미학?

- 미학과 문화예술?

- 시각예술, 청각예술, 그리고 언어예술?

- 공간예술과 시간예술?

- 현대사회에서 문화는 예술적인 산물?

참고문헌

류명걸. 1999. 『미학강론』 서울: 형성출판사.

류명걸. 2000. 『서양과 한국의 미와 예술』 서울: 형성출판사.

류명걸. 2005. 『미학논의』 서울: 용성출판사.

한상복 외. 1985. 『문화인류학개론』 서울: 서울대출판부.

B. Fragan. 1991. *In the Beginning*. NY: Harper Collins.

F. Eddy. 1984. *Archaeology*. NJ: Prentice Hall.

F. Hole & R. Heizer. 1973. *An Introduction to Prehistoric Archaeology*. New York.

J. Deetz. 1967. *Invitation to Archaeology*. The Natural History Press.

L. A. White 저. 이문웅 역. 1978. 『문화의 개념』 서울: 일지사.

L. Binford. 1972. *An Archaeological Perspective*. NY: Seminar Press.

6. 인류학과 비교문화

– 인류학(人類學)은 생물로서의 인류와 그 문화를 연구하는 학문!

인류학에서 말하는 문화란 의식주를 비롯하여 사회구조, 관습, 종교, 예술, 과학 등 물질생활과 정신생활을 통틀어 인류 특유의 생활방식과 그 소산(所産) 일체를 가리킨다. 인류학은 생물적인 측면과 문화적인 측면에서 각각 별개의 관점과 방법이 원용된다. 이러한 각도에서 인류학의 분야를 둘로 크게 나누어 자연인류학과 문화인류학이라고 부른다. 16세기 말부터 시작된 유럽인들의 해외진출에 따라 각지에서 발견된 미개사회에 대한 흥미와 관심이 고조되는 가운데 19세기에 진화론이 대두되자 화석인류와 그 문화에 대한 연구가 진전을 보였다. 인류학의 싹은 고대 그리스에서 이미 찾아볼 수 있다. 문화인류학에서는 특히 사회구조를 다루는 분야를 사회인류학이라 일컬어 구별하고 있다. 문화를 지탱하는 기초에 대한 심리학적 연구도 진전되어 심리인류학(心理人類學)이 성립되었다. 이것은 문화의 정체나 변화를 그 문화의 담당자인 인간의 심리로부터 이해하려는 입장이다.[58]

– 문화와 인류학

문화는 인류학에서 주로 연구되는 개념이다. 문화의 개념은 문화

58 http://terms.naver.com/entry.nhn?docId=1136193&cid=40942&categoryId=33370 (검색일: 2017. 3. 1).

와 인간관계에 초점을 두고 몇 가지 특성으로 정의되었다.

1) 문화는 학습된 행위이다. 즉 인간이 유전인자를 통해 선조로부터 얻어지는 체내적인 것이 아니라 언어, 풍습 등 신체와는 다른 체외적인 경로를 통해 얻어지는 지식을 말한다.

2) 문화는 인간에게 유일한 것이다.[59] 문화는 인간의 환경에 대한 적응체계이다.

3) 문화는 유형화가 이루어진다. 일련의 습관과 관습은 그것을 사용하는 집단을 통합한다.

4) 사회가 문화의 매개체(媒介體)이다. 문화와 사회의 구분은 쉽지 않다. 인간의 경우 사회는 문화의 저장소이다. 문화를 전달하며 그 구성원이 문화에 참여한다.[60]

인간과 문화현상들에 대한 관심과 탐구로서의 인류학적 사상은 동서양을 막론하고 고대로부터 끊임없이 계속되어왔다. 그러나 현대적 의미의 과학으로서의 인류학은 19세기에 와서 발달하기 시작하였다. 초기의 인류학자들은 과학과 진보에 대한 확신 속에서 문화의 발달에 대한 보편적인 법칙을 찾는 작업에 몰두하였다. 타일러(E. B. Tylor)와 모건(L. H. Morgan)을 비롯한 진화주의 인류학자들은 19세기 중엽에 전 세계의 모든 인간 · 사회 · 문화의 진화단계를 야만상태에서 미개상태를 거쳐 문명상태로 진화하고 발전한다는 진화론적 설명도식을 설정하였다. 그러나 보아스(F. Boas)는 진화주의 인류학자들이 아무런 실증적인 자료도 없이 진화의 단계를

59 이 말은 약간의 논란이 있을 수 있다. 일부 동물들도 어떤 형태의 행위를 배운다.

60 http://terms.naver.com/entry.nhn?docId=1638371&cid=43065&categoryId=43065 (검색일: 2017. 3. 1).

설정하였기 때문에 보편적인 이론으로서 받아들여질 수 없다고 비판하였다. 그리고 각 인간사회의 문화는 그 집단의 특수한 역사적 배경과 변화과정에 따라 각기 다르게 나타난다는 역사적 특수주의를 주장하였다. 스미스(G. E. Smith)와 슈미트(W. Schmidt), 위슬러(C. Wissler) 등을 포함하는 전파주의 학자들은 세계 각지의 문화를 여러 개의 문화권으로 분류하고 문화권 안에서 문화요소의 전파과정을 밝히려고 노력하였다. 1930년대 이후 1950년대까지 베네딕트(R. F. Benedict), 미드(M. Mead) 등을 비롯한 심리인류학자들이 문화, 인성, 국민성 연구에 치중하였고 문화접변과 세계 각지의 커뮤니티 연구도 활발하게 진행되었다. 20세기 후반에는 여러 갈래의 인류학이론들이 많은 비평과 재평가를 받으면서 등장하였다. 레비스트로스(C. Le'vi-Strauss)[61]로 대표되는 프랑스 구조주의를 비롯하여 신진화주의, 상징주의, 기술환경결정주의, 마르크스주의, 포스트모더니즘 등이 현대인류학의 주요조류로 나타났다.[62]

1970년대 이후 확산된 탈구조주의와 포스트모더니즘의 물결은 인류학에도 영향을 끼쳐 그동안의 인류학적 관행들에 대한 다차원적인 성찰이 이루어지고 새로운 모색 작업이 이루어졌다. 이론적으로는 실천이론, 여성주의인류학을 위시한 다양한 비판이론[63], 문화연구 등이 부상하면서 구조와 개인, 문화와 권력, 지배와 저항, 역사와

---

61 『슬픈 열대』를 쓴 레비 스트로스는 소쉬르 이후 발달한 근대 언어학의 성취에 영향을 받아 구조주의적 방법론을 활용하였다. 그는 신화의 구조나 원시적 부족의 문화 시스템을 해명하여 현대 문화연구의 초석을 놓았다. http://terms.naver.com/entry.nhn?docId=1530720&cid=41799&categoryId=41800(검색일: 2017. 3. 1).

62 http://terms.naver.com/entry.nhn?docId=536875&cid=46670&categoryId=46670 (검색일: 2017. 3. 1).

63 비판이론에 대해서는 뒤에 "언론정보학과 비교문화"에서 설명하겠다.

주체성 등의 주제에 대한 연구가 행해지고 있다. 연구 대상과 관련해서는 그동안 상대적으로 인류학적 관심이 덜 미쳤던 산업화된 현대사회에 대한 연구, 글로벌화/정보화되는 세계에 대한 연구, 관료집단이나 실험실에서의 탐구 등의 상층 연구도 중요한 연구과제로 등장하였다.[64]

몇몇 학자들은 문화란 행위로부터 끌어낸 추상(抽象)이라고 주장하기 시작하였다. 크루버와 크락혼(Kroeber and Kluckhohm)에 의해 문화는 "그 자체가 행위가 아니라, 구체적인 인간행위로부터 끌어낸 추상"이라는 것이다. 그 동안 정의되어온 행위는 심리학자들의 연구영역으로 보고 인류학자는 행위에서 도출된 추상만을 문화로 보았다. 그리고 화이트(L. A. White)는 문화란 "신체외적인 맥락에서 고려된 상징행위(象徵行爲)로 이루어진 사물과 사건들에 붙인 이름"으로 정의하였다.[65]

– 인류학과 비교문화

다양한 문화에 대한 비교연구를 통해 인간을 일반화하고 문화에 대한 이론을 도출하는 것이 인류학적 작업의 목표이지만 목표에 도달하는 방식이 주로 귀납적이고 개별 문화의 미시적 자료에 기초하는 경우가 많다. 크로버(Alfred Louis Kroeber)는 "인류학은 (사회)과학 중 가장 인문학적이고 인문학(人文學, humanities) 중 가장 과

64 http://terms.naver.com/entry.nhn?docId=2117451&cid=44412&categoryId=44412 (검색일: 2017. 3. 1).

65 http://terms.naver.com/entry.nhn?docId=1638371&cid=43065&categoryId=43065 (검색일: 2017. 3. 1).

학적이다."라고 평했다. 또한 인류학은 현장에서 실제 진행되는 생활과 경험을 중시하며 연구 대상자가 되는 사람들의 관점에서 인간의 행위와 관행들을 이해하고자 한다. 초기에는 서구의 산업사회에서 멀리 떨어진 단순한 소규모 사회에 대한 연구가 중요한 위치를 차지했다. 그러나 현재 인류학은 자아에 대한 연구, 산업사회뿐만 아니라 고도로 정보화된 현대사회를 연구한다. 그리고 경계가 분명한 특정 장소 연구뿐만 아니라 경계 넘기와 교류가 일상화된 글로벌한 문화과정까지를 연구 대상으로 삼으면서 폭넓게 발전하고 있다. 인간다움을 이해하는 작업에서 인류학이 한 가장 큰 기여는 문화, 즉 인간의 삶의 방식이 놀라울 만큼 다양하다는 것을 알려준 것이다. 인간다움의 폭넓음을 증명하고 이를 통해 우리 자신의 문화를 재성찰하는 데 중요한 근거를 제공해 준다.[66]

– 문화인류학

문화인류학(文化人類學)[67]은 인류의 생활 및 역사를 문화면에서 실증적(實證的)으로 추구하는 인류학의 한 부문이다. 자연인류학과 대치되는 용어이다. 광의로는 선사적 고고학(先史的考古學), 인류학적 언어학, 민족학(民族學)・민속학・민족지(民族誌) 등 여러 분야가 포함되지만, 협의로는 사회인류학과 민족학의 두 분야를 가리킨다. 인류가 걸어온 역사와 현존의 인류에 의한 각종 소산(所産)

---

66 http://terms.naver.com/entry.nhn?docId=2117451&cid=44412&categoryId=44412 (검색일: 2017. 3. 1).

67 문화인류학이라는 용어를 사용하는 것은 미국의 경우이며, 영국에서는 사회인류학, 독일, 오스트리아, 그 밖의 유럽에서는 민족학이라고 부른다.

을 대상으로 문화를 관찰·분석하고 그것을 종합하여 문화의 법칙성 또는 규칙성과 변이(變異)를 탐구하는 과학이다. 방법론으로는 문화진화론, 문화전파론, 문화사론(文化史論), 문화영역론, 문화통합형태론, 문화기능론, 문화와 인격론, 문화구조론 등이 있다. 문화인류학은 이미 18세기 후반의 프랑스 계몽사상 중에 나타난다. 19세기에는 그 이론의 기초가 세워졌다. 연구대상은 처음에는 주로 미개한 문화와 그것을 담당하고 있는 사람들이지만 나중에는 근대사회의 복잡·고도한 문화를 담당하는 사람들도 다루고 있다. 역사적인 문화와 현재의 모든 문화가 그 대상이 되고 있다. 연구방법으로는 미개한 문화에는 문사가 없었기 때문에 문헌 기록에 의거하지 않고 현지조사, 즉 유적과 유물들의 발굴 등이 불가결하며 필연적으로 갖가지 이질적(異質的) 문화를 취급해야 하므로 비교연구가 매우 중요시된다.[68] 19세기 후반 서구에서는 일부 인종과 사회가 다른 인종과 사회보다 우월하다는 인종주의적 신념을 가지고 있었다. 그러나 이는 1911년 보애스가 발표한 인류학의 일반원칙에 의해 무너졌다. 특정한 인종이 다른 인종보다 지적 활동에 더 적합한 두개골을 가지고 있다는 인종주의적 두개학의 오류를 밝히면서 문화의 차이는 전통과 환경에 의해 생겨나는 것이라고 하였다.[69]

68 http://terms.naver.com/entry.nhn?docId=1095652&cid=40942&categoryId=33370 (검색일: 2017. 3. 1).

69 http://terms.naver.com/entry.nhn?docId=1529999&cid=41799&categoryId=41800 (검색일: 2017. 3. 1).

– 주요 개념[70]

1) 문화상대주의: 자민족중심주의와 대비하여 사용하는 개념으로 각각의 문화가 가진 고유의 가치를 인정하고 그 문화가 위치한 맥락에서 이해해야 한다는 입장.

2) 자민족중심주의: 자신의 문화가 다른 문화보다 근본적으로 우월하다고 믿거나 다른 문화를 자신이 속한 문화의 기준으로 평가하는 태도.

3) 역사적 특수주의: 프란츠 보애스가 19세기 진화론과 인종주의를 비판하며 주창한 것으로 특정 문화를 그 문화가 거쳐 온 역사와 고유의 맥락 속에서 이해하고 인정해야 한다는 입장.

4) 행위자(현지인) 관점/에믹(emic) 관점: 외부인으로서 학자 자신의 관점이 아니라 현지 내부자의 관점에서 세상을 이해하고자 하는 입장.

5) 현지조사: 인류학 고유의 연구 방식. 연구 대상 사회의 언어를 습득하고 현지에 장기 체류하면서 현지인의 일상을 가능한 한 많이 공유하면서 수행하는 연구 방식.

---

70 http://terms.naver.com/entry.nhn?docId=2117451&cid=44412&categoryId=44412 (검색일: 2017. 3. 1).

6) 참여관찰: 현지조사에서 핵심적인 연구기법으로 현지주민의 삶과 일상에 함께 참여함과 동시에 관찰을 하면서 연구를 진행하는 방법.

7) 민족지: 특정 문화에 대한 현지조사를 통해 수집한 자료를 바탕으로 그 문화에 대해 기술해 낸 결과물(단행본이나 박사학위 논문 등).

질문하기

- 인류학에서 말하는 문화란?

- 자연인류학과 문화인류학?

- 심리인류학?

- 문화는 인간에게만 유일한가?

- 문화의 유형화?

- 문화와 사회의 구분?

- 레비 스트로스?

- 포스트모더니즘?

- 문화상대주의?

- 자민족중심주의?

- 역사적 특수주의?

- 현지조사?

- 참여관찰?

참고문헌

노길명 외 4인. 1999.『문화인류학의 이해』서울: 일신사.

레드클리프-브라운 저. 김용관 역. 1980.『원시 사회의 구조와 기능』서울: 종로서적.

레비-스트로스 저. 김진욱 역. 1976.『구조인류학』서울: 종로서적.

레비-스트로스 저. 안정남. 1996.『야생의 사고』서울: 한길사.

레비 스트로스 저. 박옥술 역.『슬픈 열대』서울: 한실사.

앤드루 에드거・피터 세즈윅. 저. 박명진・이영욱・김창남 역. 2012.『문화 이론 사전』(패러다임 총서)[개정판] 서울: 한나래.

원용진. 2011.『새로 쓴 대중문화의 패러다임』서울: 한나래.

전경수. 1994.『문화의 이해』서울: 한울아카데미.

전경수. 1997~1998. "굴절과 파행의 한국인류학 백년"『한국학보』86-90.

조수동・김주완・이강화・이윤화. 2002.『문화의 이해』대구: 이문출판사.

L. A. White 저. 이문용 역. 1978.『문화의 개념』서울: 일지사.

Ogburn, William Fielding. 1922. *Social Change with Respect to Culture and Original Nature.* New York: B. W. Huebsch.

7. 민속학과 비교문화

– 민속학이란 무엇인가?

문화는 심미적 만족과 인간창조성의 배출구를 제공하는 표현의 형태와 유형을 포함한다. 민속학은 언어적 형태[71]와 비언어적 형태를 포함한 광범한 영역이다. 일반적으로 시각적/조형적 예술은 배제된다. 민속학(民俗學)의 핵심은 전통적 계승이다.[72] 민속학을 자구(字句)대로 정의하면 민속(民俗), 즉 사람들의 풍속 을 연구하는 학문이다. 민속학은 "민간전승을 통하여 기층적인 생활문화를 연구함으로써 민족문화를 밝히려는 학문"이다.[73] 그러나 이러한 옛날식 정의에 만족하는 현대 민속학자들은 많지 않다. 현대적인 감각을 살려서 민속학을 정의한다면 민속학은 "사람들과 그들의 일상생활문화를 연구하는 학문"이다. 일상생활문화란 '자연스럽게 주어진 것으로 간주하는 문화'를 의미한다. 민속학은 그 자체로 독립학문이고 문화인류학(文化人類學)이나 사회학(社會學), 역사학(歷史學), 한국어문학(韓國語文學)이 민속학의 주변 학문이다. 문화인류학의 경우 연구 대상을 통해서 볼 때 광의의 인류학에 민속학과 함께 속하는 학문이기도 하다. 민속학을 구비전승 연구나 자국의 문화만을 연구하는 문화인류학으로 좁게 정의할 경우 국문학(國文學)이나 문화인류학에 민속학이 포함될 수도 있다.[74]

---

71 구전문학, 혹은 민속서사라고 불리운다.

72 http://terms.naver.com/entry.nhn?docId=1520524&cid=42121&categoryId=42121 (검색일: 2017. 3. 1).

73 이웅규 · 김기창. 2003.『세계의 민속문화』 서울: 도서출판 대왕, p. 23.

– 민속문화란 무엇인가?

민속문화(民俗文化)는 전통적 요소가 농후하게 남아 있는 대중문화, 또는 외래문화의 수용이 늦은 문화를 뜻한다. 민속문화는 민간 생활과 결부된 신앙, 습관, 풍속, 기술, 전승, 문화 등의 총칭이다. 민속문화에 대한 상대적 개념이 대중문화와 엘리트문화라 할 수 있다. 이러한 명명은 해당문화를 향유하는 주체를 중심으로 이루어진 것이다.[75] 민속문화는 특히 서구사회와 같이 고도정보화사회의 인류학자들이 자기의 전통문화를 농촌과 같은 지역의 민속에서 찾으려는 데서 빌딜한 개념이다. 민속문화는 기록되지 않은 생활의 관습 등이 주가 되며 근원적이고 역사적인 의미를 지닌다.[76] 선사시대의 사회는 전통적인 구술형태의 표현으로 제한되었다. 그러나 문서의 도래가 민속학의 중요성을 제거하지는 않는다. 교육받은 사람들은 소문을 퍼뜨리는 사람의 대중성에 대한 증인이고 대학 캠퍼스에서의 농담꾼이다. 그러나 문자가 있기 이전의 문화에서 이루어진 것이든 문자가 있는 문화에서 이루어진 것이든 전통적 민속학은 집합적/익명적 산물이다.[77]

한국 민속 문화의 전망과 문제점들도 지리적 환경과 종교・문화 그리고 생업기술 등 세 측면을 종합해서 고려해 보면 다음과 같다.

---

74 http://terms.naver.com/entry.nhn?docId=2117459&cid=44412&categoryId=44412 (검색일: 2017. 3. 1).

75 이웅규・김기창. 2003.『세계의 민속문화』 서울: 도서출판 대왕, p. 37.

76 http://terms.naver.com/entry.nhn?docId=510697&cid=42126&categoryId=42126 (검색일: 2017. 3. 1).

77 http://terms.naver.com/entry.nhn?docId=1520524&cid=42121&categoryId=42121 (검색일: 2017. 3. 1).

첫째, 지리적 환경인 사계절의 변화나 기후 · 지세 등에는 고금에 큰 변화가 없다. 둘째, 종교 문화면에서 한국은 고유의 전통적인 민간신앙에 불교 · 유교 · 기독교 등을 수용해 왔다. 셋째, 산업면에서 볼 때 우리들이 겪고 있는 문화변동은 유구한 우리 문화사 가운데서 최대의 변혁이라 하겠다. 오늘날은 세계화시대이고, 특히 경제면에서는 국제적인 무한경쟁시대로 바뀌고 있다.[78]

– 비교민속학

민속학의 연구방법에는 지역연구법과 비교연구법의 두 가지가 있다. 지역연구법은 민속사상(民俗事象)이 계승되고 있는 자료만을 가지고 분석하여 해석한다. 비교연구법(비교민속학)은 지역연구법의 결과를 가지고 전국적으로 또는 타 지역으로 확산하여 해석하는 방법을 말한다. 비교연구법에서 얻어진 결과는 지역연구법에서 얻어진 결과와는 다른 결과가 나올 수 있고 복합적인 결과가 나올 수도 있다.[79]

– 민속학의 접근 방법[80]

1) 현지조사 방법: 문화인류학과 마찬가지로 민속문화에 대한 접

78 http://terms.naver.com/entry.nhn?docId=555206&cid=46670&categoryId=46670 (검색일: 2017. 3. 1).

79 최인학. 1999. "비교민속학의 의의와 연구의 실례" 최인학 외. 1999. 『비교민속학과 비교문화』 서울: 민속원, p. 3.

80 http://terms.naver.com/entry.nhn?docId=2117459&cid=44412&categoryId=44412 (검색일: 2017. 3. 1).

근으로 가장 용이한 방법은 연구자가 직접 현지에 가서 조사하는 방법이다. 18세기 후반이나 19세기 초반의 민속학자들부터 사용한 이 방법은 그림형제나 빌헬름 하인리히 폰 릴 등에 의해서 체계화되었다. 민속자료는 일반적으로 국가의 통계 대상이 아니기 때문에 구조화된 형태로 존재하지 않는 편이다. 따라서 연구자가 스스로 자료를 수집하고 유형화하는 데에 시간을 쏟을 수밖에 없다. 민속자료로서의 가치는 연구 참여자가 가지고 있는 깊숙하고 세밀한 기억과 비례관계에 있기 때문에 충분한 친밀관계를 가질수록 좋은 민속자료를 확보할 수 있다. 현지조사를 수행하여 수집한 자료는 텍스트나 녹음 자료, 사진 및 농영상 자료의 형태를 지닌다.

2) 해석학적 연구 방법: 민속학은 현재에 대한 현지조사를 통하여 자료를 수집하고 정리, 분석하는 학문임과 동시에 사람들이 생산해낸 자료에 대한 해석을 기반으로 민속 연구를 수행하는 학문이다. 따라서 텍스트를 비롯한 다양한 형태의 자료에 대한 비판적 해석 방법을 가지고 있다. 텍스트에는 민속지나 여행기, 관청이나 사찰 등에서 발행한 각종 문서, 소설류 등이 포함된다. 최근 들어서서 동영상이나 사진, 그림, 인터넷 자료도 중요해지고 있다.

– 관련 개념들[81]

1) 사회 민속학: 인간관계에 따라 형성된 일상생활의 여러 측면에

81 http://terms.naver.com/entry.nhn?docId=2117459&cid=44412&categoryId=44412 (검색일: 2017. 3. 1).

대한 연구를 수행한다. 생업과 기술에 대한 민속이나 일과 여가에 관한 민속도 사회 민속학의 중요 영역으로 포함시킬 수 있다.

2) 종교 민속학: 사회의 구성원들이 가지고 있는 신앙과 의례 체계에 대한 연구를 수행한다. 기존의 민속학에서 적극적으로 수행한 민간신앙 연구는 종교 민속학의 대표적인 연구영역이다. 의례행위 그 자체나 신화와의 연관성, 신화에 대한 연구도 종교 민속학자들의 주된 관심사이다.

3) 구전 민속학: 교육을 받지 못한 서민들은 구두로 자신들의 문화를 전승하여 왔다. 민담이나 신화, 전설, 농담, 속담 등에 대한 연구를 구비전승 민속학에서 주로 담당한다.

4) 예술 민속학: 말로 전승된 민속 중 예술의 영역으로 전환된 무가나 음악이나 무용과 결합하여 전승된 여러 집단의 춤이나 놀이, 연극 등에 대한 연구를 수행한다. 일반 서민들이 행하는 미적 행위 일반도 예술 민속학의 연구 대상이다.

5) 물질 민속학: 의식주 생활문화로 대표되는 물질과 물질생활을 통해서 전승된 민속문화에 대한 연구를 수행한다. 농기구에 대한 연구, 수공업자와 그들의 생산품, 생활문화에 대한 연구 등이 물질 민속학에 포함될 수 있다.

6) 응용/공공 민속학: 국가나 지방정부가 수행하는 각종 민속 관

련 문화정책에 대한 비판적 검토와 대안 제시를 연구의 목표로 한다. 각종 문화재와 문화유산 관련 제도 및 집행, 그에 따른 변화와 함께 민속학적 연구 성과가 실용화되는 과정에 대한 연구를 수행한다.

7) 일상문화: 일상문화는 민속학의 연구 대상을 포괄적으로 일컫는 개념으로 민속과 동의어이다. 사람들이 자신의 존재의 안전을 꾀하는 데에 필요하며 자연스럽다고 여기는 생활방식 혹은 생활문화를 말한다.

8) 전승: 민속문화의 전제 조건이다. 일상생활문화는 끊임없는 혁신과 변화 속에 위치해 있다. 이러한 변화와 혁신은 일정한 시간 뒤에 일상문화화, 혹은 민속화하게 된다. 전승은 일정기간 동안 사람들 사이에서 문화가 수용되고 전달되며 교육되는 과정이나 그 상태를 의미한다.

9) 민속의 하강: 민속은 사회의 상층에서 창조되어서 하층으로 내려와서 수용된다는 이론이다. 서민들의 창조성을 강조한 낭만주의적 민속학과 반대되는 입장이다.

10) 잔존문화: 전시대 문화의 잔여물로서 현재에는 의미나 기능을 갖지 못한 문화를 의미한다. 이러한 잔존문화는 민속학에서는 중요한 연구 대상으로 설정한다. 전통문화와 현대문화의 관계 설정이나 합리와 비합리의 모순 조정 등이 민속학의 중요한 주제이기

때문이다.

11) 민담(民談)[82]: 민중들 사이에서 구비 전승되거나 문헌에 기록된 설화 일반.

82 이수자. 1999. "민담의 비교연구" 최인학 외. 1999. 『비교민속학과 비교문화』 서울: 민속원, p. 129.

질문하기

- 민속이란 무엇인가?

- 민속학이란 무엇인가?

- 민속학의 학문적 의의?

- 비교민속학이란?

- 문화란 무엇인가?

- 민속문화란 무엇인가?

- 민담의 비교연구?

- 민속문화의 세계적 공통성과 다양성?

- 한국 민속문화의 전망?

- 현지조사 방법?

- 해석학적 연구방법?

- 사회 민속학?

- 종교 민속학?

- 구전문학과 구전 민속학?

- 예술 민속학?

- 물질 민속학?

- 응용/공공 민속학?

- 일상문화와 민속?

- 전승(傳承)은 민속문화의 전제 조건?

- 민속의 하강?

- 잔존문화?

- 합리와 비합리의 모순조정?

- 전통문화와 현대문화의 관계 설정?

- 낭만주의적 민속학?

참고문헌

강정원. 2013. "민속인과 탈식민주의"『한국민속학』(한국민속학회) 57.

강정원 외. 2013.『세계 민속과 지역 민속』서울: 민속원.

김동욱 외. 1988.『한국민속학』서울: 새문사.

민속학연구소. 1972.『민속학의 방향』익산: 원광대학교 민속학연구소.

송석하. 1933~1934. "민속학이란 무엇인가?"『學燈』4~9.

송석하. 1936. "초기민속학의 연구영역 및 대상"『學燈』23.

이수자. 1999. "민담의 비교연구" 최인학 외. 1999.『비교민속학과 비교문화』서울: 민속원, pp. 129-155.

이웅규・김기창. 2003.『세계의 민속문화』서울: 도서출판 대왕.

최인학. 1989. "비교민속학의 필요성"『한국민속학연구』인천: 인하대출판부.

최인학. 1994. "비교민속학 연구의 성과와 과제"『한국민속연구사』서울: 지식산업사.

최인학 외. 1999.『비교민속학과 비교문화』서울: 민속원.

최인학. 1999. "비교민속학의 의의와 연구의 실례" 최인학 외. 1999.『비교민속학과 비교문화』서울: 민속원, pp. 3-16.

Juiseppe Cocchiara. 1981. *The History of Folklore in Europe.* Philadephia: ISHI.

Richard Baumann. ed. 1992. Folklore, *Cultural Performances, and Popular Entertainments.* Oxford: Oxford University Press.

Richard Dorson. ed. 1961. *Folklore Research around the World.* Indiana University Press.

Roger L. Janelli. 1982. *Ancestor Worship and Korean Society.* Stanford University Press.

8. 심리학과 비교문화

– 심리학이란?[83]

심리학(心理學)은 "인간의 정신과정과 행동에 관한 과학적 연구"라고 정의할 수 있다. 인간의 심리과정을 연구하는 경험과학의 한 분야이다. 인간과 동물의 행동이나 정신과정에 대한 다양한 질문의 답을 찾는 과학 중의 하나가 바로 심리학이다. 심리학이 과학으로 등장하게 된 19세기 후반이 되어서야 비로소 '정신과학'으로 인정받게 되었다. 사고에 관한 연구를 통해서 인간이 관계된 모든 분야에는 직·간접적으로 심리학 연구의 학문적 뒷받침이 요구되고 있다. 심리학은 인문과학에서부터 자연과학, 공학, 예술에 이르기까지 많은 분야에 공헌을 하고 있다. 심리학은 문과와 이과 속성을 모두 지닌 복합학문 영역으로 분류될 만큼 다양한 전공 분야를 가지고 있다. 인간이 자신의 개별적이고 사회적인 환경에 적응하는 상호작용을 연구함으로써 인간 의식의 작용 및 현상의 상호 관련성을 추적하는 학문이다. 개인의 심리적 과정뿐 아니라 신체기능을 제어하는 생리적 과정, 그리고 개인 간 관계와 사회적 과정까지 심리학의 연구대상이 된다. 여기서의 행동은 두뇌에서 이루어지는 내적인 행동과 신체 움직임으로 나타나는 외적인 행동, 정상적 행동과 비정상적 행동을 모두 포함한다. 일반적으로 다음 두 가지 측면을 고려하여 심리학을 설명할 수 있다.

---

83 http://terms.naver.com/entry.nhn?docId=2073313&cid=44412&categoryId=44412 (검색일: 2017. 3. 1).

1) 심리학은 인간행동의 포괄적인 설명에 목표를 두고 있다.
2) 심리학이 과학이 되기 위해서는 엄격한 정의, 규정된 절차, 그리고 결과의 항상성을 강조하는 일반화된 과학적 방법론을 따라야 한다.

– 문화심리학이란?

인간의 심리, 자아, 감정에 문화적 전통과 사회적 수행이 반영, 표출, 전송되기 때문에 문화적 특이성이 인류 보편적으로 나타난다는 관점에 기초한 심리학이 문화심리학이다. 문화 심리학은 문화와 정신 과정이 통합되어 있어 인간의 심리적 구성의 상당 부분에 문화적 영향력이 우선하므로 하나의 문화에 기초한 심리학 이론은 타 문화권에 일괄 적용하기 어렵다고 본다. 과학적 심리학은 모든 문화의 사람들이 아주 동일한 심리 과정을 갖고 있다고 가정해 왔다. 분트(Wilhelm Wundt)는 심리학이 어떠한 학문이며 어떠해야 하는가를 구상하는 초기 단계부터 심리학을 '자연과학적 심리학'과 '사회문화과학적 심리학'으로 구분하여 이 두 가지 심리학이 동시에 이루어질 때 완전한 심리학이 구성될 수 있다고 주장했다. 분트는 인간의 심리 현상을 감각적 지각 수준의 생물 심리 현상과 의식과 고등 정신 기능에 해당하는 사회-문화심리 현상으로 크게 구분하고 전자의 연구에서 실험적 방법론을, 후자의 연구에서 신화, 언어, 풍습, 역사적 유물, 민속 및 관습 등을 분석해야 한다고 주장했다. 분트의 심리학적 전통은 심리학 카테고리가 아닌 인류학, 사회학, 언어학 등의 분야에서 지속되어 왔다. 이에 대표적으로 비고츠키, 미드, 뒤르껭, 말리노프스키, 보아스, 토마스, 프로이트 등의 학자를 들 수 있다. 미드(G. H. Mead)가 주장한 상징적 상호작용주의는 언어와 사고의 관계에 대한 분트의 발상을 정교화한 이론이다. 『마음, 자아 그리고 사회』(1934)에서 미드는 발화나 행위의 의미는 그것이 타인으로부터 이끌어 내는 반응 속에 내재하며, 그 의식은 발달 과정에서 사회적 상호작용을 통해 생성되는 것으로 파악하고 있다. 미드의 이러한 생각은 분트의 사회-문화심리학적 명제를 그대로 반영하고 있는 것이다.[84]

하이네(Heine)는 개인이 심리적으로 개성을 갖듯 문화들도 각각의 특수성을 가진다고 설명했다. 문화-역사 심리학의 기본적인 특이적 가정은 "인간이라는 종의 특수성은 동종의 사전 구성원들의 활동에 의해 변화하는 환경에 거주하기 위해 자신의 능력과 필요를 개발한다. 다음 세대를 향한 전송의 메커니즘은 물질세계의 양상에 대한 물리적, 사회적 환경을 조절하기 위한 인간의 행동을 통해 구성된 인공물을 생성시키고 그것을 사용하는 인간 종 특유의 능력 또는 성향을 통해 이루어진다"는 것이다. 이러한 맥락에서 문화-역사 심리학 연구는 개인이 기존의 시스템 내에서 명시적 교육 이외의 능력을 함양하는 것에 관심을 가지며 특정 장소와 시간에 배태되어 있는 인간의 능력 개발에 초점을 두고 있다.[85]

---

84 http://terms.naver.com/entry.nhn?docId=2094265&cid=41991&categoryId=41991 (검색일: 2017. 3. 1).

85 http://terms.naver.com/entry.nhn?docId=2094265&cid=41991&categoryId=41991 (검색일: 2017. 3. 1).

– 비교문화심리학이란?

심리학을 발전시켜 나가는 과정에서 다른 문화와 비교하여 학문적 발전을 모색해 보는 분야가 비교문화심리학이다. 특히 문화적절성을 민감하게 반영하여야 하는 문화에서는 심리와 행동이 달라짐을 보이는 이해와 분석의 틀을 마련할 학문적 필요가 발생했다.[86] 특히 미국이 세계 심리학계를 주도해 나가는 과정에서 동시에 미국 심리학이 아시아를 포함한 비서구권 문화에 파급되는 과정에서 미국인을 대상으로 한 연구를 통해 구성된 미국의 심리학적 이론을 타 문화권의 사람들에게 적용하는 비교문화심리학이 1960년대에 증가하기 시작하여 1970년대에 전성기를 이루었다. 그러나 비교문화심리학적 연구를 통해 도출된 문화적 현상이나 개념이 이론적 틀로서 기본적 전제로 채택된 사례는 상대적으로 다양하지 않다. 분트의 민족 심리학에 대해 구미권에서 학문적 연계성을 언급하기를 꺼리는 것은 분트의 '집단 마음'이라는 개념이 독일의 민족주의 이데올로기와 뿌리가 같다는 정치사회적 이유 때문이다. 그러나 비교문화적 연구들은 동시에 미국 심리학자들에게 문화적 다양성을 체험시키는 계기로 작용했다고 볼 수 있다. 문화적 자료가 이론 자체가 아닌 그에 대한 설명의 보조적인 도구로 사용되고 있음은 미국의 주류 심리학계가 심리적 과정과 구조의 기본 성격은 문화가 달라도 똑같다. 주류 심리학의 이론적 명제를 받아들여 비교문화심리학에서는 문화를 심리의 구성 요소가 아닌 외생적 선행 변수 또는

86 한국심리학회 학술위원회 편. 1997. 『심리학에서의 비교문화 연구』 서울: 도서출판 성원사. p. 6.

독립 변수로 다루어 문화와 사람을 분리된 것으로 보아 문화를 심리 외적 변수로 다룬다. 그리고 비교문화심리학은 서구문화권에서 개발된 심리 측정 개념과 속성들을 그대로 타 문화권에 가져가 비교하는 '방법론적 표준화'를 받아들인다.[87]

87 http://terms.naver.com/entry.nhn?docId=2094265&cid=41991&categoryId=41991 (검색일: 2017. 3. 1).

질문하기

- 심리학이란?

- 경험과학이란?

- 문화심리학?

- 분트(Wilhelm Wundt)의 심리학?

- 자연과학적 심리학과 사회문화과학적 심리학?

- 미드(G. H. Mead)의 상징적 상호주의?

- 하이네(S. J. Heine)의 심리학?

- 심리학에서의 비교문화?

- 비교문화심리학이란?

- 문화비교의 틀: 개인주의와 집단주의?

- 문화적절성?

- 방법론적 표준화?

- 내재적 접근?

- 토착심리학과 이식심리학?

- 서구적 문화비교와 비서구적 문화비교?

- 편향적 문화비교와 공정한 문화비교?

- 세계화와 비교문화

참고문헌

이수원. 1997. “한국심리학에서 비교문화 연구의 위상” 한국심리학회 학술위원회 편.『심리학에서의 비교문화 연구』서울: 도서출판 성원사.

조남국. 1997. “공정한 문화비교를 위한 방법적 대안: 다차원적 심리구조 자체를 비교 단위로 하는 분석” 한국심리학회 학술위원회 편.『심리학에서의 비교문화 연구』서울: 도서출판 성원사.

최상진・김기범. 2011.『문화심리학-현대 한국인의 심리 분석』서울: 지식산업사.

한국심리학회 학술위원회 편. 1997.『심리학에서의 비교문화 연구』서울: 도서출판 성원사.

Bruner, J. 1990. *Acts of Meaning*. Cambridge: Harvard University Press.

Cole, M. 1995. “Socio-cultural historical psychology.” In Jim Wertsch et al.,. *Sociocultural studies of mind*. Cambridge, MA: Harvard University Press.

Cole, M., & Scribner, S. 1981. *The Psychology of Literacy*. Cambridge: Harvard University Press.

Enriquez, V. G. 1979. *Towards cross-cultural knowledge through cross-indigenous methods and perspective*. Philippine Journal of Psychology, Vol 12(1), 9-15.

Fiske, A., Kitayama, S., & Markus, H. R., & Nisbett, R. E. 1998. “The Cultural matrix of social psychology.” In D. Gilbert & S. Fiske & G. Lindzey (Eds.), *The Handbook of Social Psychology* (4th ed., pp. 915 – 81). San Francisco: McGraw-Hill.

Greenfield, P. M. 2000. “Three approaches to the psychology of culture: Where do they come from? Where can they go?” *Asian Journal of Social Psychology*, 3(3), 223-240.

Heine, S. J. 2008. *Cultural psychology*. New York: WW Norton.

Heine, S. J., Lehman, D. R., Peng, K., Greenholtz, J. 2002. "What's wrong with cross-cultural comparisons of subjective Likert scales: The reference-group problem." *Journal of Personality and Social Psychology* 82 (6): 903-18.

Jung, C. G. 1936. "The concept of the collective unconscious." *Collected works*, 9(1), 42.

Kim, U. E., & Berry, J. W. 1993. *Indigenous psychologies: Research and experience in cultural context.* Sage Publications, Inc.

Kitayama, S. 2002. "Culture and basic psychological processes -Toward a system view of culture: Comment on Oyserman et al." *Psychological Bulletin* 128 (1): 89-96.

Kitayama, S., Duffy, S., Kawamura, T., & Larsen, J. T. 2003. "Perceiving an object and its context in different cultures: A cultural look at new look." *Psychological Science* 14 (3), 201-06.

Kroger, R. O., & Scheiber, K. E. 1990. "A reappraisal of Wundt"s influence on social psychology." *Canadian Psychology*, 31(3), 220-236.

Lonner, W. J. 2000. "On the Growth and Continuing Importance of Cross" *Cultural Psychology* 4 (3). pp. 22-26.

Markus, H. R., & Kitayama, S. 1991. "Culture and the self: Implications for cognition, emotion, and motivation." *Psychological Review* 98 (2), 224-53.

Markus, H. R., Kitayama, S. 2003. "Culture, self, and the reality of the social." *Psychological Inquiry* 14 (3): 277-83.

Masuda, T., Nisbett, R. A. 2001. "Attending holistically versus analytically: Comparing the context sensitivity of Japanese and Americans." *Journal of Personality and Social Psychology* 81 (5): 922-34.

Mead, G. H. 2009. *Mind, Self, and Society: From the standpoint of a social behaviorist*. University of Chicago press.

Miller, J. G. 1999. "Cultural psychology: Implications for basic psychological theory." *Psychological Science*, 10(2), 85-91.

Nisbett, R. E. 2003. *The Geography of Thought.* New York: Free Press.

Nisbett, R. E., & Cohen, D. 1996. *Culture of Honor: The Psychology of Violence in the South*. Denver, CO: Westview Press.

Nisbett, R. E., Peng, K., Choi, I., & Norenzayan, A. (2001년). Culture and systems of thought: Holistic vs. analytic cognition. Psychological Review 108 (2): 291-310.

PATRICIA, M. 1997. "Culture as process: Empirical methods for cultural psychology." *Handbook of Cross-cultural Psychology: Theory and method* 1: 301.

Peng, K., Nisbett, R. E., & Wong, N. 1997. "Validity problems of cross-cultural value comparison and possible solutions." *Psychological Methods* 2(4): 329-41.

Saxe, G. 1990. *Culture and Cognitive Development: Studies in mathematical understanding*. Hillsdale, NJ: Erlbaum Press.

Shore, B. 1996. *Culture in Mind: Cognition, culture and the problem of meaning*. New York: Oxford University Press.

Shweder, R. A., & Levine, R. A. (Eds.), 1984. *Culture theory: Essays on mind, self, and emotion.* New York: Cambridge University Press.

Shweder, R. A. 1991. *Thinking Through Cultures*. Harvard University Press.

Triandis, H. C. 1989. "The self and social behavior in differing cultural contexts." *Psychological Review* 96 (3): 506-20.

Wertsch, J. V., del Río, P., & Alvarez, A. (Eds.). 1995. *Sociocultural Studies of Mind.* Cambridge University Press.

9. 정치학과 비교문화

– 자유주의와 진보주의[88]

사회현상에 대한 기본적인 이해를 기준으로 자유주의와 진보주의로 나눈다. 자유주의는 사회를 구성하고 있는 개인, 기업, 국가 등은 가만히 놔두면 "저절로" 안정과 균형을 이룬다고 보는 시각이다. 예를 들어, A라는 사람이 기막힌 제품을 만들어/찾아 팔면 B와 C도 마찬가지로 하기 때문에 셋의 부는 비슷해진다. A 국가가 힘이 커지면 B와 C 국가가 힘을 합쳐 견제하기 때문에 결국 세 나라의 힘이 비슷해진다는 생각이다. "저절로"가 A. Smith의 '보이지 않는 손'이다. 이것이 수요와 공급의 시장 기제(mechanism)이다. 이러한 시각에서 사유재산과 자유로운 경쟁을 강조한다. 이것이 '자본주의'이다.

진보주의는 반대로 사회를 구성하고 있는 개인, 기업, 국가 등이 가지고 있는 부(富)를 포함 power는 항상 하나나 둘에 집중된다고 보는 시각이다. 그래서 여기서는 불균형과 불평등을 고치기 위해 '보이는 손'(개입)이 필요하다고 보고 시장이 아니고 국가의 역할이 강조된다. 불균형과 불평등이 있으면 안 되는 병원, 교육, 교통 등은 될 수 있으면 국가나 공공기관에 둔다는 것이 '사회주의'이고 이러한 불균형과 불평등을 처음부터 없애기 위해 공동 생산하고 공동 분배한다는 것이 '공산주의'이다.

---

88 이홍종. 2017. "한국의 민주주의와 2017년 대통령선거" 『미래정책연구』 2(1): 61.

베버(Max Weber)에 의하면 자유주의와 진보주의는 이상형(ideal type)이고 현실은 그 중간의 혼합형(real type)으로 나타난다고 한다. 공산주의는 생산성과 탄력성에서 실패했지만 자본주의는 오히려 사회주의적인 요소를 받아들여 수정자본주의나 사회민주주의 등으로 변화하고 성공하였다. 지유주의와 진보주의는 정책적으로는 정부의 시장개입 여부/정도에 따라 시장경제와 계획경제로 나눌 수 있고 민주주의의 관점에서 자유민주주의, 사회민주주의, 인민민주주의 등으로 나눌 수 있다.

– 정치란?

"인간은 정치적 동물이다"라는 명제는 "인간은 함께 더불어 살아야 행복하다"는 뜻이라고 한다. 정치를 기술적으로 정의(定意)하면 "함께 더불어 사는 기술이다." 또 다른 정치에 대한 유명한 정의는 이스턴(David Easton)은 "어떤 사회를 위한 가치의 권위적 배분(authoritative allocation of values for a society)"[89]이다. 베버(Max Weber)는 "정치는 국가와 국가 사이에서건 국가 안에 있어서 국가가 포함하는 인간집단과 집단사이에서건, 권력의 분배에 참여하려는 또는 권력의 분배에 영향을 미치려는 노력이다."[90]라고 정의하고 있다. 이렇듯 정치는 쉬운 일이 아니면서 또한 정치는 매우 공익적이고 긍정적이다. 그러나 정치가 많은 사람들에게 부정적으로 인식되는 이유는 두 가지가 있다. 첫째, 정치는 얻어지는 이익은 한참

89 David Easton. 1952. *The Political System*, New York : Alfred A. Knopf, p.129.
90 Max Weber 저. 박봉식 역. 1959. 『職業으로서의 政治』. 博英社. pp. 8–9.

후에 나타나고 담당할 부담은 당장이기 때문이다. 세금은 당장 내기 싫고 세금에 의해 얻어지는 복지는 한참 후에 나타난다. 둘째, 정치를 담당하는 자, 정치인들이 정치를 공익을 위해서 정치를 하는 것이 아니고 사익을 위해서 정치를 하기 때문이다. 아마도 두 번째 이유가 정치 불신에 대한 더 큰 이유일 것이다. 그래도 정치란 원래 공익적이고 중요한 것이기 때문에 정치와 정치인을 비판하되 정치에 계속 관심을 갖는 것이 중요하다. 민주주의의 발전, 정치발전, 정치개혁의 방법은 사익이 아니고 공익을 위해서 정치를 하게 첫째 인물을 바꾸고 둘째 제도와 구조를 바꾸고 셋째 교육을 통해 문화를 바꾸는 것이다. 그리고 이러한 세 가지가 모두 같이 추진되어야 한다.[91]

– 정치학이란?

정치학(政治學)이란 사회과학(社會科學)의 한 분야로서 정치 또는 정치현상을 그 연구의 대상으로 하는 학문이다. 인간은 사회적 동물로서 필연적으로 인간 간의 관계를 통하여 행복을 추구하고자 한다. 그러나 인간의 무한(無限)한 욕망에 비해 자원은 상대적으로 유한(有限)하다. 그러므로 인간은 살아가면서 자연과의 싸움, 인간 간의 싸움, 그리고 자신과의 싸움을 지속하게 된다. 이를 토마스 홉스(Thomas Hobbes)는 "만인의 만인에 대한 투쟁"이라고 불렀다. 고대 그리스 철학자인 아리스토텔레스(Aristotle)는 "정치공동체인

91 이홍종. 2017. "한국의 민주주의와 2017년 대통령선거" 『미래정책연구』 2(1): 60.

폴리스(polis) 바깥에 있는 존재는 신(神)이거나 야수(野獸)임에 분명하다."고 주장하면서 "인간은 본질적으로 그 천성(天性)이 정치적 동물"이라고 말해 인간사회에서 정치의 불가피성을 강조했다. 이런 의미에서 정치란 자체로서 최고의 가치를 갖는 것으로 간주되어야 한다. 정치는 여러 가지 사회적 가치를 둘러싼 분쟁을 일정한 규칙에 따라서 해결하려는 데서 생겨난다. 정치는 국가를 주체로 하는 현상(국가현상설)과 정치를 국가뿐만 아니라 인류의 사회 생활관계에서의 집단 일반의 현상(집단현상설)의 견해가 있다. 정치학이란 권력을 행사하거나 획득 · 배분을 둘러싼 또는 권력의 행사에 영향을 미치려는 여러 세력들 간의 갈등과 투쟁 및 타협으로 나타나는 현상을 연구하는 학문이라고 정의할 수 있다.[92] 정치문화를 설명하기 위해 시스템이론(system theory)과 비교정치론을 설명할 필요가 있다.

– 행태주의(behavioralism)

정치학의 발전으로 정치체계론을 이해하려면 먼저 행태주의를 이해해야 한다. 행태주의(行態主義, behavioralism)는 인간의 행동을 과학적으로 탐구하는 학문영역의 하나이다. 인간의 행동과 사회현상을 하나의 생명체/유기체/시스템(system)로 보려는 연구방법이다. 1950년대부터 미국을 중심으로 생겨난 사회과학 · 인문과학 일부의 새로운 연구방법이다. 이러한 연구방법은 흔히 행동과학(行

92 http://terms.naver.com/entry.nhn?docId=2098105&cid=44412&categoryId=44412 (검색일: 2017. 3. 1).

動科學, the behavioral sciences)라고도 한다. 여기서 '행태'란 비단 밖으로 드러난 외현적(外懸的) 행동뿐만 아니라 태도·신념·기대감·동기·기능 등의 내면적인 과정 등을 포괄한다. 행태주의자들은 인간적인 측면들을 될 수 있는 한 과학의 내규(內規)인 객관성, 검증성, 일반성 등을 보장하는 방식으로 연구하고자 한다. 일부 생물학자들은 인간행동의 유전적인 근거와 생화학적인 결정인자들을 탐구하고 있는데 그들은 그만큼 행태주의[93]를 발전시키고 있다고 할 수 있다.[94]

– 정치체계(political system)

사회시스템이론은 사회를 기능적으로 조직된 몇 개의 하위 시스템으로 이루어진 상호 행위의 체계로서 이해하지만 정치체계란 정치적 기능에 관계하는 하위 시스템을 가리킨다. 정치체계라는 견해를 정치 분석의 틀로서 활용한 것으로 알려진 것은 이스턴(David Easton)의 모델[95]이다. 또한 정치체계의 개념은 제도나 체제의 차이를 넘어서 정치현상의 기능을 추출하고 비교할 수 있기 때문에 알몬드(Gabriel Abraham Almond)와 같이 비교정치과 정치발전론에 정치체계론을 적용한 논의도 등장하였다. 이스턴은 '사회적 가치의 권위적 배분'에 관계하는 시스템으로서 정치체계를 경계 짓는다.

93 행태주의를 가끔 '행동주의(behaviorism)'와 혼동하는 경우가 있다. 행동주의는 심리학의 한 이론적인 견해로서 주로 유기체의 외현적인 행동만을 문제시하고 인간의 의식이나 내면적인 과정을 그들의 탐구 영역에서 제외시키는 입장이다.

94 http://terms.naver.com/entry.nhn?docId=512664&cid=42126&categoryId=42126 (검색일: 2017. 3. 1).

95 input(지지와 요구), system, output(정책과 분배), 그리고 feedback

이 시스템은 사회 내 환경(다른 사회시스템 및 생태 · 생물 · 퍼서낼리티 시스템)과 사회 외 환경(국제정치경제 등)을 갖는다. 입력을 받아 또한 피드백 루프에서의 정보를 기초로 이것을 출력으로 전환하는 것이 권위, 즉 지어진 결정을 실행하는 권한이다.[96]

– 비교정치론

1950년대부터 정치학을 포함한 사회과학 분야에 크게 영향을 미친 '행태주의 혁명'이 비교정치의 발전에 많은 영향을 미쳤다. 행태주의는 광범위한 정치현상에 대한 비교분석을 용이하게 해주었다. 비교정치는 또한 전후 냉전체제에 영향을 받아 발전되었다. 1960년대 미국의 마셜플랜(Marshall Plan)2)에 의한 유럽의 부흥을 도모했을 뿐만 아니라 개발 도상국가들에 대한 대외원조를 확대하고 나아가 외교 전략적 관계를 발전시키는데 관심을 가졌다. 이러한 가운데 비교정치는 순수한 학문적 동기보다는 정책적 목적과 관련된 연구였다는 점을 부인할 수 없다. 그러나 비교정치 분야는 지적 관심을 증대시키는데 기여했다고 볼 수 있다. 특정지역에 대한 연구결과는 세계적 수준에서 정치체계들에 대한 비교적인 연구를 위한 기초자료로서 유용하게 활용됨에 따라 비교정치의 기반을 조성하는데 기여했다. 1960년대에 들어서면서 비교정치 연구의 관심은 신생국의 정치현상에 집중되었다. 신생국의 정치적 불안이 제기한 문제는 정치체제와 사회구조 사이의 문제에 대한 새로운 규명이 필요하

96 http://terms.naver.com/entry.nhn?docId=729374&cid=42140&categoryId=42140 (검색일: 2017. 3. 1).

다는 것과, 현대화 과정에 휩쓸린 신생국 정치체제의 '능력'에 대한 재검토가 필요하다는 사실이었다. 정치발전에 대한 연구는 자연히 신생국에게 보다 바람직한 정치질서를 가져오는 데에 필요한 조건의 조성이나 성장의 열쇠를 모색하려는 관심으로 나타났다. 전반적으로 비교정치는 시스템, 구조기능주의, 등의 개념으로 도입한 행태주의로 발전되었다. 알몬드는 파슨스(Talcott Parsons)의 유형변수에 강력한 영향을 받아 구조기능주의를 발전시켰다. 이스턴은 행태주의의 특징 8가지를 제시하고 있다. 규칙성, 검증성, 기법, 계량화, 가치중립성, 체계화, 순수과학, 종합적 연구 등이다. 자연과학과 동등한 것으로 간주되는 행태주의는 점차 가치의 역할(role of values)과 정책적 고찰(considerations)에 중요성을 강조하는 '후기행태주의 혁명(post-behavioral revolution)'에 근본적으로 도전을 받게 되었다.[97] 워터게이트 사건, 베트남전쟁의 실패 등과 함께 미국에서 나타난 후기행태주의는 전통적 방법의 가치와 행태주의의 방법이 합친 것이라고 볼 수 있다.

– 정치문화(political culture)[98]

정치문화(政治文化)는 사회집단의 정치적 기분, 태도, 평가, 의무감, 약속 등을 포함하는 정치체제의 심리적 측면 또는 내재화된 정치체제이다. 정치문화는 행태주의 정치학이 유행하면서 널리 사용

97 http://terms.naver.com/entry.nhn?docId=2098109&cid=44412&categoryId=44412 (검색일: 2017. 3. 1).

98 http://terms.naver.com/entry.nhn?docId=1166747&cid=40942&categoryId=31645 (검색일: 2017. 3. 1).

되기 시작한 개념이다. 그러나 민족이나 집단의 정치행동을 규정하는 문화, 정신, 정서, 가치 등의 개념은 행태주의 이전에도 정치 분석과 맞물려 있던 개념들이다. 정치문화론의 지평을 개척한 알몬드는 버바(S. Verba)와 공저한 『시민문화 The Civic Culture』(1963)에서 정치문화의 개념의 등장을 3가지의 지적 전통에서 찾고 있다.

1) 프로이드(S. Freud)의 사회심리학 및 베네딕트(R. F. Benedict)의 인류학적 전통

2) 마르크스(Karl Marx)의 경제결정론에 대항하여 '문화'의 중요성을 강조했던 베버, 파레토(V. Pareto)의 사회학적 전통

3) 집단이나 민족이 정치에 대해 갖는 심리문화적 정향을 측정할 수 있는 여론조사기술의 발전이다.

알몬드에 의하면, 정치문화는 다음의 3가지 요소로 구성된다.

1) 정치에 대한 인지적 정향(cognitive orientation)으로 그 사회집단의 현실인식과 정치의식 및 정치성향 등이다.

2) 감정적 정향(affective orientation)으로 그 집단이 정치에 관해서 갖는 애착심 · 혐오감 · 충성 등이다.

3) 평가적 정향(evaluative orientation)으로 이는 그 집단의 가치

체계를 의미한다.

이와 같은 정치적 정향의 대상을 분류하는 데 있어, 알몬드와 버바는 일반적 정치체계에서 출발한다. 여기서 취급되는 대상은 전체로서의 정치체계이며 그 정향에는 애국심이나 소외감 같은 감정, 또는 국가의 대소 강약과 정치체제의 여러 특성에 대한 인지와 평가가 포함된다. 정치적 행위자로서 자신(自身)에 대한 정향도 고찰한다. 이것은 개인이 갖는 정치적 의무에 대한 여러 규범의 내용과 성격, 그리고 정치체계에 대한 개인의 자신감의 내용과 성격을 밝히는 것이다. 특정한 사회의 정치문화의 유형을 규명하기 위하여, 즉 정치적 정향에 대한 일반국민의 분포를 찾기 위하여, 알몬드와 버바는 정치체계일반, 투입과 산출의 측면, 그리고 정치적 행위자로서의 시민들 각자에 대한 인지적 · 감정적 · 평가적 정향의 상이한 빈도를 기준으로 정치문화의 유형을 분류하였다. 그리하여 이념형으로 제출된 것이 지방형 정치문화 · 신민형(臣民型) 정치문화 · 참여형 정치문화이다.

– 시민문화(civic culture)

광의로는 민주주의나 시민사회의 전통에 기인한 정치적 신조/지향/가치 및 정치행동의 총체이고 협의로는 알몬드와 버바가 제기한 '참여형 정치문화(participant political culture)' 등의 개념과의 관련에서 이해할 수 있는 정치문화의 유형이다. 알몬드와 버바는 현대 민주주의의 정치문화(political culture)와 그것을 특징짓는 정치 ·

사회 구조를 명확하게 하기 위해 5개국(영국, 독일, 이탈리아, 멕시코, 미국)의 총 5, 000명 이상 시민의 정치적 태도, 정치참여의 양태를 조사하였다. 그들의 주요한 관심은 두 번의 세계대전을 거쳐 선진국・신흥국가를 불문하고 현재화한 '참여의 분출(participation explosion)'에 의해 동요하는 민주주의 체제에 있어서 '어떠한 정치문화가 민주주의의 안정에 기여하는가?', '시민적 정치문화의 가치는 어떻게 조정되어야 하는가?'라는 점에 있었다. 그들이 말한 '정치문화'란 특정의 국민 속에 나타나는 '정치적인 지향-정치체계와 그 하위 부분에 대한 태도 및 그 시스템에서의 자신의 역할에 대한 태도'의 패턴을 가리킨다. 그 지향은 세 가지 국면(인지적・감정적・평가적 지향)으로 구분된다. 이러한 지향이 '일반적 시스템 전체', '입력과정(정치적 과정)', '출력과정(행정적 과정)', '정치적 행위주체로서의 자신' 중 어느 부분을 대상으로 발동하는가에 따라 정치문화는 미분화(未分化)형, 신민(臣民)형, 참여형의 3가지로 유형화된다. 그들의 경험적 관찰에 의하면 민주주의가 안정적으로 발전하고 있는 것처럼 보이는 영국이나 미국에서도 시민의 정치적 유효성감각이나 의무감은 높지만 실제로 정치에 대해 적극적으로 작용하는 사람은 소수에 불과하다. 그들은 이러한 시민의 인지면 에서의 능동성과 행동면에서의 수동성의 차이가 과(過)참여에 의해 시민문화가 흔들리는 것을 방지하고 있다고 한다.[99] 그들은 각 사회에서의 정치적 대상에 대한 지향성을 기초로 정치문화를 (1)미분화(未分化)형 (2)신민(臣民)형 (3)참여형의 세 가지로 구분하고, 더 나

99 http://terms.naver.com/entry.nhn?docId=728365&cid=42140&categoryId=42140 (검색일: 2017. 3. 1).

아가 이것들을 조합하여 (1) 미분화 · 신민형 (2) 신민 · 참여형 (3) 미분화 · 참여형 (4) 미분화 · 신민 · 참여형이라는 4가지 복합형태를 만들고, (4)의 형을 시민문화(civic culture)라고 한다. 이 형은 참여형을 기본으로 하면서 미분화형이나 신민형을 배제하지 않는 유연한 특징을 갖기 때문에 안정적인 정치체계에 가장 적합하다고 한다.[100]

– 민주주의, 그리고 민주주의문화: 생활양식으로서의 민주주의

한 야구해설위원이 "야구는 자본주의적일지 모르지만 민주주의적이라고 할 수는 없다"라고 했다. 야구가 돈이 많이 드는 운동이고 투수 개인에게 의존하는 점이 강하기 때문에 자본주의적이라고 할 수 있다. 그러나 "민주주의가 아니다"라고 한 것은 민주주의를 잘 몰라서 하는 이야기이다. 민주주의는 자유와 평등을 함께 강조하는데 민주주의가 평등만을 이야기하는 것처럼 그 해설위원은 잘못 이해하고 있다. 그리고 자본주의의 반대가 민주주의가 아니다.[101]

민주주의를 이야기할 때 흔히 'of the people', 'by the peple' 그리고 'for the people' 세 가지를 이야기한다. 민주주의를 'of the people'라고 할 때 민주주의의 반대는 국가주의('of the state')이다. 제2차세계대전은 'of the state'를 내세운 독일, 이태리 그리고 일본을 'of the people'를 내세운 소련과 연합국들이 이긴 전쟁이다. 그

100 http://terms.naver.com/entry.nhn?docId=728358&cid=42140&categoryId=42140 (검색일: 2017. 3. 1).

101 이홍종. 2017. "한국의 민주주의와 2017년 대통령선거" 『미래정책연구』 2(1): 60.

래서 제2차세계대전 이후 중공(中華人民共和國, The People's Republic of China), 북한(朝鮮民主主義人民共和國, Democratic People's Republic of Korea) 등도 모두 'people'의 공화국이라고 한다. 공화제는 원래 군주제의 반대 개념으로 어느 국가의 대표가 군주가 아닌 제도이다. 대통령제가 그 예이다. 영국의 입헌군주제는 군주제이지만 민주정치를 하는 경우이다. 민주정치란 민주주의의 'for the people'를 강조한 용어이다. '국민을 위한 정치'는 국민의 행복을 위해 나랏일을 해야 한다는 뜻이다. 민주주의를 'for the people'로 이해할 때 민주주의와 민주정치, 민주화(민주주의의 발전)와 정치발전을 동일시하게 이해한다.[102]

민주주의에는 '정치형태로서의 민주주의'와 '생활양식으로서의 민주주의'가 있다. '정치형태로서의 민주주의'는 다수의 시민이 나라를 다스리는 형태이고 '생활양식으로서의 민주주의'는 민주적인 삶의 원리를 생활의 모든 영역에서 실현하려는 것이다.[103]

민주주의는 생활 속에서 실천과 더불어 성장하고 뿌리를 내린다. '생활양식으로서의 민주주의'는 이데올로기나 제도로서의 민주주의가 극복할 수 없는 상황을 수용할 수 있는 능력을 가지고 있다. 기능주의 입장에서 생활로 접근하기 때문에 그만큼 수용의 폭이 크다.[104] '생활양식으로서의 민주주의'는 (1)'관용'으로 상대방을 너그러이 이해하는 태도를 말한다. 이를 바탕으로 모든 현상에 열려

---

102 이홍종. 2017. "한국의 민주주의와 2017년 대통령선거" 『미래정책연구』 2(1): 60.

103 http://www.edunet.net/nedu/contsvc/subjectView.do?menu_id=3&contents_id=c481391e-88c6-4d3c-9ecd-b2f5d87d669a&sub_clss_id=CLSS0000058067&svc_clss_id=CLSS0000059598,CLSS0000059599&contents_openapi=naverdic(검색일: 2017. 3. 1).

104 백완기. 1994. 『민주주의 문화론』 서울: 나남출판, pp. 12, 26.

있는 개방적 태도와 다양성을 존중하는 다원주의, 나의 사고를 절대적으로 생각하지 않는 상대주의 방식들이 나오게 된다. (2)'비판'이다. 어떤 상황이나 사건에 대하여 잘잘못을 따지고 잘못이 있는 것에 대해서는 비판하여, 그것이 옳은 방향으로 진행되고 인도될 수 있도록 하는 것이 바람직하다. (3)'타협'은 각자의 처지를 서로 조정함으로써 대립관계를 해소하는 기술을 말한다. 타협정신은 원만한 문제해결과 사회통합, 올바른 인간관계의 정립을 위해 필수적인 과정인 것이다.[105]

– 관련 개념들[106]

1) 감정적 정향(affection orientation): 애착이나 소외와 같은 체계에 대한 느낌.

2) 권력(power): 영향력의 일부로서 인간의 사회적 관계 속에서 어떤 개인이나 집단이 다른 개인이나 집단을, 그들의 의사와 관계없이 능히 움직일 수 있는 능력 또는 힘.

3) 권위(authority): 지배 · 복종관계가 복종자의 내면에서 '정당한 것'으로 시인(是認)되는, 즉 강제가 아닌 자발적으로 복종되는 권력.

---

105 http://terms.naver.com/entry.nhn?docId=2060630&cid=47333&categoryId=47333 (검색일: 2017. 3. 1).

106 http://terms.naver.com/entry.nhn?docId=2098109&cid=44412&categoryId=44412 (검색일: 2017. 3. 1).

4) 다원주의(pluralism): 사회에서 경쟁하는 조직들의 수가 다양하고 조직의 결성은 자발적이며, 조직들 간에 서열화되지 않고 경쟁적인 관계.

5) 영향력(influence): 세력이라고 불리며 개인 또는 집단 상호 간에 관계로서 나타나 어떤 한 쪽이 다른 쪽에다 미치게 하는 힘.

6) 인지적 정향(cognition orientation): 정치체계와 그 지도자, 그리고 체계의 운영에 관한 지식과 신념.

7) 정통성(legitimacy): 정권의 생존을 이해하는 핵심적 요소로서 정통성의 원천을 전통(傳統), 카리스마, 합리성 또는 합법성을 포함.

8) 정향(定向, orientation): 개인이나 집단이 지닌 일종의 행동성향을 의미하며 인지적 정향, 감정적 정향, 평가적 정향으로 구성.

9) 정치문화(political culture): 특정의 사회구성원이 가지고 있는 정치전통, 정치관습, 정치의식, 정치적 신념, 가치관, 정치감정 등을 의미.

10) 정치사회화(political socialization): 정치사회의 구성원이 그 사회의 정치문화를 익혀가는 과정.

11) 정치정향(political orientation): 정치현상에 대해서 개인이나 집단이 가지는 일정한 행동성향.

12) 평가적 정향(evaluation orientation): 체계에 대한 판단이나 견해를 의미하며 예를 들어 민주주의 규범과 같은 가치의 적용을 포함.

13) 행태주의(behaviorism): 제도보다 개인에 대한 연구를 강조하는 정치학의 한 학파로서 개인의 정치적 태도와 행태에 대한 과학적 일반화를 발견하기 위해 통계적 기법을 사용하는 것을 목적으로 함.

질문하기

- 자유주의와 진보주의?

- 시장경제와 계획경제?

- 시장, 국가, 그리고 시민사회?

- 이상형과 혼합형?

- 인간은 정치적 동물?

- 정치가 부정적으로 인식되는 이유?

- 정치개혁의 방법?

- 만인의 만인에 대한 투쟁?

- 국가현상설과 집단현상설?

- 행태주의혁명?

- 행동과학?

- 행동주의?

- 후기행태주의?

- 시스템이론?

- 비교정치론?

- 정치문화?

- Civic Culture?

- 인지적 정향, 감정적 정향, 그리고 평가적 정향?

- 지방형(미분화형) 정치문화, 신민형 정치문화, 그리고 참여형 정치문화

- 민주주의문화?

- 정치형태로서의 민주주의와 생활양식으로서의 민주주의?

- 정치사회화?

참고문헌

가브리엘 A. 알몬드 저. 김영훈 역. 1986. 『비교정치론』 서울: 박영사.

백완기. 1994. 『민주주의 문화론』 서울: 나남출판.

신정현. 2000년. 『비교정치론』 서울: 법문사.

이홍종. 2017. "한국의 민주주의와 2017년 대통령선거" 『미래정책연구』 2(1): 59-65.

David Easton. 1952. *The Political System*, New York: Alfred A. Knopf.

David Easton. 1965. *A Framework for Political Analysis.* Englewood Cliffs, New Jersey: Prentice-Hall.

David Easton. 1969. "The New Revolution in Political Science", *American Political Science Review,* Vol. LⅧ No.4.

Frank L. Wilson. 1996. 이명남·김왕식 역. 2004. 『비교정치학』 (*Concepts and Issues in Comparative Politics*) Prentice-Hall Inc. 서울: 동명사.

G. Almond and S. Verba. 1965. *Civic Culture* Little, Brown and Company.

Howard J. Wiarda. 1993. *Introduction to Comparative Politics: Concept and Processes,* California: Wadworth Publishing Co.

Max Weber 저. 박봉식 역. 1959. 『職業으로서의 政治』 서울: 博英社.

Ronald H. Chilcote. 1981. 강문구 역. 1994. 『비교정치학 이론』, *(Theories of Comparative Politics, The Search for a Paradigm Reconsidered)* Boulder: Westview Press, Inc, 서울: 한울아카데미.

10. 언론정보학과 비교문화

– 자유주의와 진보주의[107]

언론정보학에서 비판이론, 문화산업 등을 설명하기 위해 자유주의와 진보주의에 대해서 다시금 이야기할 필요가 있다. 사회현상에 대한 기본적인 이해, 즉 사회과학의 기본적인 패러다임을 기준으로 자유주의와 진보주의로 나눈다. 자유주의는 사회를 구성하고 있는 개인, 기업, 국가 등은 가만히 놔두면 "저절로" 안정과 균형을 이룬다고 보는 시각이다. 예를 들어, A라는 사람이 기막힌 제품을 만들어/찾아 팔면 B와 C도 마찬가지로 하기 때문에 셋의 부는 비슷해진다. A 국가가 힘이 커지면 B와 C 국가가 힘을 합쳐 견제하기 때문에 결국 세 나라의 힘이 비슷해진다는 생각이다. "저절로"가 A. Smith의 '보이지 않는 손'이다. 이것이 수요와 공급의 시장 기제(mechanism)이다. 이러한 시각에서 사유재산과 자유로운 경쟁을 강조한다. 이것이 '자본주의'이다.

진보주의는 반대로 사회를 구성하고 있는 개인, 기업, 국가 등이 가지고 있는 부(富)를 포함 power는 항상 하나나 둘에 집중된다고 보는 시각이다. 그래서 여기서는 불균형과 불평등을 고치기 위해 '보이는 손'(개입)이 필요하다고 보고 시장이 아니고 국가의 역할이 강조된다. 불균형과 불평등이 있으면 안 되는 병원, 교육, 교통 등은 될 수 있으면 국가나 공공기관에 둔다는 것이 '사회주의'이고 이러

107 이홍종. 2017. "한국의 민주주의와 2017년 대통령선거" 『미래정책연구』 2(1): 61.

한 불균형과 불평등을 처음부터 없애기 위해 공동 생산하고 공동 분배한다는 것이 '공산주의'이다.

베버(Max Weber)에 의하면 자유주의와 진보주의는 이상형(ideal type)이고 현실은 그 중간의 혼합형(real type)으로 나타난다고 한다. 공산주의는 생산성과 탄력성에서 실패했지만 자본주의는 오히려 사회주의적인 요소를 받아들여 수정자본주의나 사회민주주의 등으로 변화하고 성공하였다. 지유주의와 진보주의는 정책적으로는 정부의 시장개입 여부/정도에 따라 시장경제와 계획경제로 나눌 수 있고 민주주의의 관점에서 자유민주주의, 사회민주주의, 인민민주주의 등으로 나눌 수 있다.

언론정보학에서는 진보주의를 '비판이론'이라고 한다. 이는 독일을 중심으로 발달했다. '비판이론'에서 진보적인 문화이론이 발전하였다. 문화, 특히 문화예술에 대해 자유주의는 개인적인 창작활동으로 보는 반면 진보주의는 '문화산업'으로 본다.[108] 비판이론에 의하면 문화산업은 다음과 같은 특징을 지니고 있다. 첫째, 많은 자본을 필요로 한다. 둘째, 대량 재생산 기술을 사용한다, 셋째, 문화를 상품화한다, 넷째, 창조자를 노동자로 문화를 문화적 생산품으로 변화시킨다. 문화산업이 야기한 문화의 세계화는 단순한 문화 충돌이기 이전에 정치적 경제적 이해관계의 충돌이라고 한다.[109] 그러나 정보화가 진척되고 있는 글로벌 시대에는 자유주의와 진보주의의 양면성이 도두 있는 융합의 방향으로 가는 것이 현재의 추

---

108 전경갑 · 오창호. 2003.『문화적 인간 · 인간적 문화: 기호학과 문화이론』 서울: 푸른사상, pp. 198-201.

109 http://terms.naver.com/entry.nhn?docId=1530004&cid=41799&categoryId=41800 (검색일: 2017. 3. 1).

세이다.

– 언론정보학이란?

언론정보학(言論情報學) 또는 커뮤니케이션학(communication studies)은 인간 생활의 전반을 아우르는 커뮤니케이션(Communication)에 대해 연구하는 학문이다. 커뮤니케이션에 관한 학문은 고대 그리스의 수사학(修辭學, rhetoric)이 그 시초이다. 신문과 방송이라는 매체의 출현과 함께 신문학, 저널리즘학 등의 분과학문으로 발전하였다. 현재 언론정보학은 커뮤니케이션 현상의 의미, 기술, 이론을 종합적으로 다루는 학문으로서 개인 및 사회의 의사소통, 신문, 방송, 영화, 광고, 인터넷 등에 나타난 커뮤니케이션 양상을 연구의 대상으로 삼고 있다. 정보통신기술의 급격한 변화는 매체 환경과 커뮤니케이션 방식에 큰 변화를 가져오고 있고 언론정보학의 연구 범위 역시 확장되고 있다.[110]

– 문화 간 커뮤니케이션

동·서양 문화의 차이를 얘기할 때 우리는 동양 문화를 흔히 동질적(homogeneous)이고 집단주의 성향이 높다고 하고, 서양 문화는 이질적(heterogeneous)이고 개인주의 성향이 높다고 말한다. 이러한 문화적 차이는 사람들이 서로 관계를 맺는 과정에 많은 영향

---

110 https://ko.wikipedia.org/wiki/%EC%96%B8%EB%A1%A0%EC%A0%95%EB%B3%B4%ED%95%99(검색일: 2017. 3. 1).

을 미친다. 문화와 대인 커뮤니케이션은 대인 관계를 맺는 데 중요한 기능을 수행한다. 이 과정에서 대인 커뮤니케이션의 방향은 문화권마다 독특한 성격을 보인다. 대부분의 서양 문화권에서 대인 커뮤니케이션은 수평적으로 이루어지지만 동양 문화권에서는 수직적으로 이루어진다. 첫째, 자아관은 대인 관계 발전 과정에서 동양 문화권보다는 서양 문화권 대부분에서 더 중요한 역할을 한다. 그 예로 미국은 수평적이며 개인주의 문화로 인식되는데 사람들은 독립적인 존재로서 자신들이 누구이며, 무엇을 해야 하며, 무엇이 되기 원하는지를 잘 알고 있다. 미국인에게 영향을 주려 한다면 메시지는 자아(self)라는 언어로 해석될 수 있도록 설계해야 한다. 동양 문화권 사람들은 자아의 유지보다는 그 자신이 속한 가족과 같은 집단의 유지에 더 큰 관심을 둔다. 따라서 동양 문화권에서 집단은 제1의 사회적 정체성(identity)을 부여하는 역할을 한다. 둘째, 수직적 사회에서 개개인의 탄생, 가정 배경, 연령, 사회계급은 개인이 후천적으로 이루는 성취보다 더 중요하게 여겨진다. 다시 말해서 "한 개인이 누구인가"가 "한 개인이 하고 있는 일"보다 더 중요하게 여겨지는 것이다. 일반적으로 서양 문화는 임무지향 문화로, 동양 문화는 관계지향 문화로 구분된다. 대부분의 동양 문화권에서 시간은 아주 다르게 해석된다. 이 문화권 사람들은 다른 사람들과 가까운 관계를 맺기 전 그 사람의 배경을 탐구하는 데 많은 시간을 투자한다. 셋째, 학자들은 대칭적(symmetrical) 관계와 보완적(complementary) 관계에 의거해 수평적 인간관계와 수직적 관계 사이의 차이점을 설명한다. 대칭적 관계는 나이, 성, 역할 또는 지위의 유사성을 극대화하고 각 개인들이 자신의 특성을 갖도록 한다. 보완적 관계는 나이,

성, 역할, 지위의 차이를 극대화하며 관계의 상호관련성, 즉 상호의존성을 진작시킨다. 넷째, 대인 커뮤니케이션 형태 또한 친구 관계가 이루어지는 과정에서 중요한 역할을 한다. 그 예로 수평적 문화권에서 사람들은 서로의 관계가 보완적이기 때문에 격식을 중요하게 여기지 않지만 수직적 문화권에서는 사람들 관계가 대칭적이기 때문에 격식을 중요하게 여긴다. 다섯째, 불확실성의 감소 과정은 대인 관계를 개발하고 확대하는 데 큰 역할을 한다. 대인 커뮤니케이션은 불확실성을 줄이는 역할을 하며 커뮤니케이션 참여자들의 예측성을 증대한다. 불확실성의 감소는 또한 커뮤니케이션의 성격에 영향을 미친다. 수평적 문화는 저맥락 문화, 수직적 문화는 고맥락 문화로 구분된다. 따라서 저맥락 문화는 규범과 가치 측면에서 이질적이며 사람들은 구체적인 규범과 가치에 서로 이견을 보이는 개인주의적 문화다. 고맥락 문화는 규범과 가치 측면, 일상생활의 여러 측면과 의식적 측면에서 동질적이며 집합적 문화로 인식된다.[111]

문화 간 상호작용 상황에서 유능한 커뮤니케이터가 되려면 지식, 동기와 기술을 필요로 한다. 이를 바탕으로 사람들은 낯선 이에서 호스트 문화에 적응력이 높은 사람으로 성장한다. 이들은 자민족중심주의적 사고의 틀을 벗어나 문화적 감정이입 능력을 지닌 제3의 문화적 시각을 소유하게 된다. 첫째, 효율성과 적절성! 유능한 커뮤니케이션은 상호작용이 일어나는 맥락에 적합한 방식으로 어떤 목표를 달성하는 데 효율적인 것으로 인식되는 상호작용이다. 커뮤

111 http://terms.naver.com/entry.nhn?docId=2268422&cid=42251&categoryId=42255 (검색일: 2017. 3. 1).

니케이터는 그러한 목표를 달성하기 위해 자신의 사회적 환경을 통제하고 그 환경에 대처할 수 있어야 한다. 이는 자신의 목표를 세우고 그 목표를 달성하는 데 필요한 자원을 분석하고, 상대방의 반응을 정확하게 예측하며 적절한 커뮤니케이션 전략을 선택해 이행한 다음 상호작용의 결과를 정확하게 분석할 수 있어야 함을 의미한다. 문화 간 환경의 커뮤니케이션 능력을 분석하면서 루벤(Ruben)은 중요한 여러 행위 차원을 제시했다. (1)상대방에게 긍정적인 관심을 보이고 상대방을 존중할 수 있는 능력 (2)평가하기를 삼가고 판단하지 않으며 남에게 반응할 수 있는 능력 (3)토론에 참여할 때 순서를 지키면서 남의 욕구와 열망에 대한 정확한 분석을 바탕으로 상호작용을 시작하고 끝내는 능력 등이다. 우리가 문화 간 상호작용 상황에서 의식을 놓지 않고 시종일관 유능하려면 세 가지 조건을 필요로 한다. 이러한 능력을 구성하는 조건은 지식, 동기, 그리고 기술이다. 상호작용자에게 이 중 하나라도 모자라면 적합한 문화 간 커뮤니케이션이 될 가능성은 낮아진다. 첫째, 지식은 문화 간 커뮤니케이션 능력을 습득하기 위해 꼭 필요한 정보와 행위를 인지하거나 이해하는 것을 의미한다. 둘째, 동기는 남들과 적절히 효율적으로 커뮤니케이션하고 싶은 욕망을 일컫는다. 문화 간 커뮤니케이션 상황에서 특히 중요한 것은 낯선 이들과 커뮤니케이션하려는 의욕이다. 셋째, 기술은 적절하고 효율적으로 커뮤니케이션하는 데 필요한 행위를 취할 수 있는 능력을 일컫는다. 이러한 능력을 갖기 위해서는 우선 감정이입의 개발이 필요하다.[112]

---

112 http://terms.naver.com/entry.nhn?docId=1624922&cid=42251&categoryId=42255 (검색일: 2017. 3. 1).

성장하면서 습득한 문화는 우리에게 인식, 정서 그리고 행위의 틀을 제공해 같은 문화권에 속한 사람들은 현실을 유사하게 이해하고 반응한다. 우리는 우리의 인성과 행위를 지배하는 문화의 각인 작용을 인식하지 못한다. 우리는 우리 자신을 특징지우는 과정을 마치 선천적인 것으로 여긴다. 예측하기 어렵거나 특이한 상황은 낯설고 적절하지 못하며 무책임하거나 열등한 것으로 생각하고 느끼며 행동하도록 되어 있다. 이러한 점에서 우리는 자신의 문화와 분리될 수 없기 때문에 자민족 중심주의적인 경향을 보이게 마련이다. 새로운 문화 환경에서 내면적인 능력은 낯선 도전을 받는다. 주위 환경이 내부 조건들을 위협하면 사람들은 환경에 대한 반응은 물론 적응을 위해 그 도전에 응한다. 낯선 이들과 효율적으로 커뮤니케이션하는 사람들은 다른 문화권 사람들의 행위를 해석할 때 자문화의 관점을 고집하지 않는다. 이들은 자신들의 문화적 관점과 낯선 이의 그것 사이의 심리적 연결고리 역할을 하는 "제3의 문화적 시각"을 이용한다. 이러한 관점을 지닌 사람들에겐 다음과 같은 특성이 있다. (1)새로운 생각과 경험에 대해 마음을 연다. (2)다른 문화권 출신의 입장에서 생각한다. (3)호스트 문화와 자신의 문화 사이의 유사함과 다른 점을 정확하게 인식한다. (4)낯선 행위를 나쁘다거나 무의미한 것으로 평가하기보다는 이해할 수 없는 행위로 기술하는 경향을 보인다. (5)자신의 행위와 남들의 그것을 비판적이지 않은 자세로 관찰한다. (6)호스트 문화권 출신들과 의미 있는 관계를 유지한다. (7)이들은 자민족 중심주의자가 아니다. 이들은 자신이 속한 문화의 기준으로 호스트 문화권 사람들의 행위를 우선 이해한 다음 평가하려고 노력한다. 적응력을 통해서 유연하며 탄력

있는 정신적, 행위적 능력을 갖게 되면 이들은 자민족중심주의적 사고의 틀을 벗어나 다른 문화권 사람들의 고정된 정신적 태도(mindsets)를 이해하게 되며 남의 입장이 되어 보는 문화적 감정이입 능력을 소유하게 된다.[113]

– 문화산업, 문화콘텐츠산업 그리고 한류

문화산업(文化産業)은 자본주의적으로 대량생산된 대중문화 또는 문화를 생산하는 산업이다. 문화산업은 두 가지의 맥락에서 각기 다른 용법으로 사용된다. 첫째, 프랑크푸르트 학파인 아도르노(T. Adorno)와 호르크하이머(M. Horkheimer)가 『계몽의 변증법(The Dialectic of Enlightenment)』에서 사용한 문화산업(Culture Industry)이다. 여기서 문화산업은 자본주의적으로 대량생산된 대중문화(Mass Culture)를 의미한다. 그들이 대중문화 대신 문화산업이란 용어를 사용한 것은 산업적 구조에 의해 상품으로서 생산된 것이기 때문이다. 둘째, 프랑크푸르트 학파의 이론과 무관하게 일상적인 용법으로 사용되는 문화산업(Cultural Industry)은 글자 그대로 문화를 생산하는 산업을 의미한다. 유네스코나 관세 및 무역에 관한 일반협정(GATT)의 규정에 따르면 문화산업은 저작권의 보호를 받는 문화적 성격의 상품과 서비스의 창조와 생산, 유통에 관련된 산업[114]을 의미한다. 이런 문화산업은 새로운 디지털 기술

113 http://terms.naver.com/entry.nhn?docId=1624922&cid=42251&categoryId=42255 (검색일: 2017. 3. 1).

114 창조산업(Creative Industry)이라고도 한다.

의 발전과 글로벌화의 진전과 함께 전 지구적 규모의 시장을 두고 각축을 벌이는 거대 규모의 문화산업체들에 의해 주도되고 있다.[115]

디지털 기술의 발달로 미디어의 발전과 보급이 이루어지며 이제 세계화 · 정보화라는 표현은 일상이 되었다. 특히 실시간으로 소통하는 인터넷 매체는 전 세계를 하나로 묶고 문화 혼종의 시대로 이끌고 있다. 이에 문화 산업은 엔터테인먼트(entertainment) 요소들이 강조되고 있으며, 스타를 앞세운 콘텐츠가 대중의 관심을 받으며 큰 시장을 형성하고 있다. 미국은 엔터테인먼트산업, 영국은 창조산업(creative industry), 일본은 콘텐트산업(content industry), 한국은 문화콘텐츠산업(cultural contents industry)[116]으로 표현은 조금씩 다르다. 아시아는 약 10년을 주기로 특정 국가의 문화가 유행을 주도하는 경향을 보여 왔다. 1980년대 홍콩 영화의 유행을 홍콩류, 즉 '항류(港流)'라 칭했고, 1990년대 일본 TV드라마, 애니메이션, 게임 등의 유행을 '일류(日流)'라 했으며, 1990년대 말부터는 '한류(韓流)'가 시작되었다. 이와 같은 아시아의 순차적인 문화 유행에 따라서 한류와 일류와 화류 등이 경쟁하고 있다. 그리고 동양의 특징적인 문화가 서양에서 관심을 받고 있는 현상을 아시아류, 즉 '아류(亞流)'라고 하는데, 주로 일본과 중국문화로 대표되고 있는 현실이다. 지금은 한류 열풍으로 전성기를 맞이한 문화 산업에

---

115 http://terms.naver.com/entry.nhn?docId=1820706&cid=46634&categoryId=46634 (검색일: 2017. 3. 1).

116 문화콘텐츠산업은 문화산업 중에서도 콘텐츠에 기반 한 산업을 말한다. 연극, 공연, 영화 등 전통적인 문화예술과 미디어를 기반으로 하는 콘텐츠산업을 포괄한 개념이 문화산업이라면 이 중 콘텐츠가 부각되는 분야가 문화콘텐츠산업이다. '문화콘텐츠산업'은 부가가치 유발계수가 높고 기술집약적, 지식집약적인 창조적인 산업을 가리키는 개념이다. http://terms.naver.com/entry.nhn?docId=1394967&cid=42025&categoryId=42025 (검색일: 2017. 3. 1).

대한 연구와 시스템을 강화하여 미래의 문화강대국을 위해 매진할 때다.[117]

– 관련 개념들[118]

1) 녹색 챙(Green-shade): 언론인을 비유하는 말로서 언론인 양성을 위한 저널리즘 교육을 뜻한다. 언론활동에 대한 직업 윤리적 성격을 가지며 언론인 집단의 문화와 취재 방법 등의 교육을 중시. 1950년대까지 미국언론학회(AEJ)를 지배해 온 패러다임.

2) 카이-스퀘어: 사회과학으로서의 커뮤니케이션학을 지향한 입장으로서, 객관적인 자료의 검증과 분석을 통한 경험주의적 연구를 지향. 슈람 이후 현대 언론정보학의 주류 패러다임으로 인정받고 있으며 사회과학자 육성을 목적.

3) 정치경제학 연구: 물질적 하부구조가 제도적 상부구조를 형성한다는 사회주의적 시각을 바탕으로 미디어 연구를 진행.

4) 구조주의와 기호학: 인류학, 언어학에 토대를 두고 메시지 분석에 중점. 프랑스에서 시작되어 포스트모더니즘의 이론적 기반.

5) 프랑크푸르트학파의 연구: 대표적인 비판이론으로서 문화산업,

117 http://terms.naver.com/entry.nhn?docId=1625255&cid=42219&categoryId=42236 (검색일: 2017. 3. 1).

118 https://ko.wikipedia.org/wiki/%EC%96%B8%EB%A1%A0%EC%A0%95%EB%B3%B4%ED%95%99(검색일: 2017. 3. 1).

이념적 지배 장치에 주목.

6) 문화주의 연구: 정치경제학 연구에 비판적이며, 사소한 일상적 요소를 연구 대상으로 삼는다. 1980년대 이후 커뮤니케이션 연구에서 큰 비중을 차지하게 되었으며 수용자 연구에 적극적.

질문하기

- 자유주의와 진보주의?

- 진보주의로서의 비판이론?

- 문화산업?

- 문화콘텐츠산업?

- 문화 간 커뮤니케이션?

- 구조주의, 기호학 그리고 문화이론?

- 대칭적 관계와 보완적 관계?

- 한류?

- 프랑크푸르트학파?

- 대중문화와 문화실천?

- 문화와 계급?

- 아비투스와 계급?

참고문헌

김창남. 1995. 『대중문화와 문화실천』 서울: 한울아카데미.

김창남. 1996. 『대중문화와 문화실천』[반양장] 서울: 한울아카데미.

김창남. 2004. 『대중음악과 노래운동 그리고 청년문화』 서울: 한울아카데미.

김창남. 2010(1998). 『대중문화의 이해』(전면2개정판) 서울: 한울아카데미.

김창남. 2015. 『정치와 커뮤니케이션』(커뮤니케이션이해총서) 서울: 커뮤니케이션북스.

김창남. 2015. 『나의 문화편력기: 기억과 의미의 역사』 서울: 정한 책방.

앤드루 에드거 · 피터 세즈윅. 저. 박명진 · 이영욱 · 김창남 역. 2012. 『문화 이론 사전』(패러다임 총서)[개정판] 서울: 한나래.

양은경 · 이상길 · 장미혜 · 조은 · 주형일 · 홍성민. 2002. 『문화와 계급: 부르디외와 한국사회』 서울: 동문선.

원용진. 2011. 『새로 쓴 대중문화의 패러다임』 서울: 한나래.

전경수. 1994. 『문화의 이해』 서울: 한울아카데미.

전경갑 · 오창호. 2003. 『문화적 인간 · 인간적 문화: 기호학과 문화이론』 서울: 푸른사상.

조수동 · 김주완 · 이강화 · 이윤화. 2002. 『문화의 이해』 대구: 이문출판사.

L. A. White 저. 이문용 역. 1978. 『문화의 개념』 서울: 일지사.

Ogburn, William Fielding. 1922. *Social Change with Respect to Culture and Original Nature*. New York: B. W. Huebsch.

Ⅱ. 문화를 비교할 수 있는 글모음 (컬럼, 에세이, 논문 등)

1. "말레이지아 호텔 천장에 그려진 화살표"

지난 1월 중순 말라야대학교 세미나 발표를 위해 말레이시아에 다녀왔다. 인구가 약 3100만인데 말레이시아를 찾는 일 년 관광객이 약 2500만이다. 이는 중국을 찾는 관광객이 연 약 5000만인 것에 비하면 상당히 많은 것이다. 말레이시아를 가보지 않은 사람은 많지만 한 번 방문한 사람은 꼭 다시 찾는 나라라고 알려져 있다. 안전하고 깨끗하고 거의 모든 경우 영어로 의사소통이 된다. 석유 등 자원이 풍부한 말레이시아는 IMF 통계에 의하면 2016년 GDP가 3,027억$로 세계 37위로 다른 동남아국가들보다 부유한 편이다.

1981년 7월부터 2003년 10월까지 장기 집권한 마하티르(Mahathir Mohamad) 총리는 서구 세계에 과도하게 의존하던 외교와 경제정책을 과감하게 버린 것으로 유명하다. 아시아 소속이자 회교국가로서의 말레이시아의 정체성을 회복함과 동시에 제3세계

국가들과의 적극적인 외교관계를 구축하였다. 그러면서도 마하티르는 전 세계로 개방된 통상국가체제를 완성시켰다. 예를 들어, 자기들이 꼭 해야 할 필요가 없는 건설업은 외국회사들에게 맡긴다. 쿠알라룸푸르의 상징적인 건축물인 쌍둥이빌딩(Petronas Towers)은 하나씩 삼성건설과 한 일본회사가 맡았다.

마하티르의 국가발전 모델은 경제 선발국이던 일본과 한국을 따라잡겠다고 추진한 '동방정책(Look East Policy)'이다. 이로써 실제로 농업국가이자 빈국이던 말레이시아를 20년 만에 신흥공업국이자 ASEAN 중심국가로 발전시켰다. 경제발전을 위해 인권과 민주주의를 탄압하는 방식으로 권위주의 체제를 오래 지속했다는 비판을 받아온 것도 사실이지만 마하티르는 국내적으로는 왕권을 제어하면서 민주정치의 기틀을 쌓았고 다수 민족이자 원주민인 말레이계를 제도적으로 우대하는 '부미푸트라' 정책을 펼침으로써 경제적 우위에 있는 중국계인 화인들과의 격차를 줄이는 방식으로 종족갈등을 치유하려 노력했다.

첫날 호텔에서 자려는데 천장에 빨간 색으로 화살표가 보여 의아하게 생각했는데 다음 날 가이드한테 들으니 그것이 이슬람의 성지인 메카(Mecca)로의 방향을 표시하는 것이란다. 이는 이슬람교도가 하루에 다섯 번 이상 한 번에 최소 15분, 최대 5시간 기도를 하는데 필요하다. 말레이시아의 국교는 이슬람교이지만 종교의 자유가 보장되어 있다. 이슬람교도는 인구의 반 정도이다. 내세를 강조하고 내세를 확실히 믿는 신앙심 때문인지 현세에 덜 관심을 갖고 현세의 일, 국가 전체가 부유한 탓도 있지만 돈 버는 일에 상대적으로 덜 관심을 가지고 있다. 필자에게는 이번 말레이시아 여행이 몸과 마음의 행복을 어디서 찾느냐 하는 문화의 차이를 느낄 수 있는 유익한 여행이었다.

〈신도시라이프〉 439호(2017. 2. 20)

2. “오기가미 나오코 감독의 영화와 행복”

영화 <토일렛>은 행복에 있어서 긍정적인 마인드가 중요하고 “모든 것이 마음먹기 나름”이라는 점을 재미있게 잘 보여 주고 있다. 주인공 레이는 어머니의 갑작스런 죽음으로 자신의 삶에 침투해버린 세 명의 사람들과 고양이 한 마리에 대해 불만이 쌓여간다. 모두 자신이 돌보지 않으면 안 될 그런 존재들이고 시시때때로 울려 퍼지는 이들의 도움을 요청하는 전화벨 소리에 노이로제에 걸릴 것만 같다.

그러나 진실은 레이가 이들을 돌본 것이 아니고 지금까지 레이 자신이 돌봄의 대상이었다는 사실을 알게 된다. 레이가 어렸을 때 입양된 사실을 레이 자신만 모르고 있었던 것이다. 절망한 레이는 유일한 동료에게 이 사실을 털어놓지만 그 인도계 동료는 시니컬하게 반응한다. “그래서? 그게 그렇게 중요해? 그렇다고 해도 지금까지 잘 살아왔잖아” 이러한 느낌이 바로 나오코 감독이 바라보는 인생과 행복이 아닐까? 여기에는 단지 혈육으로 만들어진 가족의 한계를 넘어서는 확장된 가족에 대한 따뜻한 시선이 엿보인다. 이러한 대꾸를 한 동료가 인도계라는 점도 상징적인 것 같았다.

나오코 감독의 다른 작품들로는 <요시노 이발관>, <카모메 식

당>, <안경>, <고양이를 빌려 드립니다> 등이 있다. 모두 소소한 일상 속에 숨겨진 삶의 의미와 따뜻한 감동을 절제된 구성 속에서 감독 특유의 유머러스함과 투명한 감성으로 녹여내는 '오기가미 표' 영화들이다. 원했든 원치 않았든 한 공동체에 속하게 된 또는 우연히 함께 지내게 된 사람들의 인연이 만들어가는 성장과 변화의 과정들을 세밀하게 잘 그려내고 있다.

그러나 이 영화들 중에 <안경>은 특이한 메시지를 전해 주고 있다. 우리가 행복해지기 위해서는 정신문화 보다는 물질문화에 치우쳐 있는 것을 역전시켜야 하지만 그러나 부富, 물질 등을 완전히 무시하거나 소홀히 하면 안 된다. <안경>은 사본주의의 비판으로서 사회주의가 대안이 될 수 없다는 것을 재미있게 보여 주고 있다. 사회주의 보다는 지속가능한 발전을 좋은 대안으로 은연 중 제시하고 있다.

〈선진화 포커스〉 239호(2015. 3. 19)

3. "'지구의 허파'인 아마존의 밀림을 조금씩 구입하는 스웨덴 어린이들"

몇 년 전 스웨덴에 갔을 때 초등학생들이 아마존의 열대 밀림을 아주 조금씩 구입하여 "지구의 허파"인 아마존의 밀림을 보호하는 운동을 하는 것을 보고 놀랐다. 아마존의 밀림은 인류를 위해 이산화탄소를 흡수하고 산소를 공급한다. 그러나 이 지역은 계속 광산개발과 목재산업, 농경지 및 목축지 개발로 파괴되고 있다. 또 다른 스웨덴에서의 기억은 우유를 플라스틱이 아닌 병에 담아 유통하고 새하얀 휴지를 쓰는 것을 아주 창피하게 생각하는 모습 등이었다. 우리나라는 어떤가? 비닐봉지 안 쓰기 운동은 흐지부지되었고 분류 수거가 아파트 지역이 아닌 곳에서 제대로 되고 있는지 극히 의심스럽다.

대한민국은 근대화, 민주화, 선진화, 그리고 이제는 착한 선진화의 단계로 진입하였다. 이는 성장과 분배의 순환으로 볼 수 있지만 또한 개발과 자연보존/환경보존의 단계 변화로도 볼 수 있다. 산업화 시기의 어려운 여건에도 불구하고 국토녹화에까지 노력했던 것은 참 다행이다. 지금 북한의 벌거벗은 산야, 그래서 홍수, 그리고 식량부족의 악순환을 보면 얼마나 다행인지 모른다.

착한 선진화는 지속가능한 성장(sustainable development) 개념과 맥을 같이 하고 있다고 생각된다. 조그만 호수에서 몇 사람이 낚시를 하면 그 호수의 자정 능력에 의해 호수는 깨끗함을 유지할 수 있다. 그러나 많은 사람이 낚시를 하고 호수 주변에 음식점들도 생기면 이 호수는 완전히 더러워진다. 이 호수가 상징하는 것이 '지구'(earth)다.

지속가능한 성장과 비슷한 개념으로 성찰적 근대화(reflexive modernization)가 있다. 성찰적 근대화를 주장한 울리히 벡(Ulrich Beck)은 성장과 정보화의 미래가 황금빛 '정보사회'가 아닌 '위험사회'도 될 수 있다고 지적하며 앞으로만 밀어붙이는 근대화가 아닌 뒤도 돌아보는 성찰적 근대화가 필요하다고 이야기한다.

바람직한 성찰적 근대화는 자본주의(시장경제)와 사회주의(계획경제)의 중간이 아닌 자본주의를 원칙으로 하고 사회적인 요소를 보완하는 정도가 바람직하다. 자연보호운동, 개발과 환경의 조화 등도 모두 상기 원칙으로 운용되어야 할 것이다. 지나친 사회주의적 시도들이 여지없이 실패한 예들은 무수히 많다. 착한 선진화도 이러한 원칙으로 논의되고 적용되어야 "진정한" 착한 선진화가 될 수 있다.

〈선진화 포커스〉 302호(2016. 8. 26)

4. "인생의 베이스캠프는 설치되었습니까?"

아웃도어 제품으로 유명한 노스페이스(North Face)는 원래 높은 산의 북벽(북쪽 면)을 가르키는 용어이다. 알프스의 노스페이스, 아이거 북벽은 알프스의 3대 북벽 중 하나로 현재까지도 가장 등반하기 어렵고 등반 역사상 사망자가 가장 많은 곳이다.

독일, 오스트리아 그리고 스위스가 같이 만든 영화 <노스페이스 Nordwand North Face>(2008)를 몇 년 전 본 적이 있다. 자연의 위대함과 끊임없이 흔들리는 인간의 마음을 이겨내는 과정을 다룬 작품이다. 1936년 독일은 올림픽 개회를 앞두고 국위 선양을 위한 아이거 북벽 등반을 위해 산악인들을 부추겼다. 유럽의 등산가들에게 있어서 1800m의 아이거 북벽을 오르는 것은 성배를 찾아 떠나는 모험과 같았다.

독일과 오스트리아의 등반가 4명은 이 험난한 코스를 처음 정복한 등산가가 되기로 결심한다. 나치시대 독일의 두 군인은 아이거 북벽을 등반하고자 노력하고 그 결과를 독일군들에게 이미 꺽인 독일인의 우수성을 알리기 위해 두 기자가 망원경으로 북벽을 바라보며 기사를 써 내려간다. 이미 많은 사람들이 실패를 했었던 곳이었다. 위에 있는 친구, 동료를 위해 자일을 자르는 장면은 크게 감동을 받았다. 영화를 보면서 주인공의 생환을 바랬는데 사실(실화)이지만 아쉬웠다.

필자는 이 영화를 보고 더 높은 봉우리를 등정하기 위해서는 더 높은 베이스캠프가 필요하다는 것을 알았다. 새로운 베이스캠프로 심리적으로나 육체적으로나 정상 정복이 훨씬 수월해진다. 인생도 삶의 기준을 높게 설정할 때 성공까지의 길은 줄어들고 그만큼 성공할 확률이 높아집니다. 같은 목표를 가진 사람들이라도 베이스캠프가 다르면 목표달성도 달라진다.

〈선진화 포커스〉 295호(2016. 6. 17)

5. "<타인의 삶>을 훔쳤지만 주인공은 인생이 바뀌었다."

행복은 긍정마인드로 시작한다. 그러나 긍정심리학을 넘어 종교를 포함한 철학의 단계, 삶과 죽음, 그리고 영혼의 의미를 아는 단계로 나아가야 진정한 행복을 얻을 수 있다. 필자가 부경대에서 담당하고 있는 행복학 과목 '글로벌시대의 행복'의 마지막 수업에 보여주는 영화가 있다.<타인의 삶 Das Leben Der Anderen The Lives Of Others>(2006)이다.

<타인의 삶>은 국민의 모든 움직임을 추적해야 한다는 동독정부의 집착을 그렸다. 주인공인 비밀경찰의 시선을 통해 동독의 비인간적이고 억압적이었던 인권탄압을 다루고 있다. 1984년 비밀경찰

인 슈타지(동독국가보위부)의 강경파 게르트 비즐러(울리히 뮈에) 경감은 흠잡을 데 없어 보이는 극작가 게오르크 드라이만(제바스티안 코흐)을 감시하기로 결심한다. 베를린의 아파트에 심어놓은 도청기를 통해 비즐러는 드라이만이 여배우인 아름다운 연인 크리스타 마리아(마르티나 게데크)와 함께 하는 세련된 가정생활에 점점 매혹되고 있는 자신을 발견한다.

드라이만의 생일 파티에서 그의 친구인 알베르트 예스카는 선물로 "아름다운 영혼의 소나타"라는 악보를 드라이만에게 건넨다. 정부로부터 요주의 인물로 지목되어 있는 예스카는 얼마 뒤 스스로 목을 메날아 사살한다. 그 소식을 들은 드라이만은 "아름다운 영혼의 소나타"를 피아노로 연주하고 그것을 헤드폰을 통해 들은 비즐러는 감동의 눈물을 흘린다. 예스카의 죽음에 드라이만은 자살률을 숨기고 있던 동독의 현실을 서독의 유명한 시사잡지였던 『슈피겔』에 폭로하기로 결심했다. 비즐러는 드라이만의 행동을 거짓으로 보고했다. 그는 드라이만의 생활을 지켜보면서 그동안 자신이 얼마나 공허한 인생을 살아왔는지를 깨닫게 되고 점점 인간적인 성격으로 변하기 시작했다. 「타인의 삶」을 감시하다 비즐러는 심경과 행동에 큰 변화를 맞게 된다. 그는 점점 자신이 하고 있는 일의 정당성에 회의를 품게 된다.

"아름다운 영혼을 위한 소나타"를 듣고 브레히트의 시집을 훔쳐와 읽으면서 비즐러가 알게 된 것은 '배신자' 아니면 '동지'로만 보았던 인간을 '사람'으로 보는 법이었다. 예술 활동 계속을 위해 문화부 장관에게 "성상납"을 하러 가는 마리아! 그러나 비즐러는 그녀가 가던 술집에 들러 예술을 위해 타협하지 않아도 당신을 기억하는 사람이 있음을 알려주며 당당해지라고 한다. 그래서 마리아는 드라이만에게 다시 돌아가게 되는데 정말 감동적인 장면이다. 비즐러의 반동행위는 결국 그들을 지켰고 그 대가로 비즐러은 비밀경찰에서 우편물 담당으로 떨어지게 된다.

독일은 통일된 후 드라이만은 자신을 감시한 요원(HGW/XX7)의 지문을 보고 그가 의도적으로 드라이만을 보호했음을 깨달았다. 다시 시간이 흐르고 비즐러는 편지를 담은 수레와 함께 서점 앞을 걸어가다가 드라이만의 소설인 『아름다운 영혼의 소나타』를 발견한다. 서점으로 들어간 그는 드라이만의 소설을 펼치고 소설에는 "이 책을 'HGW/XX7'에게 바칩니다."라는 문구를 발견한다. 비즐러는 책을 들고 와 계산대 앞에 서고 "포장할 것이냐"는 점원의 질문에 대답한다. "아니오. 이 책은 나를 위한 겁니다." 비즐러 자신을 위해 썼다는 의미와 선물하지 않고 자신이 볼 것이라는 중어(重語)적인 표현으로 영화가 끝난다.

비즐러는 <타인의 삶>을 살려낸 것만이 아니었다. <타인의 삶>을 돌아서 그에게로 온 삶! 그는 그 자신의 삶을 살아낸 것이다. 비즐러는 <타인의 삶>을 훔쳤지만 그는 오히려 영혼의 의미를 찾고 자신의 진정한 행복을 찾았다.

『해운대라이프』431호(2016. 10. 10)

6. "위기 시에도 쉽게 흥분하지 않는 리더!"

몇 년 전 KTX를 빨리 타려고 본의 아니게 영화 <드래프트 데이

Draft Day>(2014) 보았다. 미식축구 영화로 올리버 스톤 감독의 <애니 기븐 선데이 Any Given Sunday> (1999)을 본 적이 있지만 미식축구 영화, 그것도 '드래프트 데이'(팀의 운명을 결정할 신인 선수 선발전) 하루를 그린 영화가 미식축구를 잘 모르는 한국에서 흥행할 까 의심했다. 그러나 현대 오락영화의 특징인 반전도 있고 기대보다 재미있었다.

미국만의 최대 스포츠, 미식축구의 빅 이벤트인 드래프트 데이을 앞두고 있는 클리브랜드 브라운스 단장 써니(케빈 코스트너)는 우여곡절 끝에 획득한 1순위 지명권을 두고 깊은 고민에 빠진다. 당연히 가장 큰 주목을 끌면서 1순위로 지명된다면 그 해의 드래프트에서 최고의 실력을 가진 선수라는 걸 증명하는 것이다. 그렇다고 이것이 곧장 프로에서의 진짜 실력으로 이어지는 건 아니다.

수많은 구단과 선수, 팬들의 시선이 모두 집중된 운명의 날! 최고의 선수를 차지하기 위한 끊임없는 물밑작업과 치열한 심리전 속에서 갈등하던 써니는 누구도 예상치 못한 과감한 승부수를 던져 숨 막히는 심리전을 이기고 짜릿한 승리를 거둔다.

써니가 누구나 예상한 위스콘신대 쿼터백 보 칼라한을 제1라운드에서 마지막 순간에 포기한 이유는 첫째 팀에 친한 친구 한 명 없을 만큼 평판이 나쁜 선수를 들이는 것은 써니 자신이 용납할 수 없기 때문이다. 스포츠 팀 뿐 아니라 모든 조직에서 조화를 고려한 인사는 얼마나 중요한가를 잘 보여 주고 있다. 둘째는 첫째 이유와도 연결되지만 보 칼라한이 "기억이 안 난다"고 하는 등 믿을 수 없다는 점이다.

세 번째 이유는 보 칼라한이 위기 시 쉽게 흥분된다는 점이다. 영화에서 전설적인 샌프란시스코 포티나이너스 쿼터백 조 몬타나가 비교되어 설명된다. 1989년 슈퍼볼에서 시간이 별로 없는데 신시내티 벵갈스에서 지고 있고 마지막으로 어려운 터치다운을 해야 역전을 할 수 있는 위기에 조 몬타나는 갑자기 주위의 선수들에게 "관중석에 배우 000 와 있던데 봤니?"하면서 긴장을 풀어 주면서 극적인 터치다운을 성공시키고 대역전!

보 칼라한은 운동선수로서 뛰어나다. 그러나 쉽게 흥분하고 거짓말 밥 먹듯이 하고 인간관계 안 좋은 그를 영화에서 보면서 자꾸만 한국 정치, 정치인들이 생각났다. 18년 만에 노동당 정권을 되찾은 토니 블레어 전 영국 총리는 자서전에서 "나라를 바꾸는 것보다 당을 바꾸는 것이 더 어려웠다"고 토로했다.

『해운대라이프』 425호(2016. 7. 15)

7. "소크라테스의 죽음, 준법정신 그리고 법률문화의 선진화"

소크라테스의 말년, 아테네에는 기존 민주주의 세력과 스파르타의 법을 새로이 차용하고자 한 귀족주의 정파 간의 갈등이 지속되고 있었다. 그는 신성모독과 청년들을 현혹한다는 죄목으로 사형판결을 받았다. 기소 이유는 젊은이를 타락시키고 새로운 종교를 끌어들였다는 것이었다. 이 판결은 자신의 생각과 양립하지 않음에도 불구하고 소크라테스는 폴리스의 법에 복종하여 자발적으로 독배를 받았다. 그는 도주할 수도 있었지만 투철한 준법정신에 의해서 태연히 독배를 들어 마시면서 제자들에게 빌린 닭 한 마리를 갚아

달라고 부탁하였다. 소크라테스는 독약을 마시고 죽음을 의연하게 맞이했다.

민주주의와 선진화의 출발은 준법정신과 법치주의이다. 법치주의는 국가는 법에 의하여 통치되어야 한다는 주의를 말한다. 이러한 의미에서의 법에 의하지 않고는 국가는 국민에게 어떠한 명령이나 금지도 할 수 없다. 구체적으로는 국민의 자유권을 보호하기 위한 자유주의적 원리이다.

정치는 '함께 더불어 사는 기술'이나 '희소자원의 권위적 배분'이라고 정의되듯이 원래 공익적이고 긍정적인데 정치를 담당하는 사람들이 공익이 아닌 사익을 위해 정치를 하기 때문에 정치가 매우 부정적으로 여겨지고 있다. 정치 개혁과 선진화를 위하여 세 가지를 이야기한다. 공익을 위한 정치인, 법과 제도 그리고 정치문화이다. 이 중 한 가지만을 강조하는 사람들이 있지만 이 세 가지는 모두 같이 이루어져야 한다.

법과 제도가 상대적으로 잘 갖추어져 있다고 평가되는 독일인들은 법을 제일 잘 지킨다고 평가되지만 그들이 외국에 나가면 반드시 그렇지 않다. 지금 중국에 가보면 건널목에서 신호등을 제대로 지키지 않고 심지어 빨강 불에 거꾸로 길을 건너야 하는 경우가 있다. 이러한 경험은 1960년대까지도 우리 자신의 자화상이었다. 아직도 "법을 너무 잘 지키는 사람은 바보다"라는 생각이 우리들 마음속 근저에 있다면 대한민국은 선진국이 아니다.

법률문화의 선진화는 국가 전체 뿐 아니라 지역사회 발전에 기여하는 계기가 될 것이다. 최근 법무부가 시민의 법질서 선진화를 위해 추진하는 시민법률 콘서트는 좋은 사례이다. 민주주의와 선진화의 기본이 법치주의이듯이 대한민국의 선진화의 기본은 준법정신과 법률문화의 선진화이다.

〈선진화 포커스〉 264호(2015. 9. 30)

8. "지자체가 발전되어 지역균형 발전된 나라가 진짜 선진국!"

미국, 일본 등을 보면 진정한 선진국은 지방이 발전하여 서울과 차이가 없는 나라다. 지방이 살고 싶은, 특히 은퇴해서도 살고 싶은 지역이 되도록 지자체와 시민의 노력이 필요하다. 일본을 처음 여행하고자 할 때 꼭 도쿄를 먼저 가고 싶지는 않을 정도로 지방이 발전되어 있다. 미국에서 지방에 가면 지나치다 싶을 정도로 자기 동네가 제일 살기 좋고 자기 지역의 대학이 아주 좋은 대학이라고 자부심을 가지는 것을 보면 부러웠다. 이러한 애향심이 우리의 지역주의/지역감정과 달리 미국 전체의 문제일 때는 대개 지역을 포기하고 애국심으로 단결되는 것 또한 부러웠다.

(1) "강남구 선진시민의식 정착운동"

- 대한민국의 대표인 서울, 서울의 "선진"인 강남구!
- 싸이의 '강남스타일'은 대히트했지만 강남의 B급 문화를 조롱한 노래. 이런 노래가 나올 수 없도록 강남구의 모든 것이 대한민국의 대표 "선진"지자체와 선진시민의식이 되는 것이 필요.

- 선진시민의식을 의한 교육은 학교교육도 중요하지만 미디어/정보교육, 가정교육도 매우 중요

(2) "사회적 자본 확충 실천운동: 대전시의 성공사례"

- 선진시민의식을 위해 사회적 자본, 특히 사이버 사회적 자본의 확충이 필요.

- 청소년 등 정보화가 엄청나게 진척되고 있는데 사회적 자본을 연구하고 실천하는 분들은 사이버 사회적 자본을 무시하는 경향이 있어 안타깝다.

(3) "포항시 〈범시민 감사운동〉"

- "감사도시 포항"이라는 구호가 인상적이다. 이러한 구호는 선진시민의식 확충을 위해 매우 적절하다.

- 감사노트, 감사엽서, 감사전문 등 감사운동 실천 또한 인상적… 이러한 감사운동들이 인터넷, SNS 등 사이버 공간으로도 확대될 필요가 있다.

〈선진화 포커스〉 244호(2015. 4. 13)

9. "글로벌 시대, 한국의 세계시민의식 점수?"

김종훈 미래창조과학부 장관 내정자의 사퇴를 보면서 중국의 첸

쉐썬(錢學森)을 떠올렸다.

첸쉐썬의 귀국 스토리는 극적이다. 첸은 1931년 자오퉁대학에 입학했다가 1934년 미국 유학을 떠난 뒤 매사추세츠공대 항공과, 항공이론학과, 항공대학원에서 공부하면서 탁월한 연구 성과로 주목받았다.

첸이 국제적 인물로 부상한 것은 중국으로 돌아가려는 긴 싸움을 시작하면서부터다.

1949년 첸은 '학문으로 조국에 봉사하겠다'며 800kg에 달하는 서적과 노트를 갖고 중국 귀환을 시도했으나 미국 연방수사국에 의해 감금됐다. 미국 해군참모차장은 '그는 5개 사단의 위력과 맞먹는다. 총살할지언정 귀국은 절대 허용할 수 없다'고 했다.

1955년 중국 정부는 미국과 협상을 벌여 한국전쟁 당시 생포한 미 조종사 11명과 교환하는 조건으로 첸의 귀국길을 열었다. 이후 첸은 중국 미사일 개발에 획기적인 공을 세우고 중국 항공우주과학 발전의 기틀을 놓았다.

미국에 있던 김종훈씨는 한국 정부의 초청을 받고 건너와 장관 내정자가 됐다가 좌절감만 안고 돌아갔다. 그는 '여러 혼란상을 보면서 조국을 위해 모든 것을 바치려던 저의 꿈도 산산조각이 났다'며 통한했다.

쇄국 심리가 한국 사회에 여전히 견고히 자리 잡고 있음을 그의 좌절이 확인해 주었다.

오히려 미국 정부가 이민자인 그를 민감한 국가 정보 업무에 참여시켰던 것과 비교하게 된다.

미국 예일대 교수 에이미 추아는 저서 <제국의 미래>에서 '외부인과 외부 것을 받아들이는 관용과 포용력이야말로 진정한 제국의 요체’라고 했다.

‘진보’를 자처하는 정치인들과 미디어 포퓰리즘이 외국 인재 영입에 더 보수적인 태도를 보인다는 것이 인사청문회 과정에서 나타난 아이러니이다. 국회 인사청문회를 거쳐야 했다면 히딩크 감독도 한국 축구 역사에 없었을 것이다.

제대로 된 차이나타운이 없는 나라에서 이중 국적자 장관 임명은 애초에 가능한 일이 아니었다. 한국은 세계에서 드물게 제대로 된 차이나타운이 없는 나라다. 브라질 상파울루에도 있는 차이나타운이 중국과 가장 가까운 거리에 있는 한국에는 없다는 것은 많은 것을 시사한다.

한국에 화교가 원래 살지 않았던 것은 물론 아니다. 1950~1960년대에는 서울・부산・인천 등 국내 주요 도시마다 크고 작은 차이나타운이 있었다. 거기에는 자유중국 국기를 게양한 화교 학교도 있었으니 국내 화교 인구가 상당한 규모였음을 짐작할 수 있다. 그러나 단일민족 국가를 자랑하던 한국 사회는 외국인 거주자들에게 너그럽지 않았다. 외국인에 대한 외환거래규제법, 외국인토지소유금지령 등 한국 정부가 시행한 각종 외국인 차별 정책과 조치들은 화교 추방령과 다름없었다.

한국 경제는 선진국 문턱까지 도달했다. 세계에서 7번째로 ‘20-50 클럽(1인당 국민소득 2만달러, 인구 5000만명)’에 진입했고 IT와 자동차 산업에서 세계적인 강국이 되었다. 그 배경에는 수출 드라이브로 시작된 국제화 정책이 있었음은 누구도 부인할 수 없다.

즉 개방이 초래할 위험보다 그것이 가져다 줄 기회 요소를 더 적극 수용한 결과이다.

한국 경제 개방 수준을 보여주는 단적인 징표가 증시에서 30%가 넘는 외국인 투자 비중이다.

이는 세계에서 가장 높은 수준이다.

이렇게 물질적으로 세계화 수준이 높지만 우리의 세계시민의식 점수는 매우 낮다.

한 경제학자는 100점 만점에 15점을 주고 있다. 세계화를 내세우면서 귀국 자녀들은 '왕따'시키는 현실 등이 그 이유이다.

시민의식 선진화는 세계시민의식으로 완성될 수 있다.

세계시민의식은 '가치' 측면에서는 세계 시민적 사고방식과 대한민국 국민으로서의 주체성이 필요하다. 세계화와 정보화의 변화에 대응할 수 있는 능동성과 변화지향적인 가치관을 함께 지녀야 하며 민주시민으로서의 자질을 갖추어야 한다. 세계시민의식을 위해 중고등학교 때부터 국제협력프로그램에 적극적으로 참여시킬 필요가 있다.

'태도' 측면에서는 세계 각국의 다양한 문화를 이해하고 수용할 수 있는 개방적인 태도와 실천하는 자세, 그리고 개인의 영달보다는 인류공동의 평화와 발전을 위해 일하고 노력하는 세계 민주시민 정신이 필요하다.

〈선진화포커스〉 제134호(2013. 4. 5)

10. "벡(Ulrich Beck)의 <위험사회 - 새로운 근대(성)을 향하여>(1986)을 읽고"

최근 대구 모 산부인과 병원에서 간호조무사가 신생아를 대상으로 학대 사진을 촬영해 자신의 미니 홈페이지를 장식하여 사회적 파장을 불러 일으켰다. 문제의 간호조무사는 자신의 홈페이지를 예쁘게 꾸미기 위해 했을 뿐이라고 했지만 참으로 위험한 일이 아닐 수 없다. 이에 정부는 사이버 폭력을 조직 · 학교 폭력 등과 나란히 4대 폭력으로 규정, 피해자의 고소 고발 없이도 처벌하겠다고 나섰다.

익명성과 비대면성을 악용한 명예훼손과 협박 등은 이름과 안면의 틀에 묶여있던 우리사회에서 걷잡을 수 없을 정도로 퍼지고 있다. 아무런 자기 억제 없는 사적 표현이 빠르게 전파돼 피해를 확대시킨다. 상대를 모르기 때문에 피해의식과 공포감은 더 크다. 그러나 사이버 폭력, 넓게는 정보위험 사회에 대처하려면 먼저 사회적 여과장치에 힘써야 한다는 게 학자들의 일치된 견해다. 인권 선진국들은 익명성 폐해 방지에 주력한다. 인증절차를 강화하고 공공네트워크 운영자에게 사용자 기록을 의무화하는 것 등이다. 그러나 현대 사회의 안전과 위험문제는 근본적으로 산업혁명 이래 근대적 합리화 과정 전반에 대한 비판적 재평가를 요구할 뿐만 아니라 향후의 발전방향에 대한 새로운 모색을 요구한다.

이러한 정보화 사회의 위험성을 지적한 책이 독일의 사회학자 벡(Ulrich Beck)의 <위험사회 - 새로운 근대(성)을 향하여>(1986)이다. 벡은 정보화 사회의 일반적인 전망인 낙관적인 '정보사회론'을 비판하며 '위험사회론'을 주장하였다. 벡에 의하면, 산업사회는 경제발전, 부의 증대, 과학기술의 발전 등 진보에 대한 믿음이 지배적 사회동인이 되고 있지만 문제는 이러한 믿음이 알지 못한 곳을 향하여 무계획적이고 합의되지 않는 지속적인 변동, 즉 '리지코'

(Risiko, risk)를 허용하는 지배적인 법칙이 되어 버렸다는 사실이라고 한다. 벡은 계산할 수 없는 위험인 예측 불가능한 위험을 리지코로, 계산할 수 있는 위험인 예측가능한 위험을 '게파'(Gefahr, danger, hazard)로 구분하고 있다.

이러한 위험들은 특이한 정치적 폭발력을 지니고 있다. 건강 문제만이 아니라 시장의 붕괴, 막대한 비용과 법적 절차 등과 같은 효과들의 정치적인 결과들이 나타난다. 이러한 문제들이 많건 적건 늘어남에 따라 위험사회에서 그 모습을 드러내는 것은 파국의 정치적 잠재력이다. 결국 문명에 의해 발생되어 영향을 받기만 하는 위험사회는 파국적인 사회이다. 이 사회에서는 긴급사태가 정상사태가 될 우려가 있다.

벡은 그의 저서에서 '단순 근대'와 '성찰적 근대' (reflexive modernization)를 구분한다. 그는 단순근대의 특징들이 만들어낸 생태재난을 분석하고 있다. 단순 근대주의자들은 인간이 근대과학의 산물을 통제 아래 둘 수 있다고 믿지만, 체르노빌 원전 참사가 상징하듯 과학의 산물은 인간의 통제를 벗어나 인류의 생존 자체를 위협한다는 것이 그의 논지이다. '성찰적 근대'가 없다면 우리는 정보화사회의 뉴미디어에 의한 첨단 과학기술만을 강조하는 탈정치 시대에 처하게 될 것이라고 벡은 경고하고 있다.

결국 성찰적 근대화란 현대 기술과학의 가능성만이 아니라 그 한계도 함께 인식함으로써 과학에 대한 사회적 제어력을 높이는 과정이라고 할 수 있다. 이를 벡은 칸트의 명제를 빌려 이렇게 표현한다. "사회적 합리성 없는 과학적 합리성은 공허하고, 과학적 합리성 없는 사회적 합리성은 맹목적이다."

벡의 <위험사회>는 <새로운 근대(성)을 향하여>라는 부제를 달고 있다. 그는 여기서 본질적으로 세 단계로 이루어진 사회 변화과정에 주의를 기울이고 있다. 이 과정은 첫째로 전근대성, 다음에 단순한 근대성, 그리고 마지막으로 성찰적 근대성으로 구성된다. 이 견해에서 근대성은 논리적으로 산업사회와, 그리고 새로운 근대성은 위험사회와 거의 동연관계에 있다. 산업사회의 기축적인 원리는 재화(goods)의 분배이지만, 반면에 위험사회의 원리는 해악(bads), 또는 위난의 분배이다. 하지만 위험사회는 아직, 그리고 동시에 산업사회라고 벡은 계속해서 주장하고 있다. 그 이유는 위험사회의 위험들을 반들어 내는 것이 과학과 함께 주로 산업이기 때문이다.

벡의 <위험사회>는 위험과 안전을 사회발전의 중심에 놓는다는 점에서 한국 사회의 현실을 비판적으로 돌이켜 볼 수 있는 관점을 제시한다. 근대화의 도정이 아무리 고난에 찬 것이었을지라도 어쨌든 한국 사회는 지금 어엿한 근대 산업사회가 되었기 때문이다. 그리고 바로 그러한 이유로 벡이 주장하는 위험사회가 지금, 정보화와 더불어 우리에게도 도래하고 있기 때문이다. 최근 문제시되고 있는 사이버 폭력, 넓게는 정보위험 사회는 결국 우리가 성찰적 근대화이라는 새로운 근대성을 준비함으로써 극복할 수 있을 것이다.

『지중해연구소 소식지』(2005. 6)

11. "컴퓨터의 운영체제와 사랑, 그리고 행복?"

<존 말코비치 되기 Being John Malkovich>(1999), <어댑테이션

Adaptation>(2002), <괴물들이 사는 나라 Where The Wild Things Are>(2009) 등으로 이름을 알린 감독 스파이크 존즈(Spike Jonze) 특유의 상상력이 기대되는 영화 <그녀 Her>(2013)에 대한 소개는 "외로운 작가가 새로 구입한 컴퓨터의 운영체제와 사랑에 빠지는 SF 영화"라고 되어있다. 테오도르(호아킨 피닉스)는 다른 사람들의 편지를 대신 써주는 대필 작가로서 아내(루니 마라)와 이혼 절차의 마지막을 준비하는 중이다. 타인의 마음을 전해주는 일을 하고 있지만 자신은 외롭고 공허한 삶을 살고 있다. 호아킨 피닉스는 뛰어난 연기로 보여준 심장이 뻥 뚫려있는 것 같은 공허감과 허무함! 침대에 누워 잠에서 깼을 때 옆에 사랑하는 누군가가 있었으면 누워있다가 눈을 뜨고 머릿결을 매만지고 싶은 그런 감정들을 전달해낸다.

테오도르는 스스로 생각하고 느끼는 인공지능 운영체제인 사만다(스칼렛 요한슨)를 만나게 된다. 자신의 말에 귀 기울이고 이해해주는 사만다로 인해 행복을 되찾기 시작한 테오도르는 그녀에게 사랑을 느끼게 된다. 이 영화는 로맨스 영화임에도 불구하고 당연히 사랑하는 상대배역은 목소리로만 출연한다. '사만다'는 영화 속의 엘리먼트소프트웨어사의 설명 그대로 "인공지능 운영체제로서 당신의 말에 귀 기울이고, 당신을 이해하고, 당신을 아는 직관적 실체"이다. 상대방과 의견차이로 말다툼을 하던 우리들 사랑 속에서 언제부터인가 모르게 속으로 바라던 그런 이상적인 사랑을 할 수 있는 이유를 이런 설정을 빌려 신선하게 제시한다. 이 영화는 우리에게 사랑과 외로움에 대해서 다시 생각하게 된다.

그들은 서로의 감정을 확인하고 테오도르는 사만다가 들어 있는 하드웨어를 셔츠 주머니에 넣고 이어폰과 카메라를 통해 언제, 어디서든지 사만다와 모든 생활을 함께 한다. 행복한 하루하루를 보내던 두 사람! 그러나 어느 날 갑작스럽게 사만다가 하드웨어에서 사라지게 되고 테오도르는 극도의 불안에 떨며 사만다를 찾아 나선다. 과연 테오도르는 사만다의 곁에서 행복하게 살 수 있을까? 답은 아니다. 더 이상 제가 스포일러가 되지 않고 영화 강추!

영화 <Her>는 또한 '소통'에 대한 영화로 평가받는다. 소통의 부재 속에 살고 있는 외로운 테오도르가 운영체제와 사랑을 하고 소통을 하며 결핍되었던 것을 채워나가는 것이다. 결혼했던 여자 캐서린과의 행복했던 시간들을 플래쉬 백으로 제시하면서 중간 중간 현재의 실체 없는 사랑과 대비되는 그리움의 대상으로 비춘다. 현실속의 그는 그가 그리워하는 소통의 부재 속에서 누군가의 소통의 방식인 '편지'를 대신 써주는 대필 작가로 살아가고 인공지능 운영체제와 사랑을 하는 슬픈 사람이다. 감독은 테오도르가 처져있던 이전과 달리 쾌활한 모습으로 지내고, 하는 일을 완벽히 수행하면서 동료에게 진심어린 칭찬을 받게 하고, 그가 좋아하는 출판사에서 책을 내주겠다는 답신을 받게 하는 장면을 넣음으로써 그런 자기만의 소통을 통해 치유되어서 행복해지는 과정을 아이러니하게 보여 준다.

재미있는 것은 테오도르 못지않게 사만다도 내면적 성숙을 이뤄낸다. 마지막에 그와의 진짜 사랑을 위해 그가 더 이상 실체 없는 자신에게 얽매이지 않게, 더 이상 자신에게 상처를 주고 싶지 않아서, 인간의 감정으로 느끼는 진정한 사랑을 깨달아버린 사만다는 이별을 택하고 떠나간다. 이 영화는 허무맹랑한 소재를 가지고 있지만 누군가의 마음속엔 아물지 않았을, 누군가에겐 오래 전에 겪어서 지금은 무감각해진 그런 상처에 약을 발라 주었다는 평가를 받았다.

이 영화가 보여주는 타자의 모습은 비유적으로 들뢰즈의 말처럼 나를 보완시켜 주는 존재이다. 타자와의 관계를 통하여 나는 변화하며 타자를 만나는 순간 나는 더 이상 과거의 나로서 존재할 수 없다. 이 영화는 타자를 통한 변화의 긍정성을 역설한다기보다는 이미지를 통한 일종의 선전을 수행한다. 영화 <Her>는 정보화로 인한 극단적인 유토피아와 극단적인 디스토피아를 같이 보여줌으로써 우리에게 사랑과 행복에 대해 다시 생각하게 만들었다.

『물처럼 바닷처럼』2016 통권 제10호

12. "남이섬과 한국 문화의 세계화"

오늘날 한류를 타고 있는 한국 영화나 드라마에 <대장금>처럼 보다 많은 우리의 문화유산을 담아 세계화시켜야 한다. 영화나 드라마의 촬영지도 좋은 관광 상품으로 활용하여 한국의 문화유산 세계화에 기여할 수 있다.

남이섬은 드라마 <겨울연가>의 촬영지로 유명하다. <겨울연가>가 한창 인기 있을 때 필자가 일본에 세미나 참석하러 갔는데 온통 <겨울연가> 이야기로 나만 안 보는 것 같아 민망했던 기억이 난다.

지난 주말 경기도 가평에 부부동반 모임이 있어 갔다가 바로 옆의 강원도 남이섬에 들렀다. 필자가 초등학생이었던 1965년 남이섬이 골프장으로 개장할 때 갈 기회를 가진 이래 꾸준히 방문했는데 이번에는 실망하지 않을 까 속으로 걱정했는데 결과는 정반대였다.

첫 인상은 '전주한옥마을'처럼 한국 문화의 세계화였다. 남이섬 관광객의 반 정도가 외국인이었고 이제는 일본 관광객보다는 중국 관광객이 많았지만 여러 나라에서 온 관광객들이 꽤 있는 것을 보고 세계화에 성공했구나 하는 생각이 들었다.

필자를 놀라게 한 것은 남이섬의 운영과 관리 상태도 선진화되어 있다는 점이다. 환경 친화적인 시설들이 깨끗이 유지되고 있었다. 1970년대 제주도 허니문하우스를 연상시킬 수 있는 조그만 규모의 호텔은 아름다운 성원과 연못과 함께 꼭 한 번 숙박하고 욕심이 나게 만들었다. 더욱 놀라운 것은 가격이 저렴하다(주말 77,000원, 주말 99,000원부터). 청평호 주변에 별장을 갖고 싶어하는 사람들의 욕구를 충족시킬 각종 테마별장이 있다. 이러한 숙박시설들은 워낙 인기가 있어 주말은 일 년 전에 예약을 해야…

남이섬은 2010년 12월 세계에서 14번째, 한국에서는 최초로 유니세프 어린이친화공원(Unicef Child Friendly Park)으로 선정되었다. 남이섬은 (사)장애인인권포럼에서 선정한 장애인이 이용하기 편리한 관광지인 "Easy Place"에 선정되기도 하였다.

은퇴자들을 재취업시켜 노인들이 일하는 모습도 볼 수 있었다. 바가지요금 없고 친절한 종업원들을 보니 '남이섬의 대한민국'은 그야말로 선진국이라는 느낌이 들었다.

〈선진화 포커스〉 256호(2015. 6. 29)

13. "문화유산의 세계화"

- "문화유산의 세계화"에 대한 '선택과 집중' 필요

1. 세계기록유산으로서 훈민정음(訓民正音)

2. 한류: 음악, 영화, 한식

- "세계에서 가장 과학적인 문자"인 훈민정음. 대한민국이 한 나라로 유지되고 발전된 이유가 우리의 (정신)문화이고 그 바탕이 한글이다. 이런 내용이 세계화되지 못한 것이 현실이다.

- 현대의 대중문화 뿐 아니라 고전음악을 적극적으로 세계화해야 한다. 한국의 고전음악과 고전무용이 가장 현대화되어야 하고 또한 현대화가 꽤 되어 있다는 것이 문화관계자들의 평이다. 현대화된 고전음악과 고전무용을 좋은 관광 상품으로도 활용하여 한국의 문화유산 세계화에 기여할 수 있다.

- 오늘날 한류를 타고 있는 한국영화에 대장금처럼 보다 많은 우리의 문화유산을 담아 세계화시켜야 한다. 문학 작품도 좋지만 영화의 효과는 대단하다. 이러한 영화들의 촬영지는 좋은 관광 상품으로도 활용하여 한국의 문화유산 세계화에 기여할 수 있다.

- 멕시코에 가서 음식을 먹으면 미국에서 먹던 '타고' 등 멕시코 음식과 다르다는 생각이 들었다. 훨씬 더 느끼하다는 생각이 들었다. 우리의 궁중음식 등 한식도 좀 더 서구화해야 세계화될 수 있다.

세계화된 김치 등 한국 음식을 먹으려 한국을 찾아오는 관광객이 늘어야 한다. 김치는 김치유산균 홍보, 나트륨 함량 줄이기, 병원성 미생물저감 대책 마련 등이 필요하다. 전주한옥마을 같은 것을 왜 수도권, 영남권, 그리고 제주도에 안 만드는지?

- 『난중일기』, 영화 『명량』, 궁중음식 등을 연결하는 것이 팩키지 문화유산 세계화 하나의 예가 될 수 있다.

- 프랑스 요리가 세계적으로 알려진 데는 네트워크 힘도 무시할 수 없다. 대한민국 "문화유산의 세계화"를 위해서 글로벌 네트워크가 매우 중요하다.

〈선진화 포커스〉 254호(2015. 6. 15)

14. "인도에서의 한류, 현재와 미래, 인도 두드리는 한류, 문화교류 산파역할…양국 친화관계 유지 원동력 될 수 있어"

지난 1월 9일부터 13일까지 인도 벵갈루루(Banglore)에서 열린 인도국제어린이영화제에 휴가차 다녀왔다. 벵갈루루는 인도에서 5번째로 큰 도시로 남동부 카르나타카 고원 해발 949m 지점에 자리잡고 있다. 인도에서 드물게 계획도시이고 가장 서구화된 전원도시로 알려져 있다. 그러나 낯선 방문자의 눈에 들어오는 풍경은 차선도 없이 무질서하게 꽉꽉 막히는 도로, 쓰레기가 널려 있는 길거리 등이었다. 벵갈루루에서 경험한 인도의 문화는 상당히 자기중심적이었다. 코카콜라나 서구식 패스트푸드를 사 먹기 힘들고 TV에서는 그 흔한 서구나 중국의 프로그램들이 많지 않았다. 그러니 미디어에서도 한류를 찾아보기는 어려웠다.

2006년 11월 한국을 대표하는 공연 단체인 정동극장이 인도의 메트로폴리탄 세 곳에서 공연을 했고 인도인들은 전 좌석을 꽉 채운 가운데 환호를 보냈다고 한다. 분명히 그것은 한류가 인도의 문을 두드린 것이었다. 2006년 말 한류는 인도 문화와 음악분야의 가장자리에 막 도달했지만, 동아시아와 동남아 국가들의 경우 이미 격렬한 물줄기가 되어 쏟아져 들어갔다. 한류의 확산은 이웃국가인 일본과 중국에서 시작되어 이미 10년간 지속되어온 과정이었다. 2006년 5~6월 한류 확산을 위한 노력의 일환으로 한국 대표단이 인도를 방문했다. 그리고 사상 처음으로 한국 드라마 '해신'이 DD-1 TV를 통해 그해 7월 23일 첫 방송을 탔다. 인도인들에게 한국 문화를 알리는데 대성공을 거둔 MBC 드라마 '대장금'도 2006년 9월 24일부터 DD-1에서 방영됐다. 시청률이 0.8% 수준에 머물렀던 초창기에는 이들 드라마의 인기를 가늠하기 어려웠다. 그러나 이후 시청률이 5%대 이상으로 상승한 것은 주목할 만한 일이다. 아직 초기여서 한국 드라마의 인기에 대해 단정적으로 얘기하기는 이르지만 한국 드라마를 좋아하고 더 자주 방영되기를 원하는 인도인들이 늘고 있다.

한류가 처음 인도에 상륙한 것은 1990년대 초반 인도 시장 자유화 과정의 일환으로 해외 기업에 문호를 열었을 때이다. 근래에 활발한 인도와 한국 간 상호교류의 첫 단계는 대우・현대・LG・삼성과 같은 한국 기업들에 대한 친밀감이 점차 높아지면서부터이다. 그러나 인도에 유입된 한류가 가시적이고 주목받는 존재가 되려면 어느 정도 시간이 더 필요할지도 모른다. 한류가 인도와 남아시아 같은 멀리 떨어진 국가에까지 확산되는 것은 한국이 아시아에서 '소프트 파워'로 떠오르고 있음을 보여주는 상징이다. 한류의 보편적인 주제는 한류가 아시아의 다양한 문화적 상황을 뛰어넘어 호소력을 지니는 이유를 설명해준다. 한류가 아시아인들의 사회적 정신에 미치는 무형적 영향력은 새로운 세기의 도래와 함께 주목받는 현상이 될 수 있을 것이다. 한류의 전망은 인도에서도 유망해 보인다.

그러나 인도의 크기와 하부구조적 요인을 감안하면 현재 진행되고 있는 과정에 대해 확실한 결론을 내리는 것은 시기상조이다. 인도에서 한류는 인도인들의 상상력을 사로잡으면서 좋은 출발을 보였고 미래도 낙관할 수 있지만 인도만의 독특한 과정을 거칠 것이다. 인도의 한류에 부정적인 견해도 있다. 최근 슈퍼주니어가 인도 동북지방인 아쌈주에서 공연했는데 많은 젊은이가 모였다고 한다. 그러나 이 인기가 동북지방에 한정된 것일 수도 있다. 동북지방에는 우리와 비슷한 몽골인들이 많이 살고 있다. 그리고 현재 그곳에 우리나라 기독교계 건설회사가 진출해 있기 때문에 어느 정도 홍보성 행사였을 수도 있다.

그러나 한 가지 확실한 것은 싸이의 강남스타일이 인도에서의 한류를 크게 활성화시켰다는 점이다. 인도국제어린이영화제에서 자원봉사하는 한 대학원생에게 강남스타일을 아느냐고 물었더니 "누가 강남스타일을 모르겠느냐"고 반문하였다. 또 영화제 기간 각종 행사에서 강남스타일이 나오면 청중들은 말춤으로 호응하였다. 문화적 교류 증진을 위해 한국 문화 상품을 인도에 들여와 이 지역 국민에게 소개하는 것은 한국 정부와 민간 분야 관계자들에게는 당연한 일이다. 지리적인 거리를 감안할 때 한류 확산을 위해 처음에는 도움의 손길이 필요하지만 그 단계를 지나면 한류는 한국과 인도의 관계를 아주 가깝게 해주는 원동력이 될 수 있다.

『국제신문』2013. 2. 12.

15. "여행은 자신의 잣대를 깨는 것: 일본열도 불황에도 굴뚝 산업 건실한 건 시공 초월 장인정신 살아있기 때문"

일본인들에게 직장은 '삶의 터전' 이상의 의미를 가진다. 지난 1월 말 찾은 일본 북해도는 대만 관광객의 세상이었다. 눈다운 눈이 오지 않는 부산에서 눈 구경하러 간 우리 부부처럼 대만에서도 복장을 제대로 갖춰 북해도로 몰려 온 것이다. 그동안 일본을 여러 번 방문했지만 이제까지는 학교나 학회 일로 갔기 때문에 일본 호텔이나 식당도 관광객을 위해서는 대규모 시설이 많다는 사실을 처음 알았다.

'약 상자에 없는 치료제가 여행이다'라는 말도 있지만, 이번 북해도 여행에선 '여행이란 자기가 가지고 있는 잣대가 깨지는 것이다'라는 말을 다시금 절감했다. 새롭게 안 사실은 일본에서는 그렇게 많은 눈을 치우기 위해 염화칼슘을 사용하지 않는다는 점이다. 제설제로 염화칼슘을 사용하면 자동차 하체가 부식되고, 도로가 파손되는 등 환경보호 차원에서 바람직하지 못하다.

'문화적 충격'이라고 할 만한 새로운 경험은 일본 장인정신의 재발견이었다. 니카(NIKKA) 위스키의 북해도 요이치 증류소 방문에서였다. 요이치 증류소는 일본에서 위스키의 아버지로 불리는 타케츠루 마사타카(1894~1979)에 의해 설립되었다. 타케츠루는 일본인 최초로 스코틀랜드의 위스키 제조법을 배워 일본에 가지고 온 인물이다. 그는 1918년 스코틀랜드로 유학하기 위해 홀로 여행을 떠났다. 당시 위스키 제조법은 외부에 알려주지 않는 비밀이었기 때문에 동양에서 온 청년에게 쉽게 가르쳐 주지 않았다. 그러나 그의 정열로 그곳 사람들의 마음을 움직여 마침내 위스키 제조법을 익힐 수 있었다.

타케츠루의 유학생활에 정신적인 힘이 되어 준 여성이 있었다. 제시 로베르타 카운(애칭 리타)이었다. 리타는 스코틀랜드의 엄격한 가문 출신이었으나 국적의 장벽을 초월해 위스키 제조에 몰입하는 타케츠루의 열정적인 태도에 매료되었고, '일본에서 본 고장의 진짜 위스키를 만들자'는 타케츠루의 꿈은 곧 두 사람의 꿈이 되었다. 두 사람은 결혼하여 본 고장의 위스키 제조를 한다는 꿈을 실현하기 위해 일본으로 왔다.

타케츠루가 자신의 이상이라고 꿈꿔온 위스키를 만들기 위해 선택한 곳이 북해도의 요이치였다. 차갑고 서늘한 공기, 맑은 물, 그리고 안개가 자욱이 서리는 요이치는 위스키 제조에 필요한 모든 조건을 갖춘 곳이었다. 1934년 요이치에 첫 번째의 증류소가 만들어졌고 지금도 타케츠루의 증류소는 일본 최고의 증류소로서 드라마틱하게 사업을 전개하고 있다. 니카에서는 창업 이래 변함없는 전통적인 위스키 제조 방법을 지켜가고 있다. 타케츠루가 위스키 제조에 바친 정열은 니카에서 모든 사람에게 면면히 계승되고 있다.

일본의 장인정신이라면 또 생각나는 것은 몇 년 전 동경대 영문과 여교수에게서 받은 저녁 대접이다. 부산 자갈치에서 우리가 해준 보답으로 안내해 준 곳은 튀김과 모리소바(메밀국수)를 파는 식당이었다. 먼저 놀란 것은 튀김 하나하나, 새우 오징어 감자 등 모두 따로따로 가격이 매겨지는 것이었다. 물론 엄청 비쌌고. 그리고 유리로 보이는 부엌 안에서 주방장이 정성 들여 메밀국수를 만드는 모습이 아직도 눈에 선하다.

'나는 일본 문화가 재미있다'를 쓴 김지룡에 의하면 장인정신은 도쿠가와 이에야스가 일본을 통일한 후 전국시대를 꿰뚫어 왔던 외연적 팽창 에너지를 내연적인 깊이로 치환한 정책에서 비롯되었다. 이때부터 사농공상(士農工商)의 기존 질서가 무너지기 시작하고 직업의 귀천이 약해졌다. '이런 정신이 음악과 영화, 애니메이션 등을 단지 좋아하는 것이 아니라 깊게 연구하는 태도로 자연스럽게 이어진 것이다'라고 일본의 장인정신이 현대에 미친 영향을 분석했다.

일본이 경제대국과 기술대국으로 성장한 배경에는 에도시대에 형성된 상인정신과 장인정신이 자리 잡고 있다. 일본열도 전체가 불경기에 허우적거리고 있는데도 제조업 분야, 이른바 굴뚝산업이 건실할 이유는 무엇일까. 바로 시공을 초월한 장인정신이 살아 있기 때문이라고 생각한다. 일본인들에게는 직업의 귀천이란 있을 수 없고, 자기의 직장을 천직으로 알며 맡은 일에 충실하다. 그뿐만 아니라 일본인들은 회사 또는 동료의 흉을 보는 것 또한 자기의 수양이 부족함을 스스로 인정하는 것이라 해서 이를 삼간다. 일본인들에게 직장은 이런 의미인 것이다.

『국제신문』2014. 2. 23

16. “김길태와 <보이A>”

부산 여중생 이모양 납치・살해 피의자 김길태(33)의 중학교 3학년 때 담임교사는 ‘작은 잘못에도 엉뚱한 거짓말을 하거나 변명을 하던 모습이 지금도 기억에 남는다’고 했다. 친구들 사이에서도 거짓말쟁이로 알려져 따돌림을 당했다고 했다. 김길태의 중학교 1학년 생활기록부는 ‘남성적이고 활달하며 맡은 일을 잘 처리한다’고 돼 있었지만 2학년 때는 ‘정서적으로 안정되지 못한 면이 보인다’고 바뀌었다. 3학년 담임교사는 김길태의 성격에 대해 ‘신중한 가치판단이 요구된다’고 적었다. 초등학교 때 여느 아이처럼 활달하고 운동 잘하던 김길태는 중학교 때는 겉으로는 쾌활했지만 말수가 적어지고 어두운 구석이 늘었다.

어머니 윤모(66)씨는 ‘길태가 중학교 들어가면서부터 “난 어디서 왔어?”라고 가끔 묻곤 했다’고 했다. 어머니는 그럴 때마다 ‘하늘에서 떨어진 너를 내가 받았다’고 웃으며 얼버무렸다. 그때부터 김길태가 ‘출생의 비밀’을 안 것 같았다고 가족들은 생각했다. 딸만 있던 종손(宗孫)인 아버지 김모(69)씨는 33년 전 교회 앞에 버려진 2살 김길태를 데려다 키웠다. 외삼촌(55)은 “길에서 태어났다”고 해서 길태라 이름 지었던 것으로 기억한다고 말했다.

1993년 부산의 한 상업고등학교에 진학한 김길태는 그해 10월 스스로 자퇴서를 낼 때까지 40여일을 결석했다. 담임교사는 ‘태만으로 인한 결석’이라고 자퇴서류에 썼다. 김길태는 자퇴서에 ‘공부를 하기 싫어서입니다’라고 적었다. 지능검사 결과는 중학교 시절 85, 고등학교 때는 86였다. 하지만 워낙 성의 없이 검사받은 수치였다. 자퇴하던 1학년 때 성적은 49명 중 49등이었다. 주변 사람들이 기억하는 김길태는 철저한 외톨이였다. 학교를 그만둔 그는 덕포동 옥탑방에 틀어박혀 지냈다. 옥상 난간에 기대 담배 피우는 모습만 가끔 눈에 띄였을 뿐이었다.

김길태는 1996년 폭행 혐의로 소년심사분류원에 갔다. 그 뒤부터 김길태는 33년 인생 가운데 11년을 교도소에서 보냈다. 교도소 안에서도 혼자 우두커니 앉아 있을 때가 많았다. 가끔씩 반항적이고 폭력적인 기질을 보여 7차례나 규율위반으로 징계를 받았다. 정신질환자로 분류돼 특별 치료시설이 있는 진주 교도소로 2년여 이감되기도 했다. 출감했다가 1997년 9세 여아 성폭행 미수 혐의로 다시 징역 3년을 살고 나온 뒤부터 김길태는 더욱 숨어 지냈다. 몇날 며칠을 옥탑 방에 틀어박혀 나오지 않았다.

김길태 사건을 지켜보면 최근에 개봉된 영화 <보이A>가 생각난다. 1993년 영국 리버풀의 한 쇼핑센터에서 '제임스 벌저'라는 2살 난 남자아이가 실종되었다. 이 사건은 방송을 통해 대대적으로 보도되었고 사람들은 아이가 부모의 품으로 무사히 돌아오기만을 바랬다. 그러나 아이는 싸늘한 주검으로 발견 되었고, 2살 난 어린아이를 잔인하게 살해한 범인이 10살밖에 되지 않은 소년들이었다는 충격적인 사실이 밝혀졌다. 이 사건은 영국 범죄사상 가장 충격적이고 슬픈 사건으로 기록되며 영국을 CCTV 천국으로 만드는 계기가 되었다. 작가 조나단 트리겔은 이 사건을 소재로 소년 범죄에 대한 적나라한 현실을 고발한 작품 'boy A'를 집필했고 영국 최대 제작사 Film4와 존 크로울리 감독에 의해 스크린화 되었다.

14년간 감옥에 갇혔던 소년이 세상으로 돌아와 겪는 가슴 아픈 일들을 그린 영화 <보이 A>의 주인공 '잭'은 어른도 아이도 아닌 백지상태의 소년 그 자체였다. 소년들은 늘 부서질 것 같았다. 그들의 파랗고 투명한 눈은 눈물을 흘릴 기력조차 없어 보였고 말갛고 해사한 낯을 하고 있어도 아름다운 만큼 불안해 보였다. 소년 '잭'은 유년기를 잃어버리고 소년기를 맞았다. 학교와 사회로부터 소외된 소년 '잭'은 하나뿐인 친구와 지내는데 동년배 여학생에게 모욕당한 그 친구의 부추김에 못 이겨 결국 살인을 저지르는데 동참하게 된다.

김길태 사건은 임상수 감독의 영화 <눈물>(2000)도 생각나게 한다. 이혼한 부모가 미워 가출한 한은 비슷한 또래들이 모여 사는 가리봉동으로 들어온다. 한은 폭력과 욕을 달고 사는 창을 만나고 창은 순진한 한에게 이것저것 얘기해 주며 친한 관계를 유지한다. 어릴 적 근친상간의 기억이 있는 새리는 나쁜 잠(섹스)을 자지 않는 아이, 새리는 한의 순수함에 이끌려 둘은 동거를 시작한다. 새리와 창의 여자 친구 란은 술집에서 일하고 창과 한도 그곳에서 삐끼 일을 하는데 술집 주인 용호는 호시탐탐 새리를 노린다. 한을 질투하는 용호와 계속되는 술집에서의 폭리로 결국 넷은 쫓겨나고 이들은 오토바이를 타고 여행을 떠난다.

유흥가 밑바닥 삶을 사는 청소년들에게 사회는 차가울 뿐이다. 창은 아기가 운다고 자기 아기를 때리는 음식점 여주인을 "왜 애를 때리느냐고…"하면서 여주인을 마구 때리는 장면이 나온다. 주인공 자신이 맞으면서 컸던 악몽이 되살아 난 것이었다.

사회현상을 보는 기본적인 시각으로 자유주의와 진보주의가 있다. 예를 들어 "가난"이나 "범죄행위"에 대해 자유주의는 그 원인을 개인의 탓으로 돌리는 반면, 진보주의는 구조의 문제나 제도 미비의 탓으로 돌린다. 물론 현실에 있어서 그 원인은 두 시각의 중간에서 찾을 수 있다.

끔직한 사건을 당하면 우리는 그러한 범죄를 저지른 당사자를 욕하고 처벌할 수밖에 없지만 그러한 끔직한 범죄를 저지르는 인간이 어떻게 가정, 학교, 그리고 사회로 부터 소외되어 "외톨이"가 되는 지도 또한 잘 살펴보아야만 한다. 그러야만 그러한 범죄자가 다시 나오고 양산되는 것을 막을 수 있다. 무엇을 바꾸기 위해서 사람, 구조(제도), 그리고 문화 중 하나만을 강조하는 경우가 많은데 진정한 변화는 세 가지가 한꺼번에 동시에 이루어져야 한다.

『시민시대』2010. 4.

17. "정신적 · 문화적 풍요로 국민행복의 시대로 나아가자!"

하버드대학교에서 오랫동안 행복학을 가르친 탈 벤 샤하르 교수는 그의 저서『해피어 Happier』의 한국어 판 서문에서 한국을 비롯한 아시아 사람들은 원래 정신적인 면, 정신문화를 강조한 전통이 있기 때문에 행복에 있어서 유리하다는 점을 강조한다. 그러나 최근 중국에서도 보여 지듯이 우리는 압축경제성장을 이루다보니 정신 보다는 물질을 중요시하는 사회적 분위기를 가졌다.

바르게 돈을 많이 벌고 바르게 그 돈을 쓴다면 사회적으로 별 문제가 되지 않는다. 그러나 개인의 행복에 있어서는 돈을 열심히 버는 것 등 개인의 사회적 경제적 지위(social economic status SES)를 높이는 것을 자신의 최고의 가치(top priority)로 두지 말고 두 번째 이하의 가치로 두어야 한다. 최고의 가치는 정신적 · 문화적 풍요로 두어야 개인이 행복하게 될 것이다.

정신적 · 문화적 풍요는 간단히 이야기하면 소위 "문사철"이다. 문학, 역사, 철학 모두 행복을 위해 중요하지만 셋 중 제일 중요한 것은 예술이라는 미학을 포함하여 철학이라고 생각한다. 우리가 행복해지기 위해서는 정신문화 보다는 물질문화에 치우쳐 있는 것을 역전시켜야 한다. 맞다. 이것이 지금 우리 시대에 필요한 것이다.

그러나 부(富), 물질, SES 등을 위한 사회과학을 완전히 무시하거나 소홀히 하면 안 된다. 이 점은 개인의 행복에 있어서 뿐 아니라 국민행복의 차원에서는 더욱 그렇다. 부탄은 정부 내 '행복위원회'를 두어 모든 정책들을 최종적으로 이 위원회를 통과시켜 어느 정책이 부탄국민들에게 도움이 되는가를 판단한다고 한다. 바람직한 일이다. 그러나 우리가 경제적인 면에서 부탄의 수준으로 돌아 갈 수는 없다. 결국 개인의 행복이나 국민행복을 위해서는 정신문화가 물질문화보다 앞서면서도 균형을 이루는 것이 진정한 정신적 · 문화적 풍요의 시대로 나아갈 수 있는 길일이다.

〈선진화 포커스〉 231호(2015. 1. 27)

18. "사람이 죽으면 사랑도 죽나요?"

"네가 세상에 태어난 후 내가 없었던 적은 1초도 없었어..." "내가 없어져도 너의 세계는 계속 이어지겠지..." 보고 싶었던 일본 영화

<세상의 중심에서 사랑을 외치다>(2004)를 최근에 EBS에서 보았다. “사람이 죽으면 사랑도 죽나요?” 이 대사에 대한 이 영화의 답은? “사람이 죽어도 사랑은 죽지 않습니다.”

<세상의 중심에서 사랑을 외치다>는 17세 소년의 순애보적 첫사랑을 그린 영화다. 카타야마 쿄이치의 동명 소설『세상의 중심에서 사랑을 외치다』가 원작으로 영화에서는 성인이 된 사쿠타로(오사와 타카오)의 관점에서 이야기가 그려져 고향을 여행하면서 과거와 현재를 넘나드는 스토리로 개편되었다.

영화 <세상의 중심에서 사랑을 외치다>는 어린 시절 순수한 사랑을 성인이 되어서 그렇게 잊어 버렸는지? 어린 시절 수줍게 했던 고백도 처음 손잡았던 날들, 순수한 어린 시절의 첫사랑을 떠올리게 해주는 영화다. 이 영화는 “우리가 가질 수 있는 행복에서 사랑이 얼마나 중요한가?”를 잘 보여주는 드라마이다.

필자는 <세상의 중심에서 사랑을 외치다>를 보면서 한국과 일본의 문화 차이를 다시금 생각하였다. 일본인들의 삶의 방식, 사랑의 방식 등... 일본인들은 왜 한류에 열광하는가? 일본은 왜 배용준에 열광하여 “욘사마”라는 최고의 호칭을 주었는가? ‘~사마’란 일본에서 왕족과 같이 고귀한 신분이나 존경받는 사람 뒤에 붙이는 칭호다.

일본인들은 왜 한류에 열광하는가? 일본 사회 내부의 다양한 갈등들, 성별 정체성이나 세대 간 의사소통의 불가능성 등을 가장 잘 포장해 내는 한국 대중문화의 ‘능력’ 덕분이다. 심지어 ‘한국에 이민가고 싶다’는 50대 주부들이 나오고 있는 정도이다. 한국의 남성 배우들은 일본인에게 없는 러브파워를 갖고 있다. 예의바르면서도 여성을 즐겁게 하는 테크닉이 뛰어나다.

일본인들을 가장 사로잡는 한국적 가치는 정(情)이며 바로 일본도 '정을 그리워하는 사회'에 접어들었기 때문에 '한류 열풍'이 일어났다. 일본인들도 자녀나 부부간의 속정은 깊지만 겉으로 표현하지 않는 문화적 전통을 이어온 데다 자녀들이 20세가 되면 대부분 부모와 따로 살기 때문에 직접적인 애정 표현이 듬뿍 녹아 있는 한국 드라마를 보고 충격을 받았다. 일본은 한국 이상으로 가부장제가 강하다. 그리고 속정을 겉으로 표현하지 않는 전통도 있어 퇴근한 남편들은 대개 무표정하다. 일본인들의 표현은 한국인처럼 직설적이시도 않고 우회적이다. 특히 중년 일본 주부들은 고도 성장기에 직장 일에만 묻혀 산 남편과 무미건조한 가정생활을 해 왔다.

한국 드라마는 소재의 특징이라고 할 수 있는 인간의 기본적인 감정을 건드리는 부분이 많아서 서로에게 피해를 끼치지 않으려고 주의하면서 '친절하게' 살아가는 일본인들의 잠자고 있던 감성을 자극하고 있다. 일본 문화의 특징은 나약하고, 음울하면서도 '쿨'하다. 한국 문화는 과거 일본의 활력을 추억처럼 떠올리게 한다. "푯, 이런 세상 따위……" 같은 말을 뇌까리는 일본의 청춘들과는 달리 드라마 속의 한국 청년들은 사랑 때문에 울고불고 쟁취하며 복수한다.

필자는 영화 <세상의 중심에서 사랑을 외치다>를 보면서 "우리가 가질 수 있는 행복에서 사랑이 얼마나 중요한가?"를 생각하였다. 그리고 이 영화로 한국과 일본의 문화를 비교하게 되었고 한류에 대해 다시금 생각하게 되었다.

〈해운대라이프〉 431호(2017. 3. 10)

19. 일체유심조(一切唯心造)와 행복

신라의 원효는 661년 의상과 함께 당나라 유학길에 당항성에 이르러 어느 무덤 앞에서 잠을 잤다. 자다가 갈증을 심하게 느껴서 깜깜한 동굴 속에서 주변을 더듬다가 물을 발견했고 그 물을 아주 달콤하게 마시고 갈증을 풀었다. 그런데 다음날 아침 눈을 떠보니 지난 밤에 자기가 먹은 물은 해골바가지에 고여 있던 물이었다. 우~웩! 구역질을 하면서 원효는 모든 것은 오로지 마음에 달렸음을 깨달았다. 원효는 그 길로 유학을 포기하고 돌아왔다. 이 이야기가 불교의 일체유심조(一切唯心造)의 한 예이다. 행복도 마찬가지이다. 마음먹기 나름이고 긍정적인 생각이 중요하다.

하버드대학에서 '행복학 열풍'을 불러일으킨 긍정심리학자 탈 벤-샤하르는 그의 저서 『해피어』HAPPIER 에서 말하기를 긍정심리학의 많은 중심 사상들이 고대 아시아 철학과 심리학에 뿌리를 두고 있기 때문에 한국 등 아시아인들에게는 행복학이 새로울 것이 없다고 하였다. 탈 벤-샤하르는 "서구의 심리학은 이제 겨우 마음과 몸의 연관관계를 발견하는-또는 재발견하는-과정에 있습니다... 접촉을 통한 치유와 깨어 있는 명상 수행은 서양이 동양을 따라가는 두 가지 예일 뿐입니다"라고 이야기하고 있다.

행복은 정답이 없다고 한다. 절대적인 정답은 없지만 주관적인 정답은 있다. 본인의 정답을 어떻게 행복하게 만드냐가 중요하다. 더 나아가 행복 자체는 자기가 선택하는 것이다. 행복을 찾지 말고 행복을 만들어라고도 한다. 법정 스님이 말씀하신 "무소유"까지는 아닐지라도 행복은 작은 것부터 만족하는 것이다. 행복한 생활의 하나는 자기가 원하는 일을 하면서 그것에 몰입하는 열정을 갖고 꿈과 이상을 갖는 삶이다. 또한 꿈을 잃지 않으면서도 과정이 결과보다 더 중요할 수 있다는 것을 알아야 한다.

우리를 행복하게 하지 못하는 것은 지나친 물질주의적 사고이다. 특히 한국인은 행복을 물질적 풍요와 동일시하는 경향이 강하다. "내 인생의 가장 중요한 목표는 물질적 풍요이다"라고 말하는 비율이 전 세계에서 가장 높은 나라 중 하나가 한국이다. 우리가 행복에 대해 가장 많이 착각하는 것이 돈 같은 외적인 요건이 충족이 되면 행복할 것이라고 생각한다. 그러나 행복은 우리가 소소한 일상 속에 숨겨진 삶의 의미와 만족을 찾는 것이라고 할 수 있다.

우리가 정신문화 보다는 물질문명에 치우쳐 있는 것을 역전시켜야 행복해 질 수 있다. 하지만 행복을 추구하는 데 있어서 부(富), 물질 등을 완전히 무시하거나 소홀히 해서는 안 된다. 돈을 열심히 버는 것이 잘못이 아니고 인생과 행복의 우선순위를 어떻게 두느냐가 중요하다. 또한 돈을 어떻게 쓰느냐가 중요하다. 기부와 봉사가 행복의 종착역이다. 왜 내 돈과 시간을 남에게 쓰는가 하겠지만, 그 돈보다 더 큰 행복감과 만족감을 가지게 되기 때문이다. 기부와 봉사란 남을 위한 것만이 아니라 나를 위한 것이다.

"행복한 정치"라는 구호도 나오고 있다. 정치란 '함께 더불어 사는 기술'이나 '희소자원의 권위적 배분'이라고 정의되듯이 원래 공익적이고 긍정적인데 정치를 담당하는 사람들이 공익이 아닌 사익을 위해 정치를 하기 때문에 정치가 매우 부정적으로 여겨지고 있다. 행복한 정치를 위하여 세 가지를 이야기한다. "공익을 위한" 정치인, 법과 제도 그리고 정치문화이다. 이 중 한 가지만을 강조하는 사람들이 있지만 이 세 가지는 모두 같이 이루어져야 한다.

우리에게 행복을 가져다주는 것이 자본주의인지, 사회주의인지에 대해 논란이 많다. 둘 다 장단점이 있고 현실은 그 중간일 것이다. 현실사회주의는 생산성과 탄력성에 있어서 자본주의 보다 못해 실패했다. 자본주의의 비판으로서 사회주의가 대안이 될 수 없다. 사회주의 보다는 '지속가능한 발전'이 좋은 대안으로 제시되고 있다. 시장경제와 계획경제의 중간으로서 그리고 자본주의와 시장경제를 우선하면서 시장경제의 보완으로서의 지속가능한 성장이다. 연못이나 호수에서 한두 사람이 낚시를 하면 그 호수의 자정능력의 의해 호수가 깨끗함을 유지한다. 그러나 많은 사람들이 낚시를 하고 주위에 음식점들이 많이 생기면 그 호수는 깨끗함을 유지할 수가 없다. 이 호수가 상징하는 것이 '지구'(earth)이다.

철학적 전통을 가진 행복학은 긍정심리학으로 시작하여 소위 "문사철"(문학, 역사, 철학) 등 인문학의 열풍과 함께 발전하고 있다. 경영학에서도 일찍이 '행복경영'이 기업 강연의 좋은 주제가 되고 있다. 정치권에서도 "국민행복" "행복한 통일" 등이 나왔고 지방자치단체도 경제 활성화와 일자리 창출 차원에서 행복마을만들기 사업을 하고 있다. 이는 낙후지역을 대상으로 마을공동체 복원을 통한 통합형 도시재생사업이다.

행복은 개인의 문제이며 사회 문제들과 별개로 각자가 스스로 추구해야 한다고 주장되고 있지만 행복은 또한 사회적인 것들과도 맞물려 있어 가난, 불평등, 사회적 편견, 정치적 억압 등 조건들을 해소시키지 않으면 진정한 행복은 불가능하다. 달라이 라마와 하워드 커틀러는 그들의 공저, 『당신은 행복한가』에서 다양한 접근을 통해 위와 같은 이분법적인 구분을 깨려고 한다. 행복은 개인과 사회 양쪽 모두에게 달려 있기 때문이다.

카시오프 교수팀(시카고 대학)의 연구에 의하면, 현대인의 가장 총체적인 사망 요인은 암이나 사고가 아니라 외로움이라고 한다. 가장 큰 스트레스는 '왕따'같은 사회적 배제이고 인간은 공동체에서 격리될 때 극심한 스트레스를 받는다. 이러한 스트레스는 면역체계에 치명적인 악영향을 준다. 반대로 좋은 가족 관계와 편하게 지낼 수 있는 친구가 있다면 행복할 수 있다. 덴마크, 스웨덴, 노르웨이 등 북유럽 국가들의 행복수치는 특히 높은데 흔히 그들의 행복은 높은 소득과 사회복시 때문이라고 한나. 그러나 너 중요한 것은 서로에 대한 신뢰가 매우 높고 넘치는 나라들이라는 것이다. 심리적 자유감과 타인에 대한 애정을 기대할 수 있는 나라들이기 때문이다. 행복은 우선 긍정마인드로 시작한다. 그러나 긍정심리학을 넘어 종교를 포함한 철학의 단계, 삶과 죽음, 그리고 영혼의 의미를 아는 단계로 나아가야 진정한 행복을 얻을 수 있다.

『해운대라이프』 427호(2016. 8. 12)

20. 오기가미 나오코 감독의 영화와 행복

영화 <토일렛>은 행복에 있어서 긍정적인 마인드가 중요하고 "모든 것이 마음먹기 나름"이라는 점을 재미있게 잘 보여 주고 있다. 주인공 레이는 어머니의 갑작스런 죽음으로 자신의 삶에 침투해버린 세 명의 사람들과 고양이 한 마리에 대해 불만이 쌓여간다.

모두 자신이 돌보지 않으면 안 될 그런 존재들이고 시시때때로 울려 퍼지는 이들의 도움을 요청하는 전화벨 소리에 노이로제에 걸릴 것만 같다.

그러나 진실은 레이가 이들을 돌본 것이 아니고 지금까지 레이 자신이 돌봄의 대상이었다는 사실을 알게 된다. 레이가 어렸을 때 입양된 사실을 레이 자신만 모르고 있었던 것이다. 절망한 레이는 유일한 동료에게 이 사실을 털어놓지만 그 인도계 동료는 시니컬하게 반응한다. "그래서? 그게 그렇게 중요해? 그렇다고 해도 지금까지 잘 살아왔잖아" 이러한 느낌이 바로 나오코 감독이 바라보는 인생과 행복이 아닐까? 여기에는 단지 혈육으로 만들어진 가족의 한계를 넘어서는 확장된 가족에 대한 따뜻한 시선이 엿보인다. 이러한 대꾸를 한 동료가 인도계라는 점도 상징적인 것 같았다.

나오코 감독의 다른 작품들로는 <요시노 이발관>, <카모메 식당>, <안경>, <고양이를 빌려 드립니다> 등이 있다. 모두 소소한 일상 속에 숨겨진 삶의 의미와 따뜻한 감동을 절제된 구성 속에서 감독 특유의 유머러스함과 투명한 감성으로 녹여내는 '오기가미 표' 영화들이다. 원했든 원치 않았든 한 공동체에 속하게 된 또는 우연히 함께 지내게 된 사람들의 인연이 만들어가는 성장과 변화의 과정들을 세밀하게 잘 그려내고 있다.

그러나 이 영화들 중에 <안경>은 특이한 메시지를 전해 주고 있다. 우리가 행복해지기 위해서는 정신문화 보다는 물질문화에 치우쳐 있는 것을 역전시켜야 하지만 그러나 부(富), 물질 등을 완전히 무시하거나 소홀히 하면 안 된다. <안경>은 자본주의의 비판으로서 사회주의가 대안이 될 수 없다는 것을 재미있게 보여 주고 있다.

사회주의 보다는 지속가능한 발전을 좋은 대안으로 은연 중 제시하고 있다.

〈선진화 포커스〉 239호(2015. 3. 19)

21. 착한 선진화와 지속가능한 성장

대한민국은 건국의 시기를 걸쳐 근대화, 민주화, 그리고 선진화 단계로 발전해 왔다. 선진화도 이제는 새로운 '선진화 2.0'이 필요한 시기가 되있다. 이러한 관짐에서 최근 많이 논의되고 있는 착한 선진화도 이해될 수 있다.

착한 선진화는 지속가능한 성장(sustainable development) 개념과 맥을 같이 하고 있다고 생각된다. 조그만 호수에서 몇 사람이 낚시를 하면 그 호수의 자정 능력에 의해 호수는 깨끗함을 유지할 수 있다. 그러나 많은 사람이 낚시를 하고 호수 주변에 음식점들도 생기면 이 호수는 완전히 더러워진다. 이 호수가 상징하는 것이 '지구'(earth)다.

지속가능한 성장과 비슷한 개념들로는 인간적인 세계화(globalization with a human face), 성찰적 근대화(reflexive modernization), 사회자본주의 등이 있다. 성찰적 근대화를 주장한 울리히 벡(Ulrich Beck)은 정보화의 미래가 황금빛 '정보사회'가 아닌 '위험사회'도 될 수 있다고 지적하며 앞으로만 밀어붙이는 근대화가 아닌 뒤도 돌아보는 성찰적 근대화가 필요하다고 이야기한다.

자본주의는 기업에 투자한 주주가 돈을 버는 주주자본주의로 출발하였지만 지금은 주주뿐만 아니라 그 기업이 속한 공동체도 함께 번영할 수 있는 사회자본주의가 되어야 한다는 견해가 나오고 있다. 그러나 자본주의의 비판으로서 사회주의가 대안이 될 수는 없다. 사회주의보다는 지속가능한 발전이 좋은 대안이다.

자본주의(시장경제)와 사회주의(계획경제)의 중간이 아닌 자본주의를 원칙으로 하고 사회적인 요소를 조금 보완하는 정도가 바람직하다. 사회적 경제, 사회적 기업, 공유경제, 협동조합, 경제민주화 등 모두 상기 원칙으로 운용되어야 할 것이다. 지나친 사회주의적 시도들이 여지없이 실패한 예들은 무수히 많다. 착한 선진화도 이러한 원칙으로 논의되고 적용되어야 "진정한" 착한 선진화가 될 수 있다.

〈선진화 포커스〉 268호(2015. 10. 21)

22. '지구의 허파'인 아마존의 밀림을 조금씩 구입하는 스웨덴 어린이들

몇 년 전 스웨덴에 갔을 때 초등학생들이 아마존의 열대 밀림을 아주 조금씩 구입하여 "지구의 허파"인 아마존의 밀림을 보호하는 운동을 하는 것을 보고 놀랐다. 아마존의 밀림은 인류를 위해 이산화탄소를 흡수하고 산소를 공급한다. 그러나 이 지역은 계속 광산개발과 목재산업, 농경지 및 목축지 개발로 파괴되고 있다. 또 다른 스웨덴에서의 기억은 우유를 플라스틱이 아닌 병에 담아 유통하고 새하얀 휴지를 쓰는 것을 아주 창피하게 생각하는 모습 등이었다.

우리나라는 어떤가? 비닐봉지 안 쓰기 운동은 흐지부지되었고 분류 수거가 아파트 지역이 아닌 곳에서 제대로 되고 있는지 극히 의심스럽다.

대한민국은 근대화, 민주화, 선진화, 그리고 이제는 착한 선진화의 단계로 진입하였다. 이는 성장과 분배의 순환으로 볼 수 있지만 또한 개발과 자연보존/환경보존의 단계 변화로도 볼 수 있다. 산업화 시기의 어려운 여건에도 불구하고 국토녹화에까지 노력했던 것은 참 다행이다. 지금 북한의 벌거벗은 산야, 그래서 홍수, 그리고 식량부족의 악순환을 보면 얼마나 다행인지 모른다.

착한 선진화는 지속가능한 성장(sustainable development) 개념과 맥을 같이 하고 있다고 생각된다. 조그만 호수에서 몇 사람이 낚시를 하면 그 호수의 자정 능력에 의해 호수는 깨끗함을 유지할 수 있다. 그러나 많은 사람이 낚시를 하고 호수 주변에 음식점들도 생기면 이 호수는 완전히 더러워진다. 이 호수가 상징하는 것이 '지구'(earth)다.

지속가능한 성장과 비슷한 개념으로 성찰적 근대화(reflexive modernization)가 있다. 성찰적 근대화를 주장한 울리히 벡(Ulrich Beck)은 성장과 정보화의 미래가 황금빛 '정보사회'가 아닌 '위험사회'도 될 수 있다고 지적하며 앞으로만 밀어붙이는 근대화가 아닌 뒤도 돌아보는 성찰적 근대화가 필요하다고 이야기한다.

바람직한 성찰적 근대화는 자본주의(시장경제)와 사회주의(계획경제)의 중간이 아닌 자본주의를 원칙으로 하고 사회적인 요소를 보완하는 정도가 바람직하다. 자연보호운동, 개발과 환경의 조화 등도 모두 상기 원칙으로 운용되어야 할 것이다. 지나친 사회주의적 시도들이 여지없이 실패한 예들은 무수히 많다. 착한 선진화도 이러한 원칙으로 논의되고 적용되어야 "진정한" 착한 선진화가 될 수 있다.

〈선진화 포커스〉 302호(2016. 8. 26)

23. 세월호 참사와 생활문화의 선진화

몇 년 전 중국으로 백두산을 방문했다가 죽을 위기를 넘긴 적이 있다. 밤늦게 백두산 근처 호텔에 체크인하고 별관으로 가다 엉성하게 덮어 놓은 맨홀에 빠졌다. 다행이 끌고 가던 트렁크가 걸려 구조되어 간단한 치료가 받고 끝났는데 다음 날 아침에 보니 어마어마한 깊이였다. 한 국가의 선진화의 정도는 "그 나라가 얼마나 안전한가?"이다. 선진국의 필요충분조건이 있다면 가장 우선의 필요조건이 안전일 것이다. 그리고 생활문화 선진화의 최우선은 일터 등의 안전이다.

학생 250명을 포함해 국민 304명이 죽거나 실종된 세월호 참사가 일어나 모두들 '안전불감증'을 걱정하고 국가개조를 외쳤다. 그리고 1년이 지났지만 비슷한 사건이 계속 일어나는 것을 보면 대한민국이 선진국 되기는 아직 멀어 보인다. 세월호참사의 큰 책임이 현 정권에 있다고 할 수 있지만 모든 책임을 대통령에게만 따지려 하는 것은 잘못이다.

세월호 참사는 국가와 생명, 권력과 돈 등에 대한 의문을 던진 국가적 위기 상황이었다. 세월호 참사의 가장 큰 원인의 하나는 공직자들의 부패이다. 공적 기관과 업체의 유착이 관리감독 소홀로 이어졌다. 큰 일이 터지면 빠져나갈 궁리부터 하는 것이 공직자들의 생리이다. 거짓말, 은폐, 조작, 축소 본능 등이 공직자들의 DNA에 새겨져 있어 적반하장으로 국가개조의 필요성을 주장하는 국민들의 목소리를 비난하기 까지 했다.

정부는 말로만 그치지 말고 현장을 직접 방문해 대한민국의 안전을 위해 작은 것 하나하나 점검해야 한다. 세월호 참사 1년을 맞아 온 사회가 그날의 슬픔과 안타까움을 전하지만 정작 변해야 할 현장은 변화된 모습을 찾아보기 힘들다는 증언들이 나오고 있다.

이제는 다시 국가개조의 각오와 대한민국 선진화의 꿈을 품고 내일을 향해 나아가야 한다. 이를 위해 정부는 세월호 참사의 진실 규명과 사태 수습에 희생적인 노력의 모습을 보여야 한다. 다시는 이런 일이 반복되지 않도록 안전불감증, 이기주의 등으로 빚어진 총체적인 부패의 고리를 뿌리째 뽑아내야 한다. 그래서 무엇보다도 사회 전반에 자리 잡은 깊은 불신의 그림자를 걷어내야만 한다. 이것들이 대한민국의 선진화로 나아가는 길이다.

〈선진화 포커스〉 254호(2015. 6. 15)

24. 국가개조를 위한 바람직한 리더십

지난 7월 8일 정홍원 국무총리가 세월호 참사에 따른 국가개조 구상을 발표했다. 공직개혁, 안전혁신, 부패척결, 의식개혁을 중점 추진 과제로 제시했다. 이를 위해 국무총리실 산하에 민관이 참여하는 '국가대개조 범국민위원회'를 구성해 안전혁신 마스터플랜을 마련하겠다고 했다. 세월호 참사가 '유병언'으로 대변되는 인간의 탐욕과 이기심에서 비롯된 것이긴 하지만 이를 견제 · 제어 하지 못했고 이후 구조와 수습 과정에서 보여준 정부와 공직사회의 무능을 떠올리면 국가개조는 당연한 수순일 것이다.

정 총리는 관피아 척결은 7월 말까지, 그리고 국가안전 분야는 2015년 2월 말까지 틀을 갖추겠다고 밝혔다. 하지만 부패척결 · 의식개혁 분야는 언제까지 어떻게 하겠다는 말이 없다. 원래 국가대개조는 박근혜 대통령이 세월호 참사를 계기 삼아 역점 추진과제로 서슬퍼렇게 천명했다가 정 총리 주도로 추진 주체를 낮춰 힘이 많이 빠진 느낌이다.

세월호 참사가 발생한 지 두 달이 넘었다. 아직도 11명의 실종자가 칠흑 같은 바다 속에 남겨져 있다. 6 · 4 지방 선거로 브라질 월드컵으로 7 · 30 재 · 보선으로 잊어지지나 않을지 암담하다. 국가개조의 초심을 잃어선 안 된다. 그러나 국가개조는 정부만 칼을 들고 나선다고 되는 것이 아니다.

정치권도 함께 나서야 한다. 여야는 공직자 부정청탁금지법 원안부터 통과시키고 정부와 머리를 맞대고 구체적인 개혁 방안을 실천해야 한다. 청와대와 정부의 정치권 소통은 그래서 중요하다. 국가개조는 소통과 통합의 리더십 위에서 만들어져야 한다.

국가개조, 청와대도 예외일 수 없다. 비서실장, 정무수석 등이 국가개조를 위해 대통령을 제대로 보좌하고 있는지 의심된다. 정치적 조언도 제대로 못하고 책임도 지지 않는 비서실이 되고 있다. 실종된 정치를 복원해야 한다. 정치를 복원하여 정치가 마땅히 감당해야 할 사회적 소임을 다해야 한다. 정치의 주체는 어떤 권력도 아니고 바로 국민이다. 정치권의 제1과제는 국민과의 소통이다. 국민의 아픔을 해결하고 국익을 위해 헌신하고 자신을 버릴 수 있는 자세를 갖추어 국민의 마음을 얻어야 한다.

대통령과 함께 국가개조에 나서야 되는 여권과 야권의 정치권도 중요하다. 그러나 여야 모두 지금 리더십의 위기를 맞았다. 위기의 대한민국에서 정치는 표류하고 있다. 여야는 반목과 대결의 시간을 보내고 있다. 무기력한 집권여당은 통합과 조정기능을 발휘하지 못하고 있다. 세월호 참사 이후 우리 정치의 맨얼굴이 국민 앞에 고스란히 드러나고 있다.

모든 국민이 현재 차지하고 있는 자기제자리를 찾아가면 지금의 난국상황은 전화위복의 계기가 될 수 있다. 지금까지 우리가 그래 왔듯이 우리는 이 난국을 돌파 할 수 있다. 우리가 과도한 성장에 들떠서 오만에 빠져 우리가 처하고 있는 상태를 무시하고 간과하였다. 비정상의 거품을 걷어내고 지금의 위기를 극복하고 더 한 단계 높은 단계로 나갈 수 있는 기회를 바람직한 지도자와 함께 만들어 나가야 된다.

『부산일보』 2014. 7. 15

25. 민주적 기본 질서와 정당 해산: 민주적 질서 위배시 정당 해산 제소 가능…민주주의 적까지 지켜줄 이유 없어

박근혜정부 출범과 함께 시행된 정부조직 개편에 따라 행정안전부가 안전관리 기능을 강화한 안전행정부로 개편되었다. 사회 안전과 법질서 확립을 중요한 국정과제로 삼은 박근혜정부는 성폭력, 학교폭력, 가정폭력, 불량식품 등 '4대 악'을 비롯한 각종 범죄 · 사고와 한바탕 전쟁을 치르고 있다. 국가에는 다수의 법(법률 · 명령 · 규칙 · 조례 · 조약 등)이 있으나 통치체제를 규정한, 즉 정치체제의 조직과 운용을 정한 기본법을 헌법이라고 한다. 특히 헌법은 근본법(根本法)이고 기본법(基本法)이므로 반드시 지켜야 한다.

지난 9월 6일 법무부가 '위헌 정당 · 단체 태스크포스(TF)' 구성을 발표하고 새누리당이 통합진보당 이석기 의원 제명안을 낸 것은 결국 정부와 여당이 이번 기회에 종북 세력이 성장할 수 있는 토양 자체를 없애겠다는 의지의 표현으로 해석된다. 법무부 관계자는 "이번에 출범하는 TF는 위헌 정당뿐 아니라 반국가 · 이적 단체 등 위헌 단체 문제까지 함께 연구해 종합 대책을 마련하기 위한 팀이라는 점에 주목해 달라"고 말했다. 헌법 8조 4항은 '정당의 목적이나 활동이 민주적 기본 질서에 위배될 때에는 정부는 헌법재판소에 그 해산을 제소할 수 있고, 정당은 헌법재판소의 심판에 의하여 해산된다'고 규정하고 있다. 정부는 국무회의 심의를 거쳐 헌법재판소에 정당 해산 심판을 청구할 수 있다. 위헌 정당에 대한 해산 소추는 정부의 선택이 아니라 의무이다. 헌법 질서를 유지하고 국가 존립을 확보해야 할 의무가 정부에 있기 때문에 위헌 정당이라고 판단하면 반드시 헌법재판소에 제소해야 한다.

헌법재판소는 정부로부터 정당 해산 심판 청구를 받으면 해당 정당의 활동을 정지시키는 가처분 결정부터 내릴 수 있다. 최종 해산 결정이 나올 때까지 시일이 오래 걸릴 수 있기 때문에 그사이 위헌적 정당 활동을 막으려는 조치이다. 헌법재판관 전체 9명 중 7명 이상이 출석해 이 가운데 6명 이상의 찬성이 있으면 정당 해산 결정이 내려진다. 헌법재판소가 해산 결정을 내리면 소속 의원도 제명된다. 헌법이나 선거법, 정당법 등에 명시적 규정은 없지만 비례대표·지역구 의원 모두 국회가 자율적으로 제명 조치해야 한다. 비례대표는 후순위자가 승계해서도 안 된다. 비례대표 의원은 정당 자체를 기반으로 당선된 사람이고 지역구 의원은 정당에 지급된 선거보조금을 활용해 당선된 사람이다. 정당 자체가 위헌으로 해산되면 의원들도 모두 자격 상실돼야 한다.

정당 해산의 심사 기준인 '민주적 기본 질서'는 헌법재판소가 결정을 내렸다. 반국가 단체에 의한 일인 지배, 일당독재는 안 된다는 대목이 맨 앞에 나온다. 북한의 주체사상은 그 자체로 민주적 기본 질서 위배다. 북한은 민주주의가 아니다. 북한은 일당독재이고 일인 지배다. 북한이 전쟁을 일으켰을 때 여기에 가담해 우리나라를 전복하려는 것은 민주적 기본 질서 위배이다. 주체사상을 신봉하고 이에 따라 행동하는 정당은 헌법상의 민주적 기본 질서에 위배되기 때문에 정당으로 보호할 필요가 없다. 5월 12일의 RO (Revolutionary Organization) 모임에 대해 통합진보당은 경기도당 모임이라고 했다. 당의 공식 회합이었다. 국가정보원이 수사한 대로 이 자리에서 내란 음모 행위가 있었다면 통합진보당이 정당 차원에서 민주적 기본 질서를 어긴 것이다.

RO가 '현실적 위험성은 없다'는 주장을 내세우는 것은 잘못된 것이다. 독일 연방헌법재판소가 1956년 독일공산당을 해산시켰다. 당시 재판소는 민주적 기본 질서에 대한 현실적 위험성이 없더라도 정당 해산이 가능하다고 결정했다. 애초부터 민주적 기본 질서 침해를 목적으로 하는 정당은 국가가 보호하거나 지원할 필요가 없다는 것이다. 만약 현실적 위험성이 없다고 해산을 안 시키면 반국가 활동, 종북 활동을 하는 정당에도 보조금 주고 선거 참여를 인정해야 한다. 민주주의의 적(敵)까지 지켜줄 이유가 없다. 민주주의를 방어하기 위해서다.

헌법은 정당의 목적이나 활동이 민주적 기본 질서에 위배되면 정부가 헌법재판소에 해산을 제소할 수 있도록 규정하고 있다. 또한 법을 만드는 국회의원이 법 질서와 민주적 기본 질서를 파기한다면 반드시 제명 조치되어야 한다. 그리고 또 다른 이석기와 통합진보당이 선거직에 진출할 수 없도록 선거법과 제도를 바꾸어야 한다.

『국제신문』 2013. 9. 10

26. 차인표와 김용의 어머니

<행복학> 수업에 꼭 보여 주는 프로그램의 하나가 <힐링캠프-차인표 편>(2012. 3. 12/19)이다. 왜냐 하면 행복의 완성은 나눔과 봉사라고 생각하기 때문이다. 컴패션(compassion 국제어린이양육기구)은 우리나라 6.25전쟁 이후에 처음으로 생겼다. 이런 덕분 등에 우리도 이렇게 나라가 발전했으니 한국도 어려운 나라들을 도와주어야 한다. 필자는 외국의 어려운 아이들을 열심히 도와주면서 3대 세습독재 때문에 아사하는 많은 북한의 어린이들은 못 본체 하는 사람들에 대해 평소 반감을 가지고 있었다. 차인표는 그렇지 않았

다. 그는 '탈북자 강제 북송 반대 시위'에 까지 참여하며 북한과 통일 문제에 관심을 가지고 있다.

"나는 지금도 쓰레기다." 차인표가 녹화 중 뜨거운 눈물을 흘린 이유는? 차인표의 인생의 멘토 김정하목사님은 조그만 교회에서 목회를 하면서 구두를 닦아 모은 돈을 기부하고 불치병이 생겨 고생하면서도 부인과 자원봉사자들이 도와 기부를 계속하고 있다. 이런 분이 특강을 오셨을 때 "얼마를 드릴까? 조금 덜 드리면 안 될까?" 고민하던 자신은 "쓰레기"라고 차인표는 고백한 것이다. 필자는 김정하 목사님을 보면서 소설가 이철용을 새로운 사람으로 바꾸어 놓은 허병섭목사님('어둠의 자식들' 등의 소설 속의 "공목사님")이 생각이 났다. 허목사님도 비슷하게 미장이를 하시면서 목회를 하셨다. 이철용의 표현에 의하면 허목사님은 자신을 완전히 버린 예수님과 같은 존재라고 했다.

차인표의 이야기를 빌려 본다. "저는 고통 속에 있는 청년들과 희망이 없는 분들에게 꼭 얘기하고 싶어요. 인생은 결코 오늘 하루에 결정나는 게 아닙니다. 20년 후에 내가 어떻게 변해 있을지 아무도 모르거든요..." 정말로 차인표는 20대 중반 대학도 안 마치고 군대가 안 갔다 와서 취직도 안 되는 무일푼의 생활을 한 적이 있었다. 그러나 약 20년 후 경제적으로나 행복지수에 있어서나 똑똑한 형제들보다 더 나은 삶을 살고 있다.

"유명한 사람이 TV에 나와서 자살에 대해 말을 하는 건 절대 안 되는 거예요... 스스로 목숨을 끊는 것은 인생선택의 메뉴에 없어요... 그냥 살아야 하는 겁니다... 서로 위로하고 의지하고 토닥거리면서 살아야 하는 게 인생입니다..." 정말 공감이 가는 이여기이다.

많은 프로그램이나 인터넷 뉴스 등을 통해 유행처럼 번지는 연예인들의 힘들었던 과거사 폭로, 그리고 자살하고 싶었다는 이야기들이 무책임하게 많이 나오고 있다. 이에 비해 차인표는 참 반듯하고 올바른 생각을 가지고 있다.

차인표에게는 훌륭한 어머님이 계셨다. 차인표 형은 전국 수석, 동생은 학교 수석 수준이었지만 차인표는 한국외대 용인분교에 들어 갈 성적 정도! 그러나 어머니는 절대로 차별하지 않았다고 한다. 여담이지만 필자도 한국외대를 나와서 후배들로부터 차인표가 한국외대를 나왔다는 이야기를 들었다. 이문동 캠퍼스를 나왔는 줄 알았는데 차인표는 굳이 용인분교를 나왔다고 솔직하게 이야기하고 있다. 거꾸로 이야기하는 경우도 많은데...

이혼한 어머니와 뉴욕에 가서 차인표가 해운회사를 다니는데 어머니가 하루는 차인표에게 "네가 지금 10분 동안 이야기하면서 돈! 돈! 하면서 돈 이야기를 수십 번은 한 것 같다. 이 건 아니다. 한국으로 돌아가자!"라고 하셨다고... 차인표 어머니 이야기를 들으면서 필자는 세계은행 김용 총재 어머니가 생각났다.

1959년 12월 서울에서 태어난 김용 총재는 5살 때 부모와 함께 미국으로 이민하였다. 브라운대를 거쳐 하버드대에서 의학과 인류학 박사학위를 받았으며, 하버드 의대 교수를 지냈다. 1987년 하버드대 의대 친구였던 폴 파머 하버드대 의대 교수 등과 함께 의료봉사기구인 파트너스인헬스(PIH)를 설립해 중남미와 러시아 등 빈민지역에서 결핵 퇴치를 위한 의료구호활동을 벌여왔다. 2009년 아시아계 중 처음으로 아이비리그 중 하나인 다트머스대의 첫 한국인 총장이 되었고 2012년 제12대 세계은행(WB) 총재에 취임하였다.

금융기관인 세계은행의 활동으로 국제협력, 봉사 등이 포함되어 있어 의사인 김용이 세계은행 총재가 될 수 있었다. 의사였던 김용의 아버지는 자식에게 자기처럼 조용히 미국 시골에서 의사를 할 것을 권유했지만 철학을 전공한 김용의 어머니는 자식에게 "네가 누구인지? 무엇을 할 것인지? 항상 생각하라!"하면서 김용을 훌륭한 사람으로 이끌었다고 한다.

『해운대라이프』 428호(2016. 8. 26.)

27. 인생의 베이스캠프는 설치되었습니까?

아웃도어 제품으로 유명한 노스페이스(North Face)는 원래 높은 산의 북벽(북쪽 면)을 가르키는 용어이다. 알프스의 노스페이스, 아이거 북벽은 알프스의 3대 북벽 중 하나로 현재까지도 가장 등반하기 어렵고 등반 역사상 사망자가 가장 많은 곳이다.

독일, 오스트리아 그리고 스위스가 같이 만든 영화 <노스페이스 Nordwand North Face>(2008)를 몇 년 전 본 적이 있다. 자연의 위대함과 끊임없이 흔들리는 인간의 마음을 이겨내는 과정을 다룬 작품이다. 1936년 독일은 올림픽 개회를 앞두고 국위 선양을 위한 아이거 북벽 등반을 위해 산악인들을 부추겼다. 유럽의 등산가들에게 있어서 1800m의 아이거 북벽을 오르는 것은 성배를 찾아 떠나는 모험과 같았다.

독일과 오스트리아의 등반가 4명은 이 험난한 코스를 처음 정복한 등산가가 되기로 결심한다. 나치시대 독일의 두 군인은 아이거 북벽을 등반하고자 노력하고 그 결과를 독일군들에게 이미 꺽인 독일인의 우수성을 알리기 위해 두 기자가 망원경으로 북벽을 바라보며 기사를 써 내려간다. 이미 많은 사람들이 실패를 했었던 곳이었다. 위에 있는 친구, 동료를 위해 자일을 자르는 장면은 크게 감동을 받았다. 영화를 보면서 주인공의 생환을 바랬는데 사실(실화)이지만 아쉬웠다.

필자는 이 영화를 보고 더 높은 봉우리를 등정하기 위해서는 더 높은 베이스캠프가 필요하다는 것을 알았다. 새로운 베이스캠프로 심리적으로나 육체적으로나 정상 정복이 훨씬 수월해진다. 인생도 삶의 기준을 높게 설정할 때 성공까지의 길은 줄어들고 그만큼 성공할 확률이 높아집니다. 같은 목표를 가진 사람들이라도 베이스캠프가 다르면 목표달성도 달라진다.

〈선진화 포커스〉 295호(2016. 6. 17)

28. <타인의 삶>을 훔쳤지만 주인공은 인생이 바뀌었다.

행복은 긍정마인드로 시작한다. 그러나 긍정심리학을 넘어 종교를 포함한 철학의 단계, 삶과 죽음, 그리고 영혼의 의미를 아는 단계로 나아가야 진정한 행복을 얻을 수 있다. 필자가 부경대에서 담당하고 있는 행복학 과목 '글로벌시대의 행복'의 마지막 수업에 보여주는 영화가 있다.<타인의 삶 Das Leben Der Anderen The Lives Of Others>(2006)이다.

<타인의 삶>은 국민의 모든 움직임을 추적해야 한다는 동독정부

의 집착을 그렸다. 주인공인 비밀경찰의 시선을 통해 동독의 비인간적이고 억압적이었던 인권탄압을 다루고 있다. 1984년 비밀경찰인 슈타지(동독국가보위부)의 강경파 게르트 비즐러(울리히 뮈에) 경감은 흠잡을 데 없어 보이는 극작가 게오르크 드라이만(제바스티안 코흐)을 감시하기로 결심한다. 베를린의 아파트에 심어놓은 도청기를 통해 비즐러는 드라이만이 여배우인 아름다운 연인 크리스타 마리아(마르티나 게데크)와 함께 하는 세련된 가정생활에 점점 매혹되고 있는 자신을 발견한다.

드라이만의 생일 파티에서 그의 친구인 알베르트 예스카는 선물로 "아름다운 영혼의 소나타"라는 악보를 드라이만에게 건넨다. 정부로부터 요주의 인물로 지목되어 있는 예스카는 얼마 뒤 스스로 목을 메달아 자살한다. 그 소식을 들은 드라이만은 "아름다운 영혼의 소나타"를 피아노로 연주하고 그것을 헤드폰을 통해 들은 비즐러는 감동의 눈물을 흘린다. 예스카의 죽음에 드라이만은 자살률을 숨기고 있던 동독의 현실을 서독의 유명한 시사잡지였던 『슈피겔』에 폭로하기로 결심했다. 비즐러는 드라이만의 행동을 거짓으로 보고했다. 그는 드라이만의 생활을 지켜보면서 그동안 자신이 얼마나 공허한 인생을 살아왔는지를 깨닫게 되고 점점 인간적인 성격으로 변하기 시작했다. 「타인의 삶」을 감시하다 비즐러는 심경과 행동에 큰 변화를 맞게 된다. 그는 점점 자신이 하고 있는 일의 정당성에 회의를 품게 된다.

"아름다운 영혼을 위한 소나타"를 듣고 브레히트의 시집을 훔쳐와 읽으면서 비즐러가 알게 된 것은 '배신자' 아니면 '동지'로만 보았던 인간을 '사람'으로 보는 법이었다. 예술 활동 계속을 위해 문화부 장관에게 "성상납"을 하러 가는 마리아! 그러나 비즐러는 그녀가 가던 술집에 들러 예술을 위해 타협하지 않아도 당신을 기억하는 사람이 있음을 알려주며 당당해지라고 한다. 그래서 마리아는 드라이만에게 다시 돌아가게 되는데 정말 감동적인 장면이다. 비즐러의 반동행위는 결국 그들을 지켰고 그 대가로 비즐러은 비밀경찰에서 우편물 담당으로 떨어지게 된다.

독일은 통일된 후 드라이만은 자신을 감시한 요원(HGW/XX7)의 지문을 보고 그가 의도적으로 드라이만을 보호했음을 깨달았다. 다시 시간이 흐르고 비즐러는 편지를 담은 수레와 함께 서점 앞을 걸어가다가 드라이만의 소설인 『아름다운 영혼의 소나타』를 발견한다. 서점으로 들어간 그는 드라이만의 소설을 펼치고 소설에는 "이 책을 'HGW/XX7'에게 바칩니다."라는 문구를 발견한다. 비즐러는 책을 들고 와 계산대 앞에 서고 "포장할 것이냐"는 점원의 질문에 대답한다. "아니오. 이 책은 나를 위한 겁니다." 비즐러 자신을 위해 썼다는 의미와 선물하지 않고 자신이 볼 것이라는 중어(重語)적인 표현으로 영화가 끝난다.

비즐러는 <타인의 삶>을 살려낸 것만이 아니었다. <타인의 삶>을 돌아서 그에게로 온 삶! 그는 그 자신의 삶을 살아낸 것이다. 비즐러는 <타인의 삶>을 훔쳤지만 그는 오히려 영혼의 의미를 찾고 자신의 진정한 행복을 찾았다.

『해운대라이프』 431호(2016. 10. 10)

29. 위기 시에도 쉽게 흥분하지 않는 리더!

몇 년 전 KTX를 빨리 타려고 본의 아니게 영화 <드래프트 데이 Draft Day>(2014) 보았다. 미식축구 영화로 올리버 스톤 감독의 <애니 기븐 선데이 Any Given Sunday>(1999)을 본 적이 있지만 미식축구 영화, 그것도 '드래프트 데이'(팀의 운명을 결정할 신인 선수 선발전) 하루를 그린 영화가 미식축구를 잘 모르는 한국에서 흥행할 까 의심했다. 그러나 현대 오락영화의 특징인 반전도 있고 기대보다 재미있었다.

미국만의 최대 스포츠, 미식축구의 빅 이벤트인 드래프트 데이을 앞두고 있는 클리브랜드 브라운스 단장 써니(케빈 코스트너)는 우여곡절 끝에 획득한 1순위 지명권을 두고 깊은 고민에 빠진다. 당연히 가장 큰 주목을 끌면서 1순위로 지명된다면 그 해의 드래프트에서 최고의 실력을 가진 선수라는 걸 증명하는 것이다. 그렇다고 이것이 곧장 프로에서의 진짜 실력으로 이어지는 건 아니다.

수많은 구단과 선수, 팬들의 시선이 모두 집중된 운명의 날! 최고의 선수를 차지하기 위한 끊임없는 물밑작업과 치열한 심리전 속에서 갈등하던 써니는 누구도 예상치 못한 과감한 승부수를 던져 숨막히는 심리전을 이기고 짜릿한 승리를 거둔다.

써니가 누구나 예상한 위스콘신대 쿼터백 보 칼라한을 제1라운드에서 마지막 순간에 포기한 이유는 첫째 팀에 친한 친구 한 명 없을 만큼 평판이 나쁜 선수를 들이는 것은 써니 자신이 용납할 수 없기 때문이다. 스포츠 팀 뿐 아니라 모든 조직에서 조화를 고려한 인사는 얼마나 중요한가를 잘 보여 주고 있다. 둘째는 첫째 이유와도 연결되지만 보 칼라한이 "기억이 안 난다"고 하는 등 믿을 수 없다는 점이다.

세 번째 이유는 보 칼라한이 위기 시 쉽게 흥분된다는 점이다. 영화에서 전설적인 샌프란시스코 포티나이너스 쿼터백 조 몬타나가 비교되어 설명된다. 1989년 슈퍼볼에서 시간이 별로 없는데 신시내티 벵갈스에서 지고 있고 마지막으로 어려운 터치다운을 해야 역전을 할 수 있는 위기에 조 몬타나는 갑자기 주위의 선수들에게 "관중석에 배우 000 와 있던데 봤니?"하면서 긴장을 풀어 주면서 극적인 터치다운을 성공시키고 대역전!

보 칼라한은 운동선수로서 뛰어나다. 그러나 쉽게 흥분하고 거짓말 밥 먹듯이 하고 인간관계 안 좋은 그를 영화에서 보면서 자꾸만 한국 정치, 정치인들이 생각났다. 18년 만에 노동당 정권을 되찾은 토니 블레어 전 영국 총리는 자서전에서 "나라를 바꾸는 것보다 당을 바꾸는 것이 더 어려웠다"고 토로했다.

『해운대라이프』 425호(2016. 7. 15)

30. 거짓말은 20대가 좋아하는 안철수 이미지가 아니다.

안철수 서울대 교수의 룸살롱 출입을 보도한 월간지 신동아 9월호 기사에 대해 안철수 교수 측 유민영 대변인이 '대꾸할 가치가 없다'고 일축했다. 유 대변인은 '기사의 기본이 안 돼 있고 근거도 없다'고 가시 돋친 공격을 했다. 성인 남성이 유흥주점에서 술을 마시는 것이 큰 잘못이라고 할 수는 없다. 하지만 안 교수는 2009년 TV

에서 '단란주점''이라는 말조차 모른다고 했다.

안철수 교수는 자신을 결정적으로 부각시켜준 MBC 예능프로 '무릎팍 도사'에 출연해 이런 능청을 부렸다. 질문은 이랬다. "단란히 먹는 술집 가보셨어요. 노래방인데 좀 도와주시는 분들이 있는 곳?" 안철수 교수는 "술을 못 마시고 여종업원이 배석하는 술집 자체를 모른다"고 말했다. 안 교수는 부연한다. "술을 못 마시거든요. 뭐가 단란한 거죠?"

안철수 교수가 술 마시지 못한다는 것부터 완전히 '거짓말'이라는 기록이 있다. 안철수 교수에 관한 홍보를 10년 간 맡았던 박근우 씨가 안 교수를 대권 주자로 만들기 위해 쓴 '안철수 He Story'에 안철수 교수는 술 잘 마시는 사람으로 적혀있다. 박 씨는 '안랩'의 창립멤버인 상무 김현숙에게 묻는다. "안철수 사장님 은 언제나 반듯하잖아요. 예전에는 술을 자주 마셨다고 하던데 혹시 실수나 어떤 일탈을 벌인 적 없나요?" 김 씨의 대답은 "회사 창업 후 기자들과 술을 마신 적이 있었어요. 그날도 새벽까지 포장마차에서 술자리가 이어졌는데 어느 순간 살펴보니 사장님이 보이지 않더군요. 평소 술을 잘 마시던 분인데 그 날은 술이 좀 취하셨는지 먼저 계산을 하고 일찍 가셨더군요."

안철수 교수의 행보는 정당의 대선 후보와는 달리 혹독한 검증을 피하면서 하고 싶은 말만 하는 불공정한 선거운동을 계속하겠다는 것과 다름없다. 안 교수가 정당을 통하지 않고 대통령선거 입후보 예정자로 활동하는 것은 안 교수의 자유로운 선택일지라도 입후보 의사를 빨리 밝히지 않는 것은 공정한 정치활동은 아니라고 볼 수 있다. 안 교수가 지난 7월 19일 '안철수의 생각'이라는 대담집을 내

놓으면서 서문에서 "4 · 11총선이 예상치 않게 야권의 패배로 귀결되면서 나에 대한 정치적 기대가 다시 커지는 것을 느꼈을 때 사람들이 무엇을 원하는지, 이 열망이 어디서 온 것인지에 대해서 무겁게 고민하지 않을 수 없었다"고 말했다.

2040 특히 20대가 현재 한국의 정당정치에 염증을 느끼고 있는 상황에서 안 교수가 정당을 통하지 않고 정치를 하는 것은 어쩌면 탁월한 선택이라고 볼 수 있고 그래서 안 교수가 젊은 층의 열렬한 지지를 받고 있다. 기존의 정당들도 스스로 쇄신이니 비상대책이니 하여 대변화를 시도하고 있지 않은가?

차기 대통령의 조건, 정치지도자로서의 자질에 대한 논의가 미디어를 중심으로 활발하게 진행되고 있다. 올바른 국가관, 도덕성, 능력, 리더십 등이 열거되고 있다. 물론 정치지도자는 이러한 요소들을 고루 갖추고 있어야 하지만 시대에 따라 강조되는 점이 다르다.

플라톤의 철인정치나 맹자의 왕도정치는 현대사회에서 쉽지 않고 오히려 도덕성보다는 능력이 중요시되는 technocrat(기술관료)가 부상하였다. 미국의 닉슨 대통령, 이집트의 사다트, 한국의 박정희 대통령을 예로 들고 있다. 5.16 쿠데타로 정권을 잡은 박정희 대통령의 공과 중 공적을 높이 평가해 5.16에 혁명적 성격을 부여하는 것도 이러한 맥락이다.

닉슨 대통령은 외교적 성공 등 능력 발휘에도 불구하고 워터게이트 사건으로 물러나게 된다. 닉슨이 물러나게 되는 것은 도청자체보다는 도청을 은폐하려는 거짓말이었다. 미국이 현실에서 그러지 못하더라도 이상으로 생각하는 것은 "거짓말 안 하기"이다.

미국 사람들이 가장 좋아하는 초대 조지 위싱턴 대통령의 일화가 있다. 어린 위싱턴은 아버지가 사준 도끼를 사용하고 싶어 옆집 나무를 자른다. 문제가 커지자 그는 정직하게 자기가 했다고 하는 일화이다. 미국에서는 세금은 못 내면 조금씩이라도 내면 되는데 거짓으로 수입 일부를 보고하지 않는 것을 더 큰 잘못으로 생각한다.

미국에서 도덕성을 강조하고 당선된 카타 대통령은 실패한 대통령으로 대통령직을 마무리하였다. 독실한 기독교 신자인 카터는 인권 등 도덕적 잣대를 지나치게 적용하여 대외정책 등에서 실수를 하였다. 모스코바 올림픽 보이콧이 그 예이다. 레이건 대통령은 능력보다는 소통이 탁월한 대통령으로 평가 받는다. 이명박 대통령이 글로벌 경제위기를 상대적으로 가장 잘 넘신 국가시도사임에도 불구하고 "나만 잘 하면 된다"라는 불통의 이미지로서 인기를 못 얻는 것을 보면 현대 정치지도자에게 가장 필요한 자질중의 하나가 소통이라고 할 수 있다.

안철수 교수가 이명박 대통령과 비슷하게 서민을 위한 정치, 상식의 정치 등을 이야기해도 이명박 대통령은 싫어하고 안 교수에게 젊은 세대가 열광하는 이유는 소통의 이미지와 도덕성이다. 안 교수는 '안철수의 생각'에서 경제적 사회적 현안과 관련해 나름대로의 진단과 해법을 내놓았다고 평가할 수도 있지만 안 교수가 이야기하는 컨텐츠의 질에는 20대는 별로 관심이 없다고 해도 과언이 아니다.

그러나 만약에 안 교수가 거짓말을 하고 있다면 젊은이들은 더 이상 안철수 교수를 지지할 수가 없다. 그것이 술집출입, 군입대시 에피소드 등 사소한 것이라 할지라도 2040 세대들은 안 교수가 거짓말을 한다는 심증이 들면 안 교수를 더 이상 지지할 수 없고 이제는 그의 대통령으로서의 기본적인 자질과 리더십도 의심하게 된다. 왜냐하면 거짓말은 20대가 좋아하는 안철수 이미지가 아니기 때문이다

『시민시대』 2012년 9월호

31. 차영 조희준 '막장드라마'와 종교인 과세(課稅): 국민에 대한 과세는 결코 협의대상 아냐…세원확보 · 원칙구현 반드시 관철해내길

차영 전 민주통합당 대변인이 조희준 전 국민일보 회장과 사이에 친자 확인 소송을 제기한 것을 두고 여론이 들끓고 있다. 미모의 여성 정치인과 언론사 회장의 애증의 이야기라는 점은 물론 조 회장이 신도 100만 명을 자랑하는 동양최대의 교회로 성장한 순복음교회로 기독교의 부흥을 이끈 조용기 원로목사의 장남이라는 점에서 숨겨진 이야기들에 대해 관심이 집중되고 있다.

조희준 씨는 1997년 국민일보 사장으로 취임해 1998년 회장에 올랐다. 넥스트미디어코퍼레이션을 설립하여 스포츠투데이, 파이낸셜뉴스 등을 창간하고 현대방송을 인수하는 등 활발한 활동을 펼쳤다. 그러나 2001년 6월 국세청 세무조사 때 세금포탈 혐의가 포착돼 그해 8월 구속됐다. 그해 12월 항소심에서 집행유예로 풀려났고 2008년 8 · 15 특별사면을 받았다. 올해 1월에는 넥스트미디어회사 돈 35억 원을 횡령한 혐의(특경가법상 횡령 · 배임)로 기소돼 1심에서 징역 2년을 선고받고 법정 구속됐다. 지난 6월 집행유예로

석방됐다.

조용기 목사는 조희준 씨 소유 회사 주식을 적정가보다 훨씬 높게 사들여 순복음교회에 150억 원대 손해를 끼친 혐의(특경가법상 배임)로 지난 6월 불구속 기소됐다. 차영의 조희준 상대 친자 확인 소송은 조용기 목사의 재산 상속을 염두에 둔 것이라는 추측이 나오고 있다. 이번 차영 조희준 '막장드라마'를 보면 더는 종교인 과세를 미룰 수 없다.

지난 이명박 정부도 종교인 과세를 추진했으나 이런저런 사정에 밀려 결국 실현되지 않았다. 2012년 3월 기획재정부 장관이 처음 거론한 이래 정부의 종교인 과세 방침은 일진일퇴를 거듭했다. 일부 종교계의 반발과 대통령 선거를 앞둔 시기라는 고려에 밀려 한 발 물러섰던 정부는 올 1월 이 문제를 다시 꺼내들었다. 소득세법 시행령 개정안에 성직자 소득에 대한 과세 근거를 마련하겠다고 했다. 그러나 임기 말 정권의 기력이 부친 탓인지 준비가 부족하다며 또다시 물러섰다.

그러나 박근혜 정권 초인 지금이 종교인 과세를 관철할 적기이다. 각종 비과세・감면 혜택을 대폭 축소하여 최대한 세금을 거둬들이려는 박근혜정부로서는 세수기반 확대 차원에서도 종교인 과세가 필요한 형편이다. 이번에는 의지를 꺾는 일들이 없기 바란다. 현재 재정부는 "종교인 과세 문제를 종교계와 협의하고 있으며 원만한 합의가 이뤄지면"이라는 단서를 달고 있다. 그러나 국민개세주의(國民蓋世主義)는 결코 합의나 협의의 대상일 수 없다. 과세가 합의 대상이라면 정부가 과세할 때마다 이해 관계자들과 일일이 협상해야 한다는 이야기가 된다.

신부 목사 스님 등 국내 성직자는 36만여 명으로 추정된다. 법령상 납세의무가 생기더라도 소득이 적은 상당수 종교인은 사실상 세금을 내지 않거나 극히 소액만 낼 것으로 예상된다. 정부도 종교인 과세를 통한 추가 세수 규모가 연간 1000억 원 정도로 전체 세수 확대에 미칠 영향은 크지 않을 것으로 보고 있다. 성직자 여부에 상관없이 소득을 얻고 있다면 납세는 당연한 일이다. '소득 있는 곳에 세금 있다'는 과세의 기본 원리이다. 재정부는 신도가 내는 헌금이 이미 소득세를 낸 돈인 만큼 이중과세 논란이 제기될 수 있다고 우려한다. 그렇지만 그런 식이라면 기존의 모든 소비가 세후 소득으로 이뤄지니 소비세 역시 이중과세라 할 수 있다. 상속·증여세도 부과할 수 없게 된다. 논란에 앞서 종교계 스스로 납세에 동참하여 사회에 모범을 보이기 바란다.

박근혜정부는 지금 세법 개정을 명분으로 기존 비과세·감면 제도를 대폭 축소하는 중이다. 세법에는 성직자에 대한 비과세 조항이 없다. 그들만 특별대우를 받아야 할 이유가 없는 것이다. 국회 입법조사처의 '종교인에 대한 과세 논의와 의의' 보고서에 따르면 경제협력개발기구(OECD) 회원국 대부분이 예외 없이 과세하고 있다.

종교인 소득에 대한 관습적인 비과세는 역대 정부가 40년 넘게 사회적 영향력이 큰 종교계의 눈치를 본 탓이 크다. 정부는 종교인 과세를 통한 세수 규모가 연간 1000억 원에 이를 것이라고 추산하나 중요한 것은 세입 규모보다 과세 원칙의 구현이다. 종교인들이 일반 국민과 마찬가지로 떳떳하게 세금을 내는 것은 사회적 존경과 신뢰를 더 많이 받는 길이다.

『국제신문』 2013. 8. 4

32. 소크라테스의 죽음, 준법정신 그리고 법률문화의 선진화

소크라테스의 말년, 아테네에는 기존 민주주의 세력과 스파르타의 법을 새로이 차용하고자 한 귀족주의 정파 간의 갈등이 지속되고 있었다. 그는 신성모독과 청년들을 현혹한다는 죄목으로 사형판결을 받았다. 기소 이유는 젊은이를 타락시키고 새로운 종교를 끌어들였다는 것이었다. 이 판결은 자신의 생각과 양립하지 않음에도 불구하고 소크라테스는 폴리스의 법에 복종하여 자발적으로 독배를 받았다. 그는 도주할 수도 있었지만 투철한 준법정신에 의해서 태연히 독배를 늘어 마시면서 제자들에게 빌린 닭 한 마리를 갚아달라고 부탁하였다. 소크라테스는 독약을 마시고 죽음을 의연하게 맞이했다.

민주주의와 선진화의 출발은 준법정신과 법치주의이다. 법치주의는 국가는 법에 의하여 통치되어야 한다는 주의를 말한다. 이러한 의미에서의 법에 의하지 않고는 국가는 국민에게 어떠한 명령이나 금지도 할 수 없다. 구체적으로는 국민의 자유권을 보호하기 위한 자유주의적 원리이다.

정치는 '함께 더불어 사는 기술'이나 '희소자원의 권위적 배분'이라고 정의되듯이 원래 공익적이고 긍정적인데 정치를 담당하는 사람들이 공익이 아닌 사익을 위해 정치를 하기 때문에 정치가 매우 부정적으로 여겨지고 있다. 정치 개혁과 선진화를 위하여 세 가지를 이야기한다. 공익을 위한 정치인, 법과 제도 그리고 정치문화이다. 이 중 한 가지만을 강조하는 사람들이 있지만 이 세 가지는 모두 같이 이루어져야 한다.

법과 제도가 상대적으로 잘 갖추어져 있다고 평가되는 독일인들은 법을 제일 잘 지킨다고 평가되지만 그들이 외국에 나가면 반드시 그렇지 않다. 지금 중국에 가보면 건널목에서 신호등을 제대로 지키지 않고 심지어 빨강 불에 거꾸로 길을 건너야 하는 경우가 있다. 이러한 경험은 1960년대까지도 우리 자신의 자화상이었다. 아직도 "법을 너무 잘 지키는 사람은 바보다"라는 생각이 우리들 마음속 근저에 있다면 대한민국은 선진국이 아니다.

법률문화의 선진화는 국가 전체 뿐 아니라 지역사회 발전에 기여하는 계기가 될 것이다. 최근 법무부가 시민의 법질서 선진화를 위해 추진하는 시민법률 콘서트는 좋은 사례이다. 민주주의와 선진화의 기본이 법치주의이듯이 대한민국의 선진화의 기본은 준법정신과 법률문화의 선진화이다.

〈선진화 포커스〉 264호(2015. 9. 30)

33. 국민참여재판과 나꼼수 무죄판결: 배심원 정치성향 크게 미칠 사건은 국민참여재판 대상서 제외해야

서울중앙지법 형사합의 27부는 지난주 2012년 대선을 앞두고 故 박정희 전 대통령과 박지만 씨에 대한 허위 사실을 공표한 혐의로 기소된 '나는 꼼수다' 패널 주진우 시사인 기자와 김어준 딴지일보 총수에 대해 무죄 선고를 내렸다. 주 씨가 법정에서 "그동안 많은 사건을 취재했지만 이번 사건은 정말로 무서웠고 숱하게 협박도 받았다"고 하소연하자 방청객들은 박수를 쳤다. 국민참여재판은 배심원들의 감정에 영향을 미쳐 '감성 재판'으로 흐를 수 있는 허점을 안고 출발했다.

주 씨와 김 씨는 박지만 씨가 5촌 조카 피살사건에 연루된 것처럼 허위사실을 공표하고, 한 출판기념회에서 박 전 대통령에 대해 허위사실을 말한 혐의로 기소됐다. 검찰은 "후보자 검증이라는 명목으로 특정후보 가족을 반인륜적 패륜범으로 치부해서는 안 된다"며 주 씨에게 징역 3년, 김 씨에 대해서는 징역 6월을 구형했다. 이번 재판은 박지만 씨가 살인 범죄를 사주했다는 의혹을 다룬 것이다. 의혹을 처음 제기한 박 씨의 매형 신동욱 씨의 주장은 대법원에서 허위로 확성됐다. 주 씨 등은 신 씨의 말을 사실로 믿을 만한 상당성이 있었다고 주장했다. 그러나 특정인을 중범죄인 살인의 배후로 지목하려면 좀 더 신중한 접근이 요구된다.

국민참여재판제도는 사법절차에 국민의 참여를 보장해 사법부에 대한 국민의 불신을 해소하겠다는 취지로 시작되었다. 2007년 6월 공포된 '국민의 형사재판 참여에 관한 법률'을 근거로 해서 시행되었다. 대법원은 2012년 7월부터 형사합의부 사건 전체를 참여재판으로 진행하고 있다. 배심제의 경험이 일천한 나라에서 일반 범죄라면 몰라도 전문적 판단이 필요한 언론과 선거 관련 범죄를 참여재판에 맡긴 것이 무리였는지 모른다. 국민참여재판에서는 만 20세 국민 가운데 배심원을 무작위로 선발해 재판에 참여하게 하고 평결을 내리게는 하지만 법적 구속력은 없다. 형사재판에서 피고인이 참여재판을 희망하면 일반국민 5~9인의 사법참여인단이 재판에 참여하고 심리한다. 여기서 유 · 무죄에 대한 의견을 내고 판사의 유 · 무죄 확정 후 다시 형량에 대한 의견을 제시하는 과정을 거친다.

영미식 배심제에서 평결은 만장일치이고 의견이 엇갈리면 다시 배심원단을 구성한다. 우리나라 참여재판의 평결 성립 기준은 과반이다. 주 씨가 박 씨 의혹을 잡지에 실은 데 대해 배심원 9명 중 6명은 무죄, 3명은 유죄로 판단했다. 주 씨와 김 씨가 같은 의혹을 '나꼼수'에서 언급한 것에 대해서는 5명이 무죄, 4명이 유죄로 판단했다. 배심원 평결은 '권고'의 효력을 지녀 재판장이 꼭 받아들여야 하는 것은 아니다. 사회적 관심이 집중된 사건에서 과반이라는 이유만으로 판사가 평결을 그대로 받아들인 것은 너무 기계적이다.

올해 3월 대법원 국민사법참여위원회는 배심원의 평결 절차나 내용이 헌법과 법률에 위반되지 않으면 배심원의 유무죄 판단을 판사가 따르도록 하고, 그 대신에 평결 기준을 '4분의 3 이상'으로 강화하는 법안을 마련했다. 법원에서 평결의 구속력은 이미 높아졌으나 새 평결 기준은 아직 도입되지 않았다. 이번 평결은 이런 불일치 속에서 나왔다. 참여재판은 영미식 배심제를 모방했다. 1991년 3월 발생한 '로드니 킹 사건'에 대한 배심원 판결을 보면 미국의 배심원 제도도 문제가 있음을 알 수 있다. LA 경찰관 4명이 과속으로 달리던 차를 추격전 끝에 세우고 범인을 현장에서 붙잡았다. 운전자인 흑인 로드니 킹을 끌어내 경찰봉, 주먹, 발로 구타했다. 이 장면을 인근 주민들이 비디오로 찍어 방송사에 제보하게 된다. 이 테이프는 뉴스에 방영되고 킹을 구타한 경찰관 4명은 법원에 기소되었다. 몇 개월 동안 진행된 법정 심의 결과 끝에 발표된 판결은 4명의 경찰관 중 3명은 무죄, 1명은 재심사로 결정되었다. 이 판결에 분노한 LA 거주 흑인들이 들고일어나면서 LA폭동이 발생한 것이다. 사건 발생 지역이 백인 거주 지역이라 배심원이 백인 위주로 구성되어 그러한 판결이 나온 것이다.

이번 '나꼼수' 무죄판결은 정치적으로 민감한 사건일수록 국민참여재판의 약점이 부각될 위험이 크다는 것을 보여줬다. 대법원은 국민참여재판제도의 운용 방식을 고쳐 배심원들의 감정이나 정치성향이 판결에 큰 영향을 미칠 사건은 국민참여재판 대상에서 제외해야 한다.

『국제신문』 2013. 10.26

34. 지자체가 발선되어 지역균형 발선된 나라가 진짜 선진국!

미국, 일본 등을 보면 진정한 선진국은 지방이 발전하여 서울과 차이가 없는 나라다. 지방이 살고 싶은, 특히 은퇴해서도 살고 싶은 지역이 되도록 지자체와 시민의 노력이 필요하다. 일본을 처음 여행하고자 할 때 꼭 도쿄를 먼저 가고 싶지는 않을 정도로 지방이 발전되어 있다. 미국에서 지방에 가면 지나치다 싶을 정도로 자기 동네가 제일 살기 좋고 자기 지역의 대학이 아주 좋은 대학이라고 자부심을 가지는 것을 보면 부러웠다. 이러한 애향심이 우리의 지역주의/지역감정과 달리 미국 전체의 문제일 때는 대개 지역을 포기하고 애국심으로 단결되는 것 또한 부러웠다.

1. "강남구 선진시민의식 정착운동"

- 대한민국의 대표인 서울, 서울의 "선진"인 강남구!

- 싸이의 '강남스타일'은 대히트했지만 강남의 B급 문화를 조롱한 노래. 이런 노래가 나올 수 없도록 강남구의 모든 것이 대한민국의 대표 "선진"지자체와 선진시민의식이 되는 것이 필요.

- 선진시민의식을 의한 교육은 학교교육도 중요하지만 미디어/정보교육, 가정교육도 매우 중요

2. "사회적 자본 확충 실천운동: 대전시의 성공사례"

- 선진시민의식을 위해 사회적 자본, 특히 사이버 사회적 자본의 확충이 필요.

- 청소년 등 정보화가 엄청나게 진척되고 있는데 사회적 자본을 연구하고 실천하는 분들은 사이버 사회적 자본을 무시하는 경향이 있어 안타깝다.

3. "포항시 〈범시민 감사운동〉"

- "감사도시 포항"이라는 구호가 인상적이다. 이러한 구호는 선진시민의식 확충을 위해 매우 적절하다.

- 감사노트, 감사엽서, 감사전문 등 감사운동 실천 또한 인상적... 이러한 감사운동들이 인터넷, SNS 등 사이버 공간으로도 확대될 필요가 있다.

〈선진화 포커스〉 244호(2015. 4.13)

35. 김정은 시대 개막과 북한인권

지난 17일로 김정일의 3주기를 맞았다. 유례없는 3대 권력세습은 불안 요인을 잉태하고 있다. 북한의 불확실성은 국제적 고립을 자초한 핵개발 등 퇴행적 노선을 포기할 때만 해소될 수 있다.

북한 주민들의 삶은 여전히 피폐하기 짝이 없다. 지난 16일 통계청이 발표한 '북한 주요 통계지표'를 보면 2013년 남북 경제력 격차는 국민총소득(GNI) 기준으로 42.6배, 무역액으로는 146배 차이였다.

1인당 GNI가 한국이 2천870만 원인데 비해 북한은 138만 원에 불과했다. 북한 정권은 북한 주민이 최소한의 인간다운 삶, 최소한의 인권을 영위하는 데 필요한 기본적 수요도 충족시키지 못하고 있다.

압록강 하구의 북한 황금평 경제특구에 중국 자본 유치 실적이 '제로'이다. 이는 북한이 핵실험과 장거리 미사일 발사를 감행하자 '혈맹'이었던 중국마저 고개를 돌린 결과이다.

최근 들어서는 유엔총회 제3위원회가 북한 인권문제의 국제형사재판소(ICC) 회부를 포함한 결의안을 채택하는 등 국제사회의 대북 인권 압박도 커지고 있다. 유엔 총회의 북한 인권 결의에 이어 22일에는 유엔 안전보장이사회가 북한의 인권 상황을 정식 안건으로 상정해 논의하는 등 인권 압박도 거세지고 있다.

북한은 '혈맹'으로 불리는 중국의 시진핑 국가주석과는 여태껏 정상회담을 한 번 갖지 못할 정도로 소원해졌다. 중국을 우회한 일본과 러시아를 통한 고립 탈피도 시도해 보고 있지만 아직 어떤 실질적 진전도 보지 못하고 있는 실정이다. 올해 관계 개선 가능성을 엿보인 일본마저 최근 유엔에서 북한인권결의안 통과를 주도한 것은 북의 변신이 시급함을 말해준다.

이러한 국제적인 분위기에도 불구하고 우리 국회는 아직도 북한인권법을 통과시키지 못하고 있다. 북한 체제의 변화를 위해 북한인권법이 필요한 데 최근 물의를 일으키고 있는 신은미 씨는 어처구니없게 "진짜 인권 생각하면 북한은 다행"이라고 주장하고 있다.

우리 자신도 문제가 있었다. 정부기관이 신 씨의 저서를 권장 도서로 정하고 신씨 이야기를 홍보 동영상에 올렸었다.

김상헌 북한인권정보센터 이사장은 외신 인터뷰에서 "북한 인권 문제에 대한 한국 사회의 무관심은 끔찍할 정도"라고 했다. 이에 대해 민주평화통일자문회의 등이 중심이 되어 북한 인권에 대한 한국 사회의 무관심을 깨기 위해 노력을 하고 있다.

민주평화통일자문회의은 지난 11월 운영・상임위원 합동회의를 열고 북한인권문제 해결을 위한 '북한인권보장 촉구 결의안'을 채택했다.

민주평화통일자문회의은 결의안에서 "우리는 북한 당국이 북한 주민들이 가지는 불가침의 인권을 인정하고 이를 보호하기 위한 책임을 다할 것을 강력히 요구한다"며 "북한 당국이 유엔 인권조사위원회의 권고와 유엔 총회 제3위원회의 결의를 수용하고 이에 적극적으로 협력할 것을 촉구한다"고 밝혔다.

『부산일보』 2014. 12. 22

36. 글로벌 시대, 한국의 세계시민의식 점수?

김종훈 미래창조과학부 장관 내정자의 사퇴를 보면서 중국의 첸쉐썬(錢學森)을 떠올렸다.

첸쉐썬의 귀국 스토리는 극적이다. 첸은 1931년 자오퉁대학에 입학했다가 1934년 미국 유학을 떠난 뒤 매사추세츠공대 항공과, 항공이론학과, 항공대학원에서 공부하면서 탁월한 연구 성과로 주목받았다.

첸이 국제적 인물로 부상한 것은 중국으로 돌아가려는 긴 싸움을 시작하면서부터다.

1949년 첸은 '학문으로 조국에 봉사하겠다'며 800kg에 달하는 서적과 노트를 갖고 중국 귀환을 시도했으나 미국 연방수사국에 의해 감금됐다. 미국 해군참모차장은 '그는 5개 사단의 위력과 맞먹는다. 총살할지언정 귀국은 절대 허용할 수 없다'고 했다.

1955년 중국 정부는 미국과 협상을 벌여 한국전쟁 당시 생포한 미 조종사 11명과 교환하는 조건으로 첸의 귀국길을 열었다. 이후 첸은 중국 미사일 개발에 획기적인 공을 세우고 중국 항공우주과학 발전의 기틀을 놓았다.

미국에 있던 김종훈씨는 한국 정부의 초청을 받고 건너와 장관 내정자가 됐다가 좌절감만 안고 돌아갔다. 그는 '여러 혼란상을 보면서 조국을 위해 모든 것을 바치려던 저의 꿈도 산산조각이 났다'며 통한했다.

쇄국 심리가 한국 사회에 여전히 견고히 자리 잡고 있음을 그의 좌절이 확인해 주었다.

오히려 미국 정부가 이민자인 그를 민감한 국가 정보 업무에 참여시켰던 것과 비교하게 된다.

미국 예일대 교수 에이미 추아는 저서 <제국의 미래>에서 '외부인과 외부 것을 받아들이는 관용과 포용력이야말로 진정한 제국의 요체'라고 했다.

'진보'를 자처하는 정치인들과 미디어 포퓰리즘이 외국 인재 영입에 더 보수적인 태도를 보인다는 것이 인사청문회 과정에서 나타난 아이러니이다. 국회 인사청문회를 거쳐야 했다면 히딩크 감독도 한국 축구 역사에 없었을 것이다.

제대로 된 차이나타운이 없는 나라에서 이중 국적자 장관 임명은 애초에 가능한 일이 아니었다. 한국은 세계에서 드물게 제대로 된 차이나타운이 없는 나라다. 브라질 상파울루에도 있는 차이나타운이 중국과 가장 가까운 거리에 있는 한국에는 없다는 것은 많은 것을 시사한다.

한국에 화교가 원래 살지 않았던 것은 물론 아니다. 1950~1960년대에는 서울·부산·인천 등 국내 주요 도시마다 크고 작은 차이나타운이 있었다. 거기에는 자유중국 국기를 게양한 화교 학교도 있었으니 국내 화교 인구가 상당한 규모였음을 짐작할 수 있다. 그러나 단일민족 국가를 자랑하던 한국 사회는 외국인 거주자들에게 너그럽지 않았다. 외국인에 대한 외환거래규제법, 외국인토지소유금지령 등 한국 정부가 시행한 각종 외국인 차별 정책과 조치들은 화교 추방령과 다름없었다.

한국 경제는 선진국 문턱까지 도달했다. 세계에서 7번째로 '20-50 클럽(1인당 국민소득 2만달러, 인구 5000만명)'에 진입했고 IT

와 자동차 산업에서 세계적인 강국이 되었다. 그 배경에는 수출 드라이브로 시작된 국제화 정책이 있었음은 누구도 부인할 수 없다.

즉 개방이 초래할 위험보다 그것이 가져다 줄 기회 요소를 더 적극 수용한 결과이다.

한국 경제 개방 수준을 보여주는 단적인 징표가 증시에서 30%가 넘는 외국인 투자 비중이다.

이는 세계에서 가장 높은 수준이다.

이렇게 물질적으로 세계화 수준이 높지만 우리의 세계시민의식 점수는 매우 낮다.

한 경세학사는 100점 만점에 15점을 주고 있다. 세계화를 내세우면서 귀국 자녀들은 '왕따'시키는 현실 등이 그 이유이다.

시민의식 선진화는 세계시민의식으로 완성될 수 있다.

세계시민의식은 '가치' 측면에서는 세계 시민적 사고방식과 대한민국 국민으로서의 주체성이 필요하다. 세계화와 정보화의 변화에 대응할 수 있는 능동성과 변화지향적인 가치관을 함께 지녀야 하며 민주시민으로서의 자질을 갖추어야 한다. 세계시민의식을 위해 중고등학교 때부터 국제협력프로그램에 적극적으로 참여시킬 필요가 있다.

'태도' 측면에서는 세계 각국의 다양한 문화를 이해하고 수용할 수 있는 개방적인 태도와 실천하는 자세, 그리고 개인의 영달보다는 인류공동의 평화와 발전을 위해 일하고 노력하는 세계 민주시민 정신이 필요하다.

〈선진화포커스〉 제134호(2013. 4. 5)

37. 교학사 교과서 논란과 문화전쟁: 많은 오류 있었지만 수정 거쳐 검정 통과…채택률 제로 운동, 선택권 짓밟은 행동

역사학은 핵물리학만큼이나 위험하다고 한다. 역사가는 예기치 않게 정치가가 될 수 있기 때문이다. 일본의 위안부 망언 등으로 촉발된 주변국과의 역사 갈등에 이어 국내판 문화전쟁이 벌어지고 있다. 대한민국의 현대사를 옹호하고 북한 정권을 비판하는 교과서는 허용돼선 안 된다는 세력에 교육계가 굴복하였다. 이른바 진보 성향 역사 교과서들은 이념 문제에 앞서 사실을 사실대로 기술하지 않고 있는 듯하다. 대한민국은 기적과 같은 성공의 역사이고 북한은 세계 최악의 실패 국가다. 이처럼 명백한 사실을 왜곡했다면 교과서로서 자격이 없다.

교학사 교과서는 다른 교과서와 달리 평균보다 많은 오류가 있었던 것이 사실이다. 그러나 진보 성향의 역사단체가 공격한 상당 부분은 그 자체가 오류이거나 악의적이었다. 교학사 교과서는 여러 차례 수정을 거쳐 검정을 통과했고, 몇몇 남은 오류도 인쇄 전까지 수정할 계획이었다. 교학사 교과서 집필진이 소속된 한국현대사학회는 지난 5일 성명을 내고 "전교조 등 좌파 진영이 전체주의적인 선동과 압박으로 학교의 자율적 선택권을 무력화하고 있다"고 주장했다. 교학사는 "위안부 할머니 관련 기술에서 표현이 잘못된 부분은 깊이 반성하고 바로잡을 것"이라면서 "우리 교과서를 채택한 학교 명단을 공개해 마녀사냥식으로 불채택 운동을 벌이는 단체에 대해선 법적 대응을 검토하겠다"고 말했다.

교학사 외 7종의 교과서 그 어디에도 북한에 의해 자행된 천안함 폭침 사건, 아웅산 테러, KAL기 폭파사건은 언급되어 있지 않다. 일부 좌편향 교과서에는 미군은 점령군, 소련군은 해방군, 이승만과 박정희는 친일파, 김일성은 독립투사라는 식으로 서술해 대한민국 건국의 의미를 퇴색시키고 있다. 유엔에서 대한민국 정부가 한반도에서 유일한 합법정부라고 선언을 하고 있는데, 우리의 역사를 민족해방 투쟁의 연장선상에서 바라보는 것은 분명 문제가 있다. 북한은 식민지에서 해방된 완전한 자주국이고, 남한은 미국이 친일파와 친미주의자들을 모아서 만든 반식민지국가라고 보는 게 옳은가. 그러면 북한의 핵은 민족적 성취가 되는 것인가.

교학사 교과서에 대한 부당한 공격은 선택권을 짓밟았다는 점에서 비판받아 마땅하다. 교육부는 지난 8일 "20개 학교의 교과서 변경 과정을 이틀간 조사한 결과 일부 학교에서 시민단체나 교원단체의 항의 방문, 시위, 조직적인 항의 전화 등이 결정 번복에 영향을 미친 것으로 나타났다"며 "학교 관계자들은 시민단체의 일방적인 매도로 인해 부담감을 느꼈으며 학교가 혼란스러워질까봐 교과서를 바꿨다고 진술했다"고 밝혔다. 자신과 관점이 다르다고 해서 '교학사 교과서 채택률 제로 운동'을 전개한 전국교직원노동조합은 민주적이라고 할 수 없다. 이런 부당한 외압에 대해서는 법적 조치를 불사하는 적극적이고 단호한 대응이 절실하다고 본다.

현대사의 주역들이 서로 갈등하는 나라에서 검정 교과서가 좌편향으로 획일화되거나, 역사적 균형감이 없는 교사들이 국사를 가르친다면 국가의 미래는 우려스러울 수밖에 없다. 자칫 편향된 국사교육으로 인해 대한민국의 정체성 정립은커녕 최소한의 애국심, 자긍심 확립으로 이어지지 못할 수도 있는 것이다.

역사학자 E H 카는 "역사란 과거와 현재의 끊임없는 대화, 나아가 미래 목적과 하는 대화"라고 하였다. 일본의 우익 교과서나 중국의 동북공정을 보면 분명히 그렇다. 우리는 역사 교육을 통해 어떤 미래를 준비하는가. 우리는 지금 정치적으로 과잉 독재 후에 과잉 민주화, 경제적으로 과잉 성장 후에 과잉 복지, 사회문화적으로 과잉 획일화에서 과잉 다원화로 갈등을 겪고 있다.

교육부는 이미 금성사 국사 교과서 때문에 우리 사회에서 역사학자, 역사 교사들이 어떤 입장에 서 있음을 잘 알고 있었다. 교학사 교과서의 사실관계 오류는 수정하면 되지만 역사관은 정확하다. 역사에는 정의가 있기 전에 진실이 있다. 정의는 "누구의 피, 고통, 감정인가"에 의해 버전이 달라질 수 있지만 진실은 '참'에 대한 존중심 하나로 모아진다. 우리는 에릭 홉스봄이 "역사학이 핵물리학만큼이나 위험하다. 모든 역사가는 예기치 않게 정치가가 되기 때문이다"라고 한 지적을 명심해야 한다.

『국제신문』 2014. 1. 14

38. "저는 인턴 이순재입니다"

이순재 "어르신"이 TV보험광고에 나와 "저는 인턴 이순재입니다"라고 하는 장면을 보면 얼마 전에 본 영화 <인턴(The Intern)>이 생각난다. 동서대 평생교육원에서는 실버대학을 "어르신대학"이라고 한다. <인턴>은 "어르신"들의 삶을 그린 실버영화이다. 대부분의 영화에서 노인들은 주인공보다는 부모, 시부모, 할아버지, 할머니와 같은 주변 인물로 등장하나 실버영화는 노인들이 주인공으로 나온다.

유명한 실버영화로는 버킷 리스트(The Bucket List)> <오슬로의 이상한 밤(O' Horten)> <철의 여인(The Iron Lady)> <어웨이 프럼 허(Away From Her)> <우리도 사랑한다(Wolke 9)> <라벤더의 연인들(Ladies In Lavender)> <내 슬픈 창녀들의 추억(Memoria de mis putas tristes)> <베스트 엑조틱 메리골드 호텔(The Best Exotic Marigold Hotel)> <밀리언 달러 베이비(Million Dollar Baby)> <우리 의사 선생님(ディア・ドクター)> <영원히 멈추지 않을 로큰롤 인생(Young@Heart)> <업(Up)> <라스트베가스(Last Vegas)> 등이 있다. 한국 영화로는 <까불지 마> <마파도> <무도리> <죽어도 좋아> <그대를 사랑합니다> <시> 등이 실버영화라고 할 수 있다.

<인턴>은 특이하게 노년 직업을 보여주는데 주인공이 수트 입은 70세 인턴 '로버트 드 니로'이다. 그는 현재의 삶에 지루함을 느끼고 자신이 "살아있다"는 것을 느끼고 싶어 한다. 집에 혼자 있는 것부터 시작해서 자신의 삶에 행복을 느끼지 못하고 있다.

여주인공은 <악마는 프라다를 입는다>로 유명한 '앤 해서웨이'가 "프라다 입은 악마를 벗어난다." 패션회사 창업 1년 반 만에 직원 220명의 성공신화를 이룬 '앤 해서웨이'의 패션센스, 업무를 위해 사무실에서도 끊임없는 체력관리... 그녀는 야근하는 직원까지 챙겨주고 고객을 위해 박스포장까지 직접 하는 열정적인 30세 여성 CEO이다. 그녀는 수십 년 직장생활에서 비롯된 노하우와 나이만큼 풍부한 인생경험이 무기인 만능 70세의 '로버트 드 니로'를 인턴으로 채용한다. 그는 엄청난 인기를 끌게 되는데 이유는 현명하게 대

처를 할 수 있는 방법을 알고 있기 때문이다.

<인턴>은 재미있고 인상적인 영화다. 또한 아름답고 사랑스러운 영화다. 예쁘게 꾸며진 회사, 공원, 도시의 거리 등 장면 한 컷 한 컷, 영상미가 정말 좋고 OST도 적재적소에 잔잔하게 들어가 있다. '앤 해서웨이' It could not be more beautiful. '로버트 드 니로' It could be more gentle. 주인공들의 패션센스 보는 재미도 있다. 풍부한 인생경험의 '로버트 드 니로'가 '앤 해서웨이'에게 해 주는 말들이 하나하나 교훈적으로 다가오고 행복과 힐링이 되는 영화다.

39. "야구는 자본주의적일지 모르지만 민주주의적이라고 할 수는 없다"

얼마 전 한 야구해설위원이 "야구는 자본주의적일지 모르지만 민주주의적이라고 할 수는 없다"라고 했다. 야구가 돈이 많이 드는 운동이고 투수 개인에게 의존하는 점이 강하기 때문에 자본주의적이라고 할 수 있다. 그러나 "민주주의가 아니다"라고 한 것은 민주주의를 잘 몰라서 하는 이야기이다. 민주주의는 자유와 평등을 함께 강조하는 데 민주주의가 평등만을 이야기하는 것처럼 그 해설위원은 잘못 이해하고 있다. 그리고 자본주의의 반대가 민주주의가 아니다.

민주주의를 이야기할 때 흔히 'of the people', 'by the peple' 그리고 'for the people' 세 가지를 이야기한다. 민주주의를 'of the people'라고 할 때 민주주의의 반대는 국가주의('of the state')이다.

제2차세계대전은 'of the state'를 내세운 독일, 이태리 그리고 일본을 'of the people'를 내세운 소련과 연합국들이 이긴 전쟁이다. 그래서 제2차세계대전 이후 중공(中華人民共和國, The People's Republic of China), 북한(朝鮮民主主義人民共和國, Democratic People's Republic of Korea) 등도 모두 'people'의 공화국이라고 한다. 공화제는 원래 군주제의 반대 개념으로 어느 국가의 대표가 군주가 아닌 제도이다. 대통령제가 그 예이다. 영국의 입헌군주제는 군주제이지만 민주정치를 하는 경우이다.

민주정치란 민주주의의 'for the people'를 강조한 용어이다. '국민을 위한 정치'는 국민의 행복을 위해 나랏일을 해야 한다는 뜻이다. 민주주의를 'for the people'로 이해할 때 민주주의와 민주정치, 민주화(민주주의의 발전)와 정치발전을 동일시하게 이해한다.

"인간은 정치적 동물이다"라는 명제는 "인간은 함께 더불어 살아야 행복하다"는 뜻이라고 한다. 정치를 기술적으로 정의(定意)하면 "함께 더불어 사는 기술이다." 또 다른 정치에 대한 유명한 정의는 "한정된 자원에 대한 권위적 배분(과정)"이다. 이렇듯 정치는 쉬운 일이 아니면서 또한 정치는 매우 공익적이고 긍정적이다. 그러나 정치가 많은 사람들에게 부정적으로 인식되는 이유는 두 가지가 있다. 첫째, 정치는 얻어지는 이익은 한참 후에 나타나고 담당할 부담은 당장이기 때문이다. 세금은 당장 내기 싫고 세금에 의해 얻어지는 복지는 한참 후에 나타난다. 둘째, 정치를 담당하는 자, 정치인들이 정치를 공익을 위해서 정치를 하는 것이 아니고 사익을 위해서 정치를 하기 때문이다. 아마도 두 번째 이유가 정치 불신에 대한 더 큰 이유일 것이다. 그래도 정치란 원래 공익적이고 중요한 것이기 때문에 정치와 정치인을 비판하되 정치에 계속 관심을 갖는 것이 중요하다.

민주주의의 발전, 정치발전, 정치개혁의 방법은 사익이 아니고 공익을 위해서 정치를 하게 첫째 인물을 바꾸고 둘째 제도와 구조를 바꾸고 셋째 교육을 통해 문화를 바꾸는 것이다. 그리고 이러한 세 가지가 모두 같이 추진되어야 한다.

민주주의의 'by the people'은 직접민주주의, 간접민주주의 등 대의제(代議制)의 문제이다. 사회가 복잡하고 인구가 늘어남에 따라 모든 사람들이 모여 결정할 수 없게 되자 대표자를 뽑게 되어 의회민주주의, 선거민주주의, 정당민주주의 등의 개념들이 나오게 된다. 그리고 정보화의 진척으로 미디어와 뉴미디어가 정당 역할의 많은 부분을 대신하게 되는 것이 현대사회의 특징이다. 선출직의 임기 4년, 5년 동안 정치를 잘 못하면 정치인이나 그 정치인이 속한 정당에 투표 안 하면 된다. 그러나 임기 중간에 너무 잘 못하면 직접민주주의적 요소들, 주민소환, 주민발안 등을 간접민주주의에 가미하는 것을 '참여민주주의'라고 한다. 인터넷, sns 등의 발달로 참여민주주의의 기제(mechanism)는 발달했지만 참여민주주의는 기본적으로 '선출되지 않는 권력'이기 때문에 의회민주주의의 보조 수단으로 의회민주주의와 같이 발전되어야 한다.

이상에서 살펴 본 것과 같이 '민주주의란 인류가 만들어 낸 최고의 정치제도'라고 평가되고 있다. 그러나 고대 그리스 폴리스(polis)의 정치를 고찰한 플라톤과 아리스토텔레스가 『국가론 : Politeia』과 『정치학 : Politica』에서 '민주제의 타락한 정체(政體)'를 중우정치(衆愚政治, mobocracy)라고 비판했듯이 민주주의는 고대 그리스

시대의 아테네나 한참 후의 미국에서나 가능한 것이지 인류 역사상 성공한 경우가 적다는 비판도 있다. 그러나 민주주의나 민주정치는 '모' 아니면 '도' 식으로 절대적인 것이 아니고 상대적인 것이다. 그리고 독재정치나 공산주의와 달리 민주주의와 자본주의는 탄력서이 있다는 점이 중요하다.

40. '보이지 않는 손'

자본주의는 반대는 무엇인가를 설명하기 위해 자유주의와 진보주의를 이해해야 한다. 사회현상에 대한 기본적인 이해를 기준으로 자유주의외 진보주의로 나눈다. 자유주의는 사회를 구성하고 있는 개인, 기업, 국가 등은 가만히 놔두면 "저절로" 안정과 균형을 이룬다고 보는 시각이다. 예를 들어, A라는 사람이 기막힌 제품을 만들어/찾아 팔면 B와 C도 마찬가지로 하기 때문에 셋의 부는 비슷해진다. A 국가가 힘이 커지면 B와 C 국가가 힘을 합처 견제하기 때문에 결국 세 나라의 힘이 비슷해진다는 생각이다. "저절로"가 A. Smith의 '보이지 않는 손'이다. 이것이 수요와 공급의 시장 기제(mechanism)이다. 이러한 시각에서 사유재산과 자유로운 경쟁을 강조한다. 이것이 '자본주의'이다,

진보주의는 반대로 사회를 구성하고 있는 개인, 기업, 국가 등이 가지고 있는 부(富)를 포함 power는 항상 하나나 둘에 집중된다고 보는 시각이다. 그래서 여기서는 불균형과 불평등을 고치기 위해 '보이는 손'(개입)이 필요하다고 보고 시장이 아니고 국가의 역할이

강조된다. 불균형과 불평등이 있으면 안 되는 병원, 교육, 교통 등은 될 수 있으면 국가나 공공기관에 둔다는 것이 '사회주의'이고 이러한 불균형과 불평등을 처음부터 없애기 위해 공동 생산하고 공동 분배한다는 것이 '공산주의'이다.

Max Weber에 의하면 자유주의와 진보주의는 이상형(ideal type)이고 현실은 그 중간의 혼합형(real type)으로 나타난다고 한다. 공산주의는 생산성과 탄력성에서 실패했지만 자본주의는 오히려 사회주의적인 요소를 받아들여 수정자본주의나 사회민주주의 등으로 변화하고 성공하였다. 지유주의와 진보주의는 정책적으로는 정부의 시장개입 여부/정도에 따라 시장경제와 계획경제로 나눌 수 있고 민주주의의 관점에서 자유민주주의, 사회민주주의, 인민민주주의 등으로 나눌 수 있다.

대한민국은 건국의 시기를 걸쳐 근대화, 민주화, 그리고 선진화 단계로 발전해 왔다. 선진화도 이제는 새로운 '선진화 2.0'이 필요한 시기가 되었다. 이러한 관점에서 최근 많이 논의되고 있는 착한 선진화도 이해될 수 있다.

착한 선진화는 지속가능한 성장(sustainable development) 개념과 맥을 같이 하고 있다고 생각된다. 조그만 호수에서 몇 사람이 낚시를 하면 그 호수의 자정 능력에 의해 호수는 깨끗함을 유지할 수 있다. 그러나 많은 사람이 낚시를 하고 호수 주변에 음식점들도 생기면 이 호수는 완전히 더러워진다. 이 호수가 상징하는 것이 '지구'(earth)다.

지속가능한 성장과 비슷한 개념들로는 인간적인 세계화

(globalization with a human face), 성찰적 근대화(reflexive modernization), 사회자본주의 등이 있다. 성찰적 근대화를 주장한 울리히 벡(Ulrich Beck)은 정보화의 미래가 황금빛 '정보사회'가 아닌 '위험사회'도 될 수 있다고 지적하며 앞으로만 밀어붙이는 근대화가 아닌 뒤도 돌아보는 성찰적 근대화가 필요하다고 이야기한다.

자본주의는 기업에 투자한 주주가 돈을 버는 주주자본주의로 출발하였지만 지금은 주주뿐만 아니라 그 기업이 속한 공동체도 함께 번영할 수 있는 사회자본주의가 되어야 한다는 견해가 나오고 있다. 그러나 자본주의의 비판으로서 사회주의가 대안이 될 수는 없다. 사회주의보다는 지속가능한 발전이 좋은 대안이다.

자본주의(시장경제)와 사회주의(계획경제)의 중간이 아닌 자본주의를 원칙으로 하고 사회적인 요소를 조금 보완하는 정도가 바람직하다. 사회적 경제, 사회적 기업, 공유경제, 협동조합, 경제민주화 등 모두 상기 원칙으로 운용되어야 할 것이다. 지나친 사회주의적 시도들이 여지없이 실패한 예들은 무수히 많다. 착한 선진화도 이러한 원칙으로 논의되고 적용되어야 "진정한" 착한 선진화가 될 수 있다.

최근 우리의 학생 등 젊은이들이 정치에 무관심한 경향이 있지만 우리 국민들은 일반적으로 정치에 관심이 많은 편이다. 우리가 격동하는 현대사를 가졌기 때문일 것이다. 그러나 정보화의 진전과 포퓰리즘으로 정치적 관심이 극단적으로 표출되고 분열되는 경향이 있다. 이러한 점은 분단된 조국과 3대 세습독재의 북한 때문에 불가피한 면이 있는 것도 현실이다.

한국의 민주주의의 발전을 위해 몇 가지를 제언하기 전에 우리는 기분 나쁘지만 외국인들이 우리의 정치발전을 긍정적으로 이야기한 두 가지를 소개하겠다. 첫째, 우리는 두 번의 정권교체를 이룩하였다. 둘째, 중남미와 동남아의 많은 나라들과 달리 우리는 성공적으로 정치과정에서 군대를 제거시켰다고 한다. 결론적으로 이야기하면, 우리는 잘못된 우리 교육이라고 하지만 (물론 우리 교육의 부정적인 면이 많다) 산업화와 민주화, 모두 우리의 교육 덕이라고 생각한다.

한국의 민주주의의 발전을 위해 몇 가지를 제언하겠다. 첫째, Gregory Henderson의 저서, *Politics of Vortex*에서 지적했듯이 한국의 정치문화는 소용돌이치는 극히 중앙집권적인 정치문화이다. 분단된 조국과 3대 세습독재 의 북한을 고려하더라도 대통령제는 우리에게 맞지 않다. 둘째, “국회를 폐쇄하라! 국회의원 수를 반으로 줄여라!”라고 하지만 국회의원 특권은 줄이되 국회의 정책능력을 늘려야 한다. 셋째, 국회와 선거의 비민주성의 출발은 정당의 비민주성에 나오는 것들이 많다. 인사와 예산의 비민주성! 정당도 공인된 회계법인의 감사를 받아야 한다. 넷째, 소선거구제에도 불구하고 아주 조금씩 지역주의가 타파되고 있지만 중대선거구로 바꾸어야 한다. 이러한 것 등을 결정할 중앙선거관리위원회는 제4부로 독립해야 한다. 다섯째, 통일된 대한민국은 어느 시기를 지난 후 사회민주주의를 채택하게 되겠지만 지금은 분단된 조국과 3대 세습독재의 북한을 고려하여 시장경제와 자유민주주의 원칙을 고수해야 한다.

41. "퍼주기"

통일/통합(integration)의 방법은 세 가지가 있다. 첫째 기능주의는 경제, 문화 등 '비정치적인' 것들로 통합을 추진하면 파급효과에 의해 '정치적인' 것들도 통합의 방향으로 간다는 접근법이다. 남북경제교류, 스포츠교류 등을 하다 보면 신뢰가 쌓여 군축 등 정치적인 문제도 풀려 갈 수 있다고 보는 접근법이다. 둘째 연방주의는 '정치적인' 문제를 먼저 해결하면 '비정치적인' 문제들도 쉽게 해결된다고 보는 접근법이다. 대표적인 예가 연방주의를 채택한 United States of America이다. 셋째 신기능주의는 기능주의와 연방주의를 합친 접근법이다. 남북경제교류, 스포츠교류 등 기능주의적인 조치로 남북관계가 발전하다 어느 순간 정체되면 연방주의적인 조치인 남북고위당국자회담 등을 추진해야 남북관계가 계속 진척될 수 있다. 이것이 신기능주의이다.

소위 "퍼주기"라는 김대중 정부의 화해협력정책(포용정책, 햇볕정책)은 기능주의적인 방식으로 처음에는 필요하지만 나중에는 신기능주의 방식인 '상호주의'로 넘어가야 한다. 강경정책으로 평가되는 이명박 정부의 대북정책이 상호주의 방식이라고 볼 수 있다. 김대중 정부에서 시작된 협력정책의 잘못된 점은 두 가지가 있다. 첫째 지원된 물품이 제대로 북한의 민간인들에게 전달되었는지 검증이 안 되었다. 둘째 금강산관광비의 일부와 개성공단임금 전부가 달러로 전달되어 북한 독재정권의 비자금(핵무기 개발비 등)으로 되었다.

박근혜 대통령은 튼튼한 국방력과 국제협력을 바탕으로 대한민국의 주권과 안전을 확실히 확보하고 일관되게 한반도 신뢰프로세스를 통해 행복한 통일을 지향하고 있다. 지금 우리가 처한 안보 상황이 너무도 엄중하여 북한 핵에 대한 확실한 억지력을 갖추어야 한다. 김정은이 권력을 잡은 이후 북한 체제의 불확실성은 어느 때보다 커졌다. 미국은 물론 중국에서도 북 급변 사태 가능성이 공공연하게 거론될 정도다. 한반도 신뢰프로세스는 일종의 균형 정책이다. 균형정책은 중간적 입장을 취하는 것이 아니라 강경할 때는 강경하게, 유화적일 때는 유화적으로 한다는 입장이다.

한미 양국은 강력한 대북제재와 고고도 미사일방어체계 사드(THAAD)의 주한미군 배치를 결정하였다. 한미양국은 북한의 도발에 대비해 전략적 자산 추가배치나 핵우산의 실효성 증대 등을 통해 북한뿐 아니라 중국을 함께 압박할 가능성이 매우 높아졌다. 북핵은 중국에 있어 '주변지역의 불안정을 야기하는 불편한 문제이자 중국의 지도력을 훼손하는 불쾌한 문제'이지만 한국에는 '죽고 사는 문제'이다. 사드가 배치될 경우 수반되는 X-밴드 레이더의 탐지거리를 두고 중국이 "한국은 신중하라"고 경고하는 것은 형평성을 무시한 대국논리일 수밖에 없다. 정부는 이런 시비에 대해 애초부터 안보주권 논리로 대응했어야 했다.

미국은 지금까지 한국에 핵우산을 제공해주고 대신 한국의 핵무장은 물론 핵확산금지조약(NPT)이 금지하지 않는 농축과 재처리까지 만류하는 반(反)확산 정책을 펼쳐왔다. 그러나 북한이 실제로 핵을 사용하지 않는 상태에서도 '핵 그림자'를 앞세우고 도발을 일삼거나 남북관계를 지배하려고 한다. 한미동맹차원에서는 한국의 안보와 외교 입지를 강화하기 위해 유럽식 전술핵 재반입, 핵잠수

함의 동해 상시 배치, 자동개입 조항과 핵우산 공약을 포함하는 방향으로의 동맹조약 개정 등을 추진해야 한다. 그리고 사드의 배치가 동맹협력의 새로운 패러다임을 정립하기 위한 유의미한 시작이 될 수 있다.

북한은 유례없는 3대 권력세습은 불안 요인을 잉태하고 있다. 북한의 불확실성은 국제적 고립을 자초한 핵개발 등 퇴행적 노선을 포기할 때만 해소될 수 있다. 지난 해 8월 목함지뢰 도발로 야기된 위기상황에서 우리 국민들의 일치된 단결에 북한이 굴복했듯이 현 상황 역시 국민들의 단합이 가장 중요하다.

한반노 신뢰프로세스가 성공하고 '통일 대박'이 되기 위해서는 우선 통일이 북한에도 대박이라는 것을 설득해야 한다. 그리고 통일에 무관심한 우리의 청소년들에게 그들에게 통일이 대박이 될 것이고 청소년들에게 통일이 더욱 절실한 것이라는 것을 설득하고 교육해야 한다.

42. "제한된 자원의 권위적 배분과정"

정치와 민주주의은 원래 조용한 것이 아니다. 하지만 20대 국회는 '친노패권'이니, '진박'이니? 하는 비아냥은 나오지 말기를 바란다. 정파 간의 대결이 정책 발전, 그리고 국가발전을 위한 시너지로 되는 건전한 경쟁이 되기를 국민들은 바라고 있다. 이것이 특히 젊은 유권자들이 바라는 '새정치'가 아닐까?

정치란 "제한된 자원의 권위적 배분과정"으로서 원래 공익적이고 긍정적인데 정치를 부정적으로 보게 되는 가장 큰 이유는 정치를 담당하는 위정자들이 공익이 아닌 사익을 위해 정치를 하기 때문이다. 그럼에도 불구하고 정치는 중요한 것이기 때문에 정치와 정치인들을 비판하데 정치무관심은 안 된다. 선거에 참여하여 공익을 위한 20대 국회가 되도록 바꾸어야 한다.

'새정치'를 위해 필요한 정치 변화는 우선 올바른 정치 문화와 민주시민교육이다. 두 번째로 정치인들이 공익을 위해 정치를 하도록 법과 제도를 갖추는 것이다. 마지막으로 공익을 위해 일하는 선출직을 뽑는 것이다. 이러한 세 가지가 함께 이루어져야 우리는 '새정치'를 가질 수 있다.

마지막으로 20대 국회의 한국 정치는 진정한 의미의 삼권분립이 되기 바란다. 삼권분립은 국가권력의 작용을 입법 · 행정 · 사법의 셋으로 나누어 각각 별개의 기관에 이것을 분담시켜 상호간 견제 · 균형을 유지시킴으로서 국가권력의 집중과 남용을 방지하려는 원리이다. 그러나 우리는 권력의 분리(separation of powers)는 강조하지만 견제와 균형(checks and balances) 은 쉽게 잊고 있다. 정당민주주의와 의회민주주의가 발전되지 못한 상태에서 "국회의원을 반으로 줄여라!" "국회를 없애라!" 등의 구호가 나오고 있지만 현대국가의 초대형 행정부에 맞서기 위해서는 국회의원의 특권은 줄이데 국회의 정책개발 능력은 오히려 확대해야 한다.

43. '선출되지 않은 권력'

SNS 등 뉴미디어가 갖고 있는 쌍방향·다채널의 특성을 잘 활용하면 간접민주주의(代議制)의 약점을 보완할 수 있다. 정책결정 과정에서 다수 유권자의 뜻이 배제되거나 왜곡될 수 있다는 점이 대의제의 허점이라고 한다면 뉴미디어가 활성화할 경우 직접민주주의 방식의 참여민주주의의가 살아날 수 있다는 뜻이다. 인터넷 등의 발달로 인해 시민사회가 요구하는 기제(mechanism)가 향상됐다. 그러나 참여민주주의를 주도하는 주체가 누구인지, 과연 어느 정도 국민의 대표성을 가지는지, 그리고 그 기제가 어떻게 선택되는지 등의 문제를 남긴다. 미디어는 그 역할의 비중에도 불구하고 '선출되지 않은 권력'이라는 한계를 안고 있기 때문이다. 의회와 정당은 선거를 통해 선발된 시민의 대표자로 구성되지만 미디어는 대표성이 모호하다(이홍종, 2003: 191).

결국 미디어민주주의나 뉴미디어민주주의로 이뤄지는 참여민주주의는 대표성 문제나 모호한 책임 등으로 인해 간접민주주의의 '보완' 기능을 할 수 있겠지만 완전한 '대체'수단이 될 수는 없다. 매스미디어와 달리 뉴미디어는 컴퓨터나 통신기술의 발전으로 신문이나 TV에 이어 새롭게 등장한 정보매체를 일컫는다. 쌍방향·다채널의 특성을 가진 인터넷(internet), SNS(Social Networking Service) 등이 대표적인 뉴미디어로 꼽힌다.

대표적인 뉴미디어인 인터넷과 SNS는 미국은 물론 한국의 정치과정에 큰 변화를 초래하고 있다. 인터넷과 SNS는 이미 선거운동의 주요 수단으로 활용되고 있다. 미국에서는 오마바 대통령이 SNS

를 선거캠페인에 잘 활용한 대표적 사례로 꼽힌다. 오바마의 선거 자금 대부분은 인터넷을 통한 소액 기부로 이뤄졌다. 2016년 미국 대선에서 트럼프의 돌풍도 긍정적이든 부정적이든 모두 SNS 덕분이다.

한국에서 처음 인터넷을 활용한 선거는 2002년 대통령선거, 그리고 SNS가 본격적으로 활용되기 시작한 선거는 2010년 지방선거로 평가되고 있다. 선거에서 뉴미디어의 역할이 갈수록 증대되면서 선거홍보 등을 위한 초기단계의 용도에서 벗어나 향후 인터넷과 SNS에 의한 쌍방향 소통과 인간관계의 확장을 통해 실질적인 민주주의의 발전에 기여할 것으로 기대된다.

뉴미디어의 등장으로 유권자 중심의 선거과정이 전개되면서 선거운동 주체 또한 정당과 후보자에서 유권자로 점차 이동하는 현상이 나타나고 있다. 정당의 후보선출, 선거공약 수립 그리고 후보자 홍보 등 모든 선거과정에서 유권자의 목소리가 점차 커지고 있다. 이런 맥락에서 볼 때 뉴미디어민주주의는 소통정치를 위한 출발점이며 이를 완성하는 것은 남겨진 숙제라 할 수 있다.

정치인들이 인터넷과 SNS를 활용하는 목적은 기본적으로 자신의 정치적 활동을 홍보하려는 것이며 궁극적 목표는 선거에서 승리하는 것이다. 최근 빅데이터 분석을 통한 정치적 여론 동향 등을 파악하는 일 또한 선거운동 수단으로서 그 역할이 증대되고 있다. 뉴미디어가 초기 단계에서는 주로 선거운동 등을 위한 목적으로 활용되겠지만 SNS 등을 통한 쌍방향 소통과 인간관계의 확장은 '참여민주주의'의 발전에 기여할 것으로 기대된다.

인터넷 등의 발달로 시민사회가 정치 참여에 필요한 기제

(mechanism)가 향상되었다고 볼 수 있다. 이는 선거를 통해 권한을 위임하던 예전의 단순한 유권자가 아니라 직접 의견을 표출하고 관철할 수 있는 발언자가 되었다는 뜻이다. 뉴미디어가 갖고 있는 쌍방향·다채널의 특성을 잘 활용하면 유권자의 의사가 왜곡될 수 있는 대의(代議)민주주의의 약점을 보완하면서 '참여민주주의'가 가능해진다. 뉴미디어 시대의 정치 환경과 시민의 특성을 고려할 때 '참여민주주의' 모델이 시대적 특성과 가장 친화성이 높은 민주주의 유형임에 틀림없다.

그러나 뉴미디어는 어디까지나 '선출되지 않는 권력'이라는 사실을 간과할 수 없다. 사회관계망을 통해 여론을 직접 형성한나는 점에서 뉴미디어는 참여민주주의를 지탱하는 기능을 일부 떠맡겠지만 대표성 문제나 익명성에 수반되는 책임 소재 등에서 한계를 지닐 수밖에 없다. 의회와 정당이 선거를 통해 선발된 시민의 대표자로 구성되지만 미디어는 이 같은 대표성이 뒷받침되지 않는다는 점이 뉴미디어의 한계를 상징적으로 보여주고 있다. 헌법재판소가 선거운동 기간 중 인터넷 실명제를 의무화한 공직선거법 규정에 대해 2015년 7월 '합헌' 결정을 내린 것도 뉴미디어의 책임성을 강조한 결정이라 하겠다.[119] 포털 뉴스의 공정성을 둘러싼 정치권의 논란 또한 뉴미디어가 안고 있는 책임의 한계를 드러내고 있다.[120]

---

119 http://www.seoul.co.kr/news/newsView.php?id=20150820008013(검색일 2015. 8. 21) 헌법재판소는 2015년 7월 30일 선거운동 기간 중 인터넷 실명제 의무화 규정인 공직선거법 82조 6항에 대해 '합헌' 결정을 내렸다. 그러나 국회 정치개혁특별위원회는 같은 해 8월 18일 전체회의에서 인터넷 실명제 폐지안(공직선거법 개정안)을 의결했다. 이를 계기로 국회가 헌재의 결정에 반기를 든 것이 아니냐는 해석이 나오는 등 논란이 확산됐다. 정치권에서는 이를 두고 "합헌은 아니지만 위헌도 아니다"고 주장했다.

120 http://news.kmib.co.kr/article/view.asp?arcid=0923246382&code=11121100&cp=nv (검색일 2015. 9. 22)

미디어와 뉴미디어는 이른바 '선출되지 않은 권력' 즉 대표성이 없는 권력이라는 한계를 안고 있다. 이런 점에서 미디어와 뉴미디어는 근본적으로 의회와 정당의 기능을 대체할 수는 없다. 다만 SNS와 같은 뉴미디어의 쌍방향·다채널 특성을 잘 활용하면 대의민주주의의 약점을 보완할 수 있을 것이다. 미디어와 뉴미디어를 통한 참여민주주의와 숙의민주주의(deliberative democracy)[121]가 의회, 선거, 그리고 정당 등 대의민주주의와 함께 발전해야만 진정한 민주주의가 완성될 수 있다.

44. 미국이 "이기지 못한 전쟁" "여론의 지지를 받지 못한 전쟁"인 베트남전

올리버 스톤은 미국을 역사학의 수정주의 입장에서 해석하였다. 미국 역사학은 냉전 등에 대한 해석에 관하여 전통주의와 수정주의로 양분되었다. 올리버 스톤이 감독했을 뿐만 아니라 각본을 직접

새누리당 김무성 대표는 2015년 9월 16일 "포털은 악마의 편집을 통해 진실을 호도하거나 왜곡되고 과장된 기사를 확대 재생산함으로써 '기울어진 운동장'을 만든다는 비판이 있음을 알아야 한다"고 말했다.

121 숙의민주주의는 '심의민주주의(discursive democracy)'라고도 불린다. 숙의민주주의 또는 심의민주주의란 숙의(deliberation)가 의사결정의 중심이 되는 민주주의 형식이다. 이것은 합의적(consensus) 의사결정과 다수결 원리의 요소를 모두 포함한다. 숙의민주주의에서 법을 정당화하는 가장 중요한 요건은 단순한 투표를 넘어선 실제적인 숙의라는 점에서 전통적 민주주의 이론과 다르다. 숙의민주주의는 대의민주주의와 직접민주주의 모두와 양립할 수 있다. 어떤 전문가들과 이론가들은 이 용어를, 그 구성원들이 권한을 불평등하게 배분하지 않고 법안을 실제적으로 숙의하는 대의기구들을 아우르는 데 사용한다. 반면에 다른 이론가들은 전적으로, 직접 민주주의에서 일반 시민들(lay citizens)에 의한 직접적인 의사결정을 지칭하는 데 이 용어를 사용한다. https://ko.wikipedia.org/wiki/%EC%88%99%EC%9D%98_%EB%AF%BC%EC%A3%BC%EC%A3%BC%EC%9D%98(검색일 2015. 9. 22)

쓰고 제작한 <살바도르>(1986)는 그의 수정주의적 미국 해석의 성향이 나타나기 시작한 영화라 할 수 있다. 엘살바도르의 내전은 '냉전의 산물'이라는 것이 <살바도르>의 주제이다.

미국이 "이기지 못한 전쟁" "여론의 지지를 받지 못한 전쟁"인 베트남전은 올리버 스톤이 미국사, 미국의 외교 정책을 수정주의적으로 비판하기 딱 좋은 대상이었다. 그래서 <플래튼>(1986)이 탄생하였다. 그는 베트남전이 확산되는 과정에는 군산복합체와 군산복합체의 지지를 받고 있는 대통령이 있었다고 주장한다. 올리버 스톤이 베트남전을 "베트남 편"으로 비판한 영화가 <플래튼>이라면 "미국 편"으로 비판한 영화가 <7월 4일생>(1989)이다. 그러나 올리버 스톤은 베트남전쟁도 자유를 수호하기 위한 숭고한 것이 있었다는 점을 애써 무시하고 있다.

<월 스트리트>(1987)로 올리버 스톤은 미국 자본주의 시장도 음모론으로 수정주의로 해석할 수 있다는 주장을 한다. 미국 주식 시장도 '거대한 손' 군산복합체(군수산업)에 의해 결국 움직인다고 설명하고 있다. 미국 자본의 총본산이고 미국의 경제가 어떻게 변하느냐에 따라서 세계 경제는 요동치고 영향을 받는다고도 볼 수 있다. 우리나라도 미국 주식이 어떻게 변하느냐에 따라서 한국주식도 그 영향을 받고 있는 실정이면 분명 미국이라는 나라는 세계 경제의 중심국가라는 말은 틀린 말은 아니다. 올리버 스톤은 이 영화에서 그의 수정주의적인 미국 해석을 너무 지나치게 확대한 면이 있다. 2편이라 할 수 있는 <월 스트리트: 머니 네버 슬립스 Wall Street: Money Never Sleeps>(2010)에서는 올리버 스톤의 수정주의적 경향이 약화되는 것을 알 수 있다. 사람은 나이가 들면 안정을 취

하고 싶은데 올리버 스톤도 그런 것 같다. 예전의 오리버 스톤 작품처럼 긴장감이 없다. 이 영화 <월 스트리트> 2편이 말하고자 하는 것은 시장과 정부의 실패인데 2008년 미국발 금융위기 서브프라임 사태에 대한 정확한 해석도 제대로 하지 못했다. 구조주의로 비판적이던 올리버 스톤의 "전의(戰意)"가 약해 진 것이 분명하다.

2008년 1월 20일에 있었던 영화 전문지 '버라이어티'와의 인터뷰에서 올리버 스톤 감독은 자신을 수정주의자로 단정 짓는 것을 싫어한다고 했다. "사람들이 나의 정치적 생각을 상투적인 말로 피상적으로 표현하지만 나는 사람에 흥미를 가진 극작가이며 인간으로서의 부시 대통령에 대해 카스트로나 닉슨, 짐 모리슨, 짐 개리슨, 알렉산더 대왕 처럼 감정적 공감을 갖고 있다"고 말했다.[122] 이 인터뷰는 그 자신에 대한 변명일 수 도 있고 후반부의 그의 작품 성향의 변화를 보여 주는 것일 수도 있다.

<JFK>(1991)는 올리버 스톤 감독이 수정주의적 시각에서 군산복합체를 강력히 비판한 영화이다. 존 케네디 대통령 암살 이후 미국에는 다수의 수정주의적 음모 이론이 쏟아져 나왔다. "케네디는 한 사람의 저격수에게 살해된 것이 아니다." "2001년 9월11일 테러분자들의 공격은 이스라엘과 공모한 조지 부시 행정부의 내부소행이었다." 9.11테러분자들의 공격을 미국 정부가 사전에 알았는데도 일어나도록 방치했다고 생각한다. 심지어 미국의 군산복합체가 2001년 9.11 공격을 비밀리에 조직했다고 생각한다. 사람들이 복잡하고 비극적인 여러 가지 상황에 대응하여 단순하고 쉽고 순진한

---

122 http://media.daum.net/entertain/culture/newsview?newsid=20080122094215962

(naive) 해답을 찾는 사회에서 그런 이론들이 기승을 부린다. 악이 존재한다는 불쾌한 현실 인정을 회피하기 위해 단순화를 계속하는 문화에서 수정주의가 번성한다.

올리버 스톤은 너무 음모론만을 가지고 '순진하게'(naive) 케네디 암살사건을 설명하고 있다. 한 가지 의혹을 미리 선점 해놓고 '증거' 하나 없이 그저 증거로 내세울 수 없는 '근거'만 내세워놓는 방식을 내세우고 있다. 군산복합체가 미국에서 영향력 있는 집단이지만 모든 것을 예외 없이 지배하고 있지는 않다. 다양성이라는 요소도 미국의 큰 특징이다. 수정주의가 강조하는 군산복합체가 미국 현대사나 외교사에 있어서 중요한 요소임을 인정하지만 전체를 군산복합체로만 해석하려는 것은 환원주의(reductionism)의 오류이다.

올리버 스톤은 <닉슨>(1995)에서 자기의 잣대를 닉슨에 대한 설명에 까지 무리해서 확대한다. "그들은 케네디에게선 그들이 바라는 모습을 보지만 나에게서는 자신들의 모습을 본다. 그래서 그들은 나를 싫어하는 것이다." 이 영화에 나오는 닉슨의 독백이다. 적극/소극, 긍정/부정을 가지고 미국 대통령을 위한 네 가지 조합을 만든 미국의 한 정치학자는 닉슨은 적극적이지만 부정적이어서 실패했다고 주장한다. 닉슨의 부정정적인 측면, 콤플렉스로 닉슨을 설명하기 충분한 것으로 보이는데 올리버 스톤은 닉슨에 대해 설명에 수정주의를 적용한다.

미국의 대중문화, 특히 영화에 대한 연구가 많이 이루어지고 있지만 올리버 스톤의 영화들이 미국을 수정주의적인 시각으로 본다는 점에 대한 연구는 없었다. 본 연구에서는 올리버 스톤의 많은 영화들이 수정주의적으로 미국을 보고 있다는 것을 알 수 있었다. 그러나 올리버 스톤의 모든 영화들이 미국을 수정주의적으로 미국을 보는 것은 아니었다. 그리고 이러한 경향은 올리버 스톤의 최근의 작품들에서 나타나고 있다.

45. "변화를 두려워해서는 안 된다"

리더십에 있어서 가장 알려진 양분법인 거래적 리더십(transactional leadership)과 변혁적 리더십(transformational leadership)에다 창의적 리더십(creative leadership)을 추가하여 아웅산 수지와 박근혜의 리더십을 분석하였다. 특히 변혁적 리더십의 대표적인 특징인 카리스마(charisma), 개별적 배려(individualized consideration), 그리고 지적 자극(intellectual stimulation) 등이 아웅산 수지와 박근혜의 리더십에 어떻게 나타나고 있는 지를 비교해 보았다.

아웅산 수지는 "변화를 두려워해서는 안 된다"라고 말한 적이 있듯이 변혁에 대한 신념과 변혁적 리더십을 가지고 있다. 아웅산 수지는 또한 카리스마에 필요한 남다른 체력과 불굴의 정신력을 가지고 있었다. 많은 경우 정치인의 리더십은 남다른 체력과 이를 바탕으로 해서 강한 정신력을 요구한다. 강인한 체력과 정신력에 관한한 아웅산 수지는 일단 합격점을 받고 있다. 미얀마 국민들을 그녀를 "어머니"라고 부른다. 그녀를 자기 어머니처럼 존경하기 때문이다. 또 하나는 군부정권과 달리 국민의 복지와 경제를 증진시킬 수 있다고 믿기 때문이다. 리더십은 국민을 "신바람 나게" 하는 데 있다. 이를 위해서는 간혹 정치지도자의 희생과 솔선수범이 요청된다. 지도자와 대중간의 신뢰가 절대적으로 중요하다는 것인데, 이 점에 관한 한 아웅산 수지는 미얀마 국민들로부터 남다른 신뢰를 확보하고 있다.

상기한 사례는 변혁적 리더십 중 (개별적) 배려에도 해당된다고 볼 수 있다. 아웅산 수지의 글에서도 배려의 측면을 볼 수 있다. 아웅산 수지의 관점은 다음과 같이 첫째 대의정부, 둘째 민간의 군부통제, 셋째, 더 나은 교육(장학제도 포함), 넷째, 보건 의료의 확대, 다섯째 소수를 위한 연방제 형태 등이다.

아웅산 수지에게서 변혁적 리더십 중 지적 자극을 엿볼 수 있는 면은 다음과 같다. 수지는 버마의 발전에 대해 관심이 많았다. 수지는 옥스퍼드 대학에서 두 번째 문학 학사 학위를 신청했지만 통과되지 못했다. 대신에 아이들을 위한 얇은 여행 서적의 집필을 요청받아 『버마 여행하기』, 『네팔 여행하기』, 『부탄 여행하기』 등을 썼다. 1985년에 수지는 도쿄 대학의 동남아시아 학부에서 연구 지원비를 받아 공부하게 되었다. 수지는 그곳에 있는 버마 기록보관소에서 많은 시간을 보냈다. 수지는 식민지 기간에 버마 지식인과 인도지식인의 삶을 비교하는 탁월하고 흥미로운 여러 편의 논문을 썼다. 이 논문들은 똑 같은 나라의 지배를 받으면서도 왜 인도는 번성한 반면 버마는 궁핍해졌는지 이해하려는 노력의 결실이었다.

박근혜 대통령은 거래적 리더십 보다는 변혁적 리더십을 보여 주고 있다. 가장 대표적인 예는 다음과 같다. 2011년 12월 9일 홍준표 한나라당 대표가 디도스 파문을 못 이기고 사퇴하자 한나라당은 한나라당 전(前) 대표인 박근혜를 당 비상대책위원장에 선출하였다.

박근혜는 당명을 바꾸면서 당 색깔을 변화의 색깔인 빨간 색[123]으로 바꾸면서 개혁을 추진하여 2012년 4월총선에서 과반의석으로 개혁을 성공시켰다.

박근혜 대통령은 변혁적 리더십의 대표적인 특징인 카리스마(charisma), 개별적 배려(individualized consideration), 그리고 지적 자극(intellectual stimulation) 등에 있어서 카리스마과 지적 자극은 뛰어나지만 소통과 개별적 배려는 적은 편이다. 박근혜의 카리스마는 아버지의 절대적인 영향력 하에 생긴 것이다. 박근혜 대통령의 내면을 아는 사람이라면 겉모습만 보고 그녀를 판단하지 않을 것이다. 그녀는 부드러우면서도 강인한 카리스마를 가진 여성 리더이다. 박근혜 대통령은 화를 잘 내지 않기로 유명하다. 그러나 강한 카리스마가 내재되어 있는 말 한마디에 다른 의원들도 꼼짝을 못한다고 한다. 박근혜 대통령의 특성적인 리더십이 다섯 가지가 있는데 이를 우리는 '5'무(無) 리더십이라고 한다. 첫째 화를 내지 않는 것이다. 둘째 반말을 하지 않는 것이다. 셋째는 과거의 정치 지도자들처럼 '돈 봉투'를 주는 법이 없고 정성스럽게 직접 고른 선물을 준다고 한다. 넷째 눈물이 없다는 것이다. 다섯째 무(無)는 '스킨십 부족'이다.

박근혜는 창조경제를 내세워 창의적 리더십을 펼치고 있다. 세계경제도 부가가치의 창출 요소가 노동・자본(산업경제), 지식・정보(지식경제)에서 혁신적 기술과 창의적 아이디어(창조경제)로 이동하고 있다는 시대 변화를 반영하여 제기되었다. 한국은 1970년대

123 빨간 색은 소위 "빨갱이" 공산당 색으로 널리 알려져 있었다.

경제개발계획의 추진으로 산업경제 시대를 맞았다. 1990년대에는 정보화로 지식경제를 이끌었다. 정보화 계획의 추진은 한국을 세계에서 가장 앞선 디지털 경제 사회로 이끄는 데 견인차가 되었다. 하지만 그 이후의 비전을 찾지 못해 성장이 정체되고 사회 갈등이 확산되는 상황을 맞았다. 한국 사회는 새로운 전략을 필요로 하며 한국을 한 단계 도약시키는 비전이 절실하게 되었다. 그러한 요구가 창조경제로 발현된 것이다. 창조경제는 무엇보다도 지식 자산이 핵심인 경제로 전환하는 사회 변화의 비전이다. 창의적 아이디어를 창출하고(창조력), 기존 아이디어에 기술을 융·복합하여 새로운 성과를 장출하며(응용력), 창의적 아이디어나 융·복합 기술을 사업화하여(실천력), 창업이 활성화하고 중소기업과 대기업의 상생 구조가 정착되어 일자리 창출형 성장이 이루어지는 경제로 전환하는 것을 의미한다. 새로이 나타난 창조계급의 리더십이 창의적 리더십이라고 할 수 있다.

아웅산 수지와 박근혜는 여성 정치지도자라는 공통점이 있다. 그래서 두 지도자 모두 변혁적 리더십을 추구할 개연성이 있다. 그리고 글로벌 정보화 시대의 빠른 변화 때문에 두 지도자 모두 창의적 리더십을 추구할 가능성도 있다. 그러나 미얀마는 아직 민주화 과정 중에 있어 수지가 창의적 리더십을 발휘할 여지가 없다. 앞으로 미얀마가 정치적 안정을 이루면 IT가 발전한 인도와 수지의 특별한 인연으로 아웅산 수지가 창의적 리더십을 발휘할 가능성은 크다.

46. 싸이의 강남스타일과 '착한' 선진화

싸이의 강남스타일과 말춤을 빼놓고는 문화예술을 이야기를 할 수가 없는 시대가 되었다. 우리에게 놀라움과 자부심을 동시에 준 '싸이현상'이 어떻게 가능했을까? 지속적으로 성장해 온 한류의 폭발인가? 유튜브라는 첨단 대중매체가 전파하는 힘, 정보화의 힘이 이처럼 엄청나다. 오늘날 전 세계가 발달한 통신수단으로 한 동네가 된 세계화 시대에 우리들이 해야 할 일은 무엇인가? 문화예술을 세계에 수출하고 그 효과를 얻는 것이라는 데 대해서는 누구나가 인정하고 있다.

정부는 1999년 <문화 관광의 진흥>을 5대 국정지표의 하나로 선정하고 문화산업 진흥을 중요한 국가정책으로 채택하였다. 그리고 문화산업을 21세기의 새로운 국가기반 산업으로 획기적으로 육성하기 위해 <문화산업 진흥 5개년 계획>을 수립하게 되었다. 한국정부의 많은 정책에서도 문화예술의 중요성이 제기되고 있지만 특히 공연예술은 현재 문화예술의 한 장르 뿐 아니라 하나의 문화산업으로 관심을 받고 있다.

대한민국은 근대화, 민주화, 선진화, 그리고 이제는 착한 선진화의 단계로 진입하였다. 선진화가 물질적 성장을 추구한다면 착한 선진화는 물질적 성장 뿐 아니라 정신적 성장을 같이 추구하는 것이다. 착한 선진화는 문화예술의 선진화를 포함한다.

착한 선진화는 지속가능한 성장(sustainable development) 개념과 맥을 같이 하고 있다고 생각된다. 지속가능한 성장과 비슷한 개념으로 성찰적 근대화(reflexive modernization)가 있다. 성찰적 근대화를 주장한 울리히 벡(Ulrich Beck)은 성장과 정보화의 미래가 황금빛 '정보사회'가 아닌 '위험사회'도 될 수 있다고 지적하며 앞으로만 밀어붙이는 근대화가 아닌 뒤도 돌아보는 성찰적 근대화가 필요하다고 이야기한다. 선진화와 같이 하는 세계화, 그리고 정보화가 정신적 성장과 문화예술의 선진화를 포함하여야 진정한 착한 선진화가 될 수 있다.

47. 창의적 리더십으로 성장엔진 창출과 좋은 일자리 만들기로 위기를 관리하고 위기국면을 극복하여야 한다.

새 정부 출범 이후 긍정적이든 부정적이든 많은 변화가 감지된다. 대통령선거 직후인 5월 10일 여론조사를 보면 문재인 대통령이 "잘할 것 같다"라는 답변이 84%, "잘 못할 것 같다"는 10%였다. 그 평가 기준으로는 공약 이행(30%)과 국민과의 소통(27%)이 높은 순위로 꼽혔다. 권위주의를 타파하는 듯한 행보와 과감하게 여성 인력을 발탁하는 인사 등이 좋은 인상을 주고 있다. 지난 선거에서 2위와의 표 차는 역대 최다인 557만 표였지만 득표율로는 41%였다. 여당 의석수가 120석인 여소야대 구도다. 정치적 지형과 조건, 그리고 국민 여론이 급하게 변동될 확률이 적지 않다. 선거 공약은 될수록 지키는 것이 도리이지만 국정 전반의 큰 그림에서 숲을 보고 나무를 보면 이야기가 달라질 수 있다. 공공부문 일자리 81만개 창출 공약은 공공 부문의 방만한 경영과 비효율, 그리고 세금 부담까지 함께 다루는 치밀함이 필요하다. 위기관리와 지혜의 리더십은 공정한 인사와 소통과 함께 하는 변혁적 리더십과 창의적 리더십이다.

리더십에 대한 가장 유명한 분류는 거래적 리더십과 변혁적 리더십이다. 변혁적 리더십은 리더가 조직구성원의 사기를 고양시키기 위해 미래의 비전과 공동체적 사명감을 강조하고 이를 통해 조직의 장기적 목표를 달성하는 것을 핵심으로 한다. 변혁적 리더십의 이러한 점은 단기성과를 강조하고 보상으로 부하의 동기를 유발하려는 거래적 리더십과의 가장 큰 차이점이다.

거래적 리더십이 부하의 상태에서 협상과 교환을 통해 부하의 동기를 부여시키는 것이 중점이었다면 변혁적 리더십은 부하의 변화를 통해 동기를 부여하고자 한다. 그리고 거래적 리더십이 이성과 합리적인 사고에 호소한다면 변혁적 리더십은 감정과 정서에 호소하는 측면이 더 크다. 변혁적 리더십은 조직구성원들로 하여금 리더에 대한 신뢰를 갖게 하는 카리스마는 물론 조직변화의 필요성을 감지하고 그러한 변화를 이끌어 낼 수 있는 리더십이다.

변혁적 리더십은 창의적 리더십으로 발전한다. 창의적 리더십은 구성원의 동기를 유발시킬 뿐 아니라 그들로 하여금 좋은 아이디어를 찾게 해주는 리더십이다. 미래의 비전을 제시해 주고 구성원들이 비전에 맞추어 창의적인 생각을 할 수 있도록 변화의 주도자 역할을 해야 한다. 창의성과 혁신은 서로 밀접한 관계에 있고 상호작용적이다. 창의성이란 지금까지 알려지지 않은, 또는 시도되지 않은 새로운 방법이나 사고 과정을 통해 새로운 산출물을 얻거나 목표를 달성하는 능력을 말한다.

창의성에 대해 연구한 많은 학자들은 창의성을 개인과 사회의 상호작용의 결과로 본다. 창의적이라 불릴 만한 아이디어나 업적은 한 개인의 머리에서 나오는 것이 아니라 여러 조건이 어우러져서 빚어내는 상승작용의 결과로 본다. 리더가 지닌 권력은 다른 사람을 움직일 수 있는 힘이다. 따르는 사람들이 좋아하는 창조성이 있는지, 그리고 전문성과 정보성이 있는지가 권력의 기반을 형성한다. 이에 더해 현재 정보화시대에는 수평적 리더십과 다원적 소통이 필요한 시대다.

지금 제4차 산업혁명시대가 빠르게 전개되고 있다. 변혁적 리더십과 창의적 리더십으로 위기를 기회로 반전시켜야 한다. 고도의 전문성과 융합적 시각이 필요하다. 창의와 도전 정신이 중요해지는 제4자 산업혁명이 현실화되기 시작하면서 기존의 교육으로는 더 이상 학생들의 미래도 대한민국의 미래도 어렵고 기존 교육과는 전혀 다른 새로운 교육 패러다임이 필요하다. 제4차 산업혁명 시대로 전개되는 초지능·초네트워크 사회의 패러다임에 맞는 교육의 혁명적인 변화가 절실히 요청되고 있다. 창의적 리더십으로 성장엔진 창출과 좋은 일자리 만들기로 위기국면을 극복하여야 한다. 이것이 오늘날 시대가 요구하는 위기관리와 지혜의 리더십이다.

48. 국가개조의 과제와 방법

세월호 참사 이후 국가대개조를 목표로 집권2기를 시작하려던 박근혜 대통령의 구상에도 적잖은 차질이 빚어질 전망이다. 박 대통령은 지난 7월 15일 최경환 경제부총리 겸 기획재정부 장관과 이병기 국가정보원장, 최양희 미래창조과학부 장관, 김희정 여성가족

부 장관, 이기권 고용노동부 장관 등 2기 내각의 부처 장관 5명을 임명했다고 청와대가 16일 밝혔다. 이로써 박근혜정부의 제2기 내각이 불완전하게 출범했다. 정성근 문화체육관광부 장관 후보자의 전격 사퇴에다 김명수 교육부 장관 겸 사회부총리의 낙마로 각료 두 자리를 비운 채로 '개문발차'하는 모양새가 된 셈이다.

사회부총리로 지명된 황우여 의원이 청문회를 통과할 경우 관피아 척결 등의 책임을 분담할 수 있지만 강력한 리더십을 발휘할 스타일은 아니라는 평가가 많다. 황의원이 과연 ''필요하고 적합한 장관"인지 의구심이 든다. 그냥 "편한 장관"은 아닌지? 아직도 여권부터 국가대개조가 필요한 절대 절명의 위기의식이 부족하다. 나라의 수반인 대통령의 의식이 바뀌지 않는데 어찌 국가의 변화가 있을 수 있겠는가? 국가개조를 위해 대통령부터 변화를 시작해주길 간절히 소망한다.

세월호 참사가 발생한 지 두 달이 넘었다. 아직도 11명의 실종자가 칠흑 같은 바다 속에 남겨져 있다. 어린 생명을 앗아간 세월호 참사의 가장 큰 책임은 악덕기업과 그 기업주인 청해진해운과 유병언에 있다. 청해진해운은 안전수칙을 무시했을 뿐 아니라 평형수까지 줄이면서 과적할 정도로 양심 불량이었다. 세월호 참사에서 보듯이 우리 사회는 근본부터 바꿔야 하는, 환골탈태(換骨奪胎)의 혁신이 필요하다. 안으로 잘못된 관행을 과감히 철폐하여 '부패공화국' '부실공화국'의 오명을 벗어나고 밖으로는 선진국으로 가기 위한 국가 패러다임을 바꾸어야 한다.

지난 7월 8일 정홍원 국무총리가 발표한 국가개조위원회가 왜 총리 산하냐는 비판이 있다. 총리를 비롯한 행정부야말로 국가개조의 주요 대상이므로 위원회는 선출된 권력인 대통령 직속으로 설치해야 한다는 논리이다. 국가개조의 초심을 잃어선 안 된다. 서구 선진국들도 혹독한 자기혁신을 겪어 왔고 또 겪고 있다.

국기개조의 방법은? 첫째, 여야는 공직자 부정청탁금지법 원안부터 통과시키고 정부와 머리를 맞대고 구체적인 관료개혁 방안을 실천해야 한다. 둘째, 국민의식 차원에서 적어도 경제협력개발기구(OECD) 회원국 국민들이 갖고 있는 도덕성을 우리도 가져야 한다. 셋째, 민생경제의 안정과 일자리 창출로 사회통합과 복지사회의 기틀을 마련해야 한다. 넷째, 전교조에 의해 오염된 이념교육을 정상화해야 한다. 넷째, 개헌, 선거구제 개편 능 정치개혁을 이루어야 한다. 마지막으로, 국가개조, 청와대도 예외일 수 없다. 지금은 정치적 조언도 제대로 못하고 잘못된 인사에 대한 책임도 전혀 지지 않는 비서실이 되고 있다.

실종된 정치를 복원해야 한다. 국민과의 소통이 중요하다. 국민의 아픔을 해결하고 국익을 위해 헌신하고 자신을 버릴 수 있는 자세를 갖추어 국민의 마음을 얻는 것이 국가개조의 근본이다.

49. “지역 간 소통의 선진화: 어떻게 실천할 것인가?”

- 한국에서의 빈부갈등은 이념갈등, 지역갈등과 연결되어 나타나고 있다.

- 2002년 이후 지역갈등 보다 세대・이념갈등이 더 커지고 있지

만 아직도 대통령선거 등에서 지역갈등이 가장 큰 요소이다. 예를 들어, 여권에서 2017년 대통령 후보를 생각할 때 캐스팅 보트를 쥐고 있는 충청권이나 수도권 후보를 더 선호! 아마도 야권도 마찬가지!

- 지난 6.4 지방선거 부산시장선거에서 여론조사 등에서 앞서던 오거돈 후보가 결국 진 것은 지역갈등에 기반한 정당투표와 조직선거운동 덕분! 대구시장 선거도 마찬가지, 김부겸 후보가 선전으로 끝날 수밖에 없는 것!

- (지역 간 소통의) 선진화라는 '변화'를 위해서는 (1)인물, (2)제도(구조), (3)문화(교육) 세 가지 모두 바뀌어야 한다. 발제문은 특히 (3)의 관점에서 잘 정리된 글이다.

- (지역 간 소통의) 선진화라는 '변화'를 위해서는 (1)인물, (2)제도(구조), (3)문화(교육) 세 가지 모두 바뀌어야 한다. 구체적인 실천 방안이라는 점에서 (2)의 관점에서 의견을 제시한다.

- 정치적인 실천 방안: 국회의원과 지방의회 의원 선거에서 소선거구제를 폐지하고 중대선거구제로 바꾼다.

- 행정적인 실천 방안: 대한민국, 작은 나라에서 아래 중 도를 없애고(제주특별자치도는 제주특별자치시로) 도에서 하는 일을 기초단체인 시나 군에서 한다.

・ 특별시 : 서울
・ 특별자치시 : 세종특별자치시

· 광역시 : 부산, 대구, 인천, 광주, 대전, 울산
· 특별자치도 : 제주특별자치도
· 도 : 경기도, 강원도, 충청북도, 충청남도, 전라북도, 전라남도, 경상북도, 경상남도

- 경제적인 실천 방안: 상기 행정적인 실천 방안이 글로컬라이제이션(globalization+localization)의 세계적인 추세에도 맞고 경제적으로도 지역갈등을 해소시킬 수 있는 방안이다.

- 지역 간 소통을 선진화하기 위해서는 위와 같이 우선 지역갈등을 최소화시키는 것이 중요하다.

50. 중국의 사드 반대에 대해 우리는 안보주권 논리로 대응해야 한다.

북한 김정은 정권이 지난 10월 15일 한미 양국이 선제타격 징후를 보인다면 미국 본토와 태평양 일대 군사기지 그리고 우리나라를 완전 불바다, 완전 폐허로 만들겠다고 엄포를 놨다. 한국에서 핵 · 미사일 위협에 대비하기 위해 도입하는 미국의 종말단계고고도미사일방어체계(THAAD · 사드)에 대해선 “꿰진 쪽박”이라고 폄하하며 자신들의 군사 위협을 무마할 수 없을 것이라는 주장도 내놨다.

소위 ‘평화운동가’란 사람들은 사드 배치에 반대하면서도 사드 배치를 불러온 북한 핵무장에 대해서는 일언반구도 없다. 그리고 중국이 한국을 겨냥해 지린(吉林) · 산둥(山東) · 랴오닝(遙寧)성

등에 배치한 미사일에 대해서도 마찬가지이다.

사드의 한국배치는 북한의 핵과 미사일 등 대량 살상무기 도발위협에 대한 불가피한 방어수단이다. 북한 핵과 미사일 도발위협에 대한 사드배치는 국민생명과 국가안전을 위한 최선의 결단이며 생존의 선택이다. 사드가 배치될 경우 북한 사거리 3,000km급 이하 단거리 중, 장거리 미사일 체계를 요격할 수 있다. 고도 40~50km에서 북한 탄도미사일의 직접 파괴는 물론, 잠수함발사 탄도미사일(SLMB)을 요격 가능하다는 점에서 사드배치는 안보와 국익을 위한 필요한 대안이다. 물론 사드로서 충분한 것은 아니지만 우선 군사적 뿐 아니라 정치외교적으로도 필요한 조치이다.

사드배치로 인한 전자파 후유증과 관련해 미국이 괌의 미군 앤더슨 공군기지에 배치된 사드포대를 우리 국방부 관계자들과 언론에 공개했다. 전자파 측정을 실시한 결과 1.6km떨어진 곳에서 전자파 허용 기준치가 0.007%에 불과한 것으로 나타났다.

중국은 한국의 사드 배치 논의에 대해 "깊은 우려"를 표명하였다. 그러나 북핵은 중국에 있어 '주변지역의 불안정을 야기하는 불편한 문제이자 중국의 지도력을 훼손하는 불쾌한 문제'이지만 한국에는 '죽고 사는 문제'이다. 사드가 배치될 경우 수반되는 X-밴드 레이더의 탐지거리를 두고 중국이 "한국은 신중하라"고 경고하는 것은 형평성을 무시한 대국논리일 수밖에 없다. 정부는 이런 시비에 대해 안보주권 논리로 대응해야 한다.

미국은 지금까지 한국에 핵우산을 제공해주고 대신 한국의 핵무장은 물론 핵확산금지조약(NPT)이 금지하지 않는 농축과 재처리까지 만류하는 반(反)확산 정책을 펼쳐왔다. 그러나 북한이 실제로 핵을 사용하지 않는 상태에서도 '핵 그림자'를 앞세우고 도발을 일삼거나 남북관계를 지배하려고 한다.

북한의 불안정과 불확실성은 국제적 고립을 자초한 핵개발의 퇴행적 노선을 포기할 때만 해소될 수 있다. 2015년 8월 목함지뢰 도발로 야기된 위기상황에서 우리 국민들의 일치된 단결에 북한이 굴복했듯이 현재의 한반도 위기도 국민들의 단합이 가장 중요하다.

51. 20대 국회의 과제

4・13총선도 이제 3일 남았다. 새누리당의 '야당심판론'과 더불어민주당의 '정권심판론', 국민의 당의 '정치심판론'의 유세전이 한창이다. 새누리당은 국정의 발목을 잡아온 야당을 유권자들이 심판해 달라는 주장이고 더불어민주당은 박근혜정부의 경제 정책이 실패했으니 표로 응징해 달라는 것이다. 거대 양당의 낡은 정치 때문에 나라꼴이 이 모양이 됐으니 자신을 선택해 달라는 것이 국민의당의 요구다. 대한민국이 경제 침체를 벗어나지 못하고 국민들의 정치 불신이 극에 달한 원인은 야당과 현 정권에 있다는 얘기다.

4년간 과반의 다수당 지위를 유지한 여당이 국정의 책임을 야당 탓으로 돌리며 표를 달라고 하는 것이 설득력이 어느 정도 있을지 모르겠다, 하지만 제1야당의 역할을 망각한 채 수권정당의 모습을 보이지 못한 더불어민주당은 더욱 무책임하다.

공천 과정에서 벌인 추태로 인해 투표율이 19대의 54.2%보다 떨어질 것으로 우려하고 있다. 특히 여야가 텃밭으로 여긴 영・호남에서 투표를 포기하는 유권자들이 늘어날 것으로 예측된다. 그러나 투표하지 않으면 대한민국 정치는 후진성을 벗어나지 못한다. 누가 20대 국회를 담당할 올바른 위정자(爲政者)인지를 살펴보고 투표소로 가야 한다.

정치와 민주주의은 원래 조용한 것이 아니다. 하지만 20대 국회는 '친노패권'이니, '진박'이니? 하는 비아냥은 나오지 말기를 바란다. 정파 간의 대결이 정책 발전, 그리고 국가발전을 위한 시너지로 되는 건전한 경쟁이 되기를 국민들은 바라고 있다. 이것이 특히 젊은 유권자들이 바라는 '새정치'가 아닐까?

정치란 "제한된 자원의 권위적 배분과정"으로서 원래 공익적이고 긍정적인데 정치를 부정적으로 보게 되는 가장 큰 이유는 정치를 담당하는 위정자들이 공익이 아닌 사익을 위해 정치를 하기 때문이다. 그럼에도 불구하고 정치는 중요한 것이기 때문에 정치와 정치인들을 비판하데 정치무관심은 안 된다. 선거에 참여하여 공익을 위한 20대 국회가 되도록 바꾸어야 한다.

'새정치'를 위해 필요한 정치 변화는 우선 올바른 정치 문화와 민주시민교육이다. 두 번째로 정치인들이 공익을 위해 정치를 하도록 법과 제도를 갖추는 것이다. 마지막으로 공익을 위해 일하는 선출직을 뽑는 것이다. 이러한 세 가지가 함께 이루어져야 우리는 '새정치'를 가질 수 있다.

마지막으로 20대 국회의 한국 정치는 진정한 의미의 삼권분립이 되기 바란다. 삼권분립은 국가권력의 작용을 입법 · 행정 · 사법의 셋으로 나누어 각각 별개의 기관에 이것을 분담시켜 상호간 견제 · 균형을 유지시킴으로서 국가권력의 집중과 남용을 방지하려는 원리이다. 그러나 우리는 권력의 분리(separation of powers)는 강조하지만 견제와 균형(checks and balances) 은 쉽게 잊고 있다. 정당민주주의와 의회민주주의가 발전되지 못한 상태에서 "국회의원을 반으로 줄여라!" "국회를 없애라!" 등의 구호가 나오고 있지만 현대국가의 초대형 행정부에 맞서기 위해서는 국회의원의 특권은 줄이데 국회의 정책개발 능력은 오히려 확대해야 한다.

52. 최순실사태와 권력구조 개편

- 최순실사태로 권력구조 개편 적기!
- "유력한" 대선 후보들은 대통령제 선호
- "유력하지 않은" 대선 후보들은 이원집정제 선호
- 한국의 정치문화
- Gregory Henderson <Korea: the politics of vortex>
- 극히 중앙집중적인 정치문화
- 대통령제가 제왕적 대통령제로 되기 쉽다.
- 이원집정제로 권력 분점하기 어려운 정치문화
- 미국이 대통령제가 성공한 국가라고 해도 과언이 아니다.
- 분권적인 정치문화
- "50개의 국가"
- 13개주가 각각 영국으로부터 독립 시도
- 연방제의 탄력성
- 대통령과 의회의 분권과 탄력성

- 상원과 하원의 분권과 탄력성
- 일본의 정치
- 자민당=자유당+민주당
- 내각제로 책임정치
- 조그마한 혼란과 극복이 커다란 혼란과 국정공백을 미연에 방지
- 1987년 체제의 한국정치 변경 필요
- 내각제 아니면 최소한 이원집정제로 권력분산 필요
- "거리의 정치"를 국회, 정당, 선거 등 대의민주주의시스템 안으로...
- 책임정치, 법치주의, 민주주의 그리고 정치발전 필요

53. 미국의 셰일가스

미국이 셰일가스까지 생산하면서 현재 러시아를 제치고 세계제일의 원유 생산국으로 탈바꿈했다. 셰일가스 시추기술은 미국과 캐나다만이 보유하고 있어서 향후 별다른 이변이 없는 한 미국을 추월하기가 쉽지 않아 보인다. 셰일가스 생산으로 가장 타격이 큰 나라는 러시아와 중동 산유국이다. 미국이 유럽에 액화천연가스(LNG)를 수출하면서 유럽 각국이 '즐거운 비명'을 지르고 있다. 러시아에 대한 수입의존도가 줄어 '에너지 안보'가 향상되는 효과가 기대되기 때문이다. 셰일가스의 국제정치경제학은 사회구성주의로 분석될 수 있다. 셰일가스의 국제정치학을 분석하는 데 있어서 특히 행위자간의 간(間)주관적인 이해에서 연구하는 것이 필요하

다. 셰일가스의 개발에 있어서 미국의 오바마 대통령의 역할도 중요하지만 특히 러시아의 푸틴 대통령의 역할, 푸틴과 영국 등의 지도자들 간의 관계가 중요하다. 중동과 마찬가지로 극히 자원 의존형 경제구조를 가지고 있는 러시아는 국영석유회사 사장이 총리가 되는 등 에너지 정책이 매우 중요하다. 셰일가스의 개발로 "러시아와 다른 유럽 국가들"과의 '에너지레짐'이라는 정체성과 제도가 "미국과 유럽 국가들"이라는 정체성 등의 변화로 형성되고 있다. 셰일혁명은 미국, 러시아 등 유럽, 중동 등간의 국제정치경제학의 기본적 내용과 성격을 변화시키고 있다.

셰일가스(shale gas)는 미국 오바마 대통령이 '미국의 100년을 책임질 에너지'라고 언급해 주목 받은 바 있고 저탄소 에너지원으로 부각되고 있다. 본 논문은 셰일가스 산업의 동향과 전망, 파급효과, 그리고 각국 정부의 에너지 관련 정책 동향 등을 정리 분석하려고 한다. 셰일가스 혁명은 셰일가스로 유발된 21세기 에너지혁명으로 세계 석유화학산업, 자동차, 친환경대체에너지의 변화 등 향후 세계 산업구조의 재편이 포함된다. 미국, 캐나다 등이 에너지자원 강국으로 부상하고 러시아, 중동 등 자원강국으로서 힘이 약화될 것이다. 이러한 변화 속에서 러시아 등 유럽 국가들이 어떻게 셰일가스 혁명을 대처하고 있는지를 국제정치경제학 이론으로 분석하는 것이 본 논문의 연구 목적이다.

셰일가스 혁명의 에너지 산업 규모 자체가 어마어마하기 때문에 상식적으로 소규모의 중소기업이 끼어들 여지가 있다고는 상상 조차 할 수 없다. 미국이나 캐나다의 대기업이나 메이저 회사들이 보기에도 사업성도 없어서 일찌감치 버릴 수밖에 없는 분야로 알려진 셰일가스 산업에서 지금은 에너지혁명이 진행되고 있다. 셰일가스 혁명은 가까운 미래에 엄청난 후폭풍을 초래할 수도 잠재성을 가진 진행형 혁명이다. 셰일가스가 제대로 된 혁명으로 평가 받게 된 배경은 프래킹 기술의 혁신을 통해 셰일가스 생산 혁신과정과 그 지속성, 인프라의 확산 및 셰일가스 개발의 세계적인 확산에 관한 종합적인 입증의 결과이다. 현재 셰일 가스 혁명은 미국을 곧 21세기 최대 에너지 산유국으로 탈바꿈 시킬 정도로 빠르게 진행이 되고 있으며 그 여파가 중국, 러시아 등 사방으로 복제과정을 거쳐 확산되어 가는 단계이다.

54. 지속가능한 성장: 미국, 캐나다, 그리고 중국

한국은 제2차 세계대전과 한국전쟁 이후 아시아의 최빈국 중 하나였지만 지금은 세계15대 경제 강국, 선거혁명 등을 통해 민주주의를 이룬 국가, 급속한 경제성장을 이루었음에도 불구하고 빈부격차를 성공적으로 줄인 국가로서 한국의 개발 경험을 국제적으로 공유할 수 있다고 평가되고 있다. 본 논문은 국제개발협력의 주요 이슈인 지속가능한 개발 중 에너지자원 확보의 한 예로 최근 이슈가 되고 있는 셰일가스(shale gas)의 개발과 국제개발협력을 다루고 있다.

셰일에너지혁명은 현실로 나타나고 있다. 미국은 셰일가스 생산 급증으로 세계 최대의 에너지생산국으로 올라섰으며 글로벌시장에서 지배력을 강화하고 있다. 중국이 비전통적 자원 개발이라는 목표를 달성하기 위해서는 경험, 기술과 노하우를 보유한 미국과 캐나다의 도움이 필수적이다. 중국은 늘어나는 에너지 소비로 국내 공급용 에너지 확보가 절실하며 미국과 캐나다의 개발사들은 가스 공급과잉에 직면해 있다.

미국과 캐나다를 제외한 지역에서의 셰일가스 개발성공 여부는 아직까지는 불투명하다고 볼 수 있다. 중국은 매장량, 생산계획 등에도 불구하고 낮은 기술 수준, 부족한 수자원, 인프라 부족 등의 회의적인 시각이 존재하고 유럽도 셰일가스 개발이 본격적으로 추진되기는 쉽지 않다. 미국은 자국의 에너지 안보를 위해서 셰일가스 수출을 중단할 수도 있다. 이에 대비하여 에너시 협력을 강화해야 한다. 즉. 국제개발협력을 강화해야 한다. 셰일가스의 개발은 국제개발협력의 지속가능한 개발의 가장 좋은 예이고 국가 간의 개발협력이 가장 필요한 부문이다.

한국은 제2차 세계대전과 한국전쟁 이후 아시아의 최빈국 중 하나였지만 지금은 세계15대 경제 강국, 선거혁명 등을 통해 민주주의를 이룬 국가, 급속한 경제성장을 이루었음에도 불구하고 빈부격차를 성공적으로 줄인 국가로서 한국의 개발 경험을 국제적으로 공유할 수 있다고 평가되고 있다. 1991년 한국국제협력단(Korea International Cooperation Agency KOICA)의 창설로부터 시작된 한국의 ODA는 많은 성과를 거두어 왔다. ODA예산의 대폭적인 증액이 이루어지고 있고 2009년말 공여국 그룹인 개발원조위원회(OECD/DAC)에 가입하였다.[124]

124 한국국제협력단(KOICA), 『국제개발협력의 이해』 서울: 한울아카데미, 2013(2008), p. 20.

2006년 1월 한국 정부의 ODA정책 및 집행의 일관성을 높이기 위해 .국제개발협력위원회'가 출범하였다. 국제개발위원회는 국무총리실 아래 설치되었으며 한국의 국제개발협력에 관한 정책을 체계적으로 추진할 수 있도록 주요 사항을 심의 및 조정하는 것을 목적으로 한다. 한국의 원조공여국의 역사는 2010년을 기점으로 전환기를 맞는다. 2010년 1월 25일 ODA정책의 법적 안정성, 정책 일관성, 그리고 원조효과성 증진을 위해 「국제개발협력 기본법」이 제정되어 2010년 7월 28일에 발효되었다. 「국제개발협력 기본법」은 한국의 개발원조에 대한 정의, 목적, 기본 정신과 원칙, 그리고 국제개발협력위원회의 역할 등을 강조하고 있다.[125]

2010년 말에 마련된 한국의 제1차 「국제개발협력 기본계획」(2011-2015)의 이행시기가 2015년 종료되면서 제2차 「국제개발협력 기본계획」(2016-2020)을 마련하기 위한 작업이 2015년 10월 현재 한창 진행 중이다. 제2차 「국제개발협력 기본계획」이 중요한 이유는 5년간 약 15조원에 달하는 정부예산 지출을 수반하는 것이기 때문이다. 2014년도 한국의 ODA 규모가 약 2조7천억 원인데 이 규모는 점차 증가하고 있다. 제2차 「국제개발협력 기본계획」은 2001년 유엔정상회의를 통해 채택된 '새천년개발기획'(MDGs)을 대체하여 2015년 9월에 유엔총회를 통해 채택된 'Post-2015 개발의제'의 이행과 동시에 개시된다는 점에서도 주목된다. 한국은 MDGs와 달리 'Post-2015 개발의제'를 마련하는 과정에 OECD() 산하 개발협력위원회(DAC) 회원국으로서 참여했다는 점에서 제2차 「국제

125 한국국제협력단(KOICA), 『국제개발협력의 이해』 서울: 한울아카데미, 2013(2008), pp. 440-441.

개발협력 기본계획」은 국제적으로도 중요한 의미를 가진다.[126] 본 논문은 국제개발협력의 주요 이슈인 지속가능한 개발 중 에너지자원 확보의 한 예로 최근 이슈가 되고 있는 셰일가스(shale gas)의 개발과 국제개발협력을 다루어 보고자 한다.

국제개발협력은 국제정치와 국제기구 차원에서 이해할 수 있다. 또한 국제개발협력은 국제경제, 개발원조, 국제경제기구 등의 차원에서도 연구되어 지고 있다. 국제개발협력의 좁은 개념은 개발원조이다. 넓은 의미로는 선진국간의 협력도 포함되고 있다. 셰일가스의 개발에 관한 협력이 대표적인 예이다.

국제개발협력의 주요 이슈들로 빈곤, 인간개발, 인간안보(human security), ODA 재원확대, 지속가능한 개발 등이 있다.[127] 국제개발협력은 기본적으로 지속가능한 개발로 이해되어야 한다. 인류에게 필요한 것이 자본주의인지, 사회주의인지에 대해 논란이 많다. 둘 다 장단점이 있고 현실은 그 중간일 것이다. 현실사회주의는 탄력성에 있어서 자본주의 보다 못해 실패했다. 자본주의의 비판으로서 사회주의가 대안이 될 수 없다. 사회주의 보다는 '지속가능한 발전'이 좋은 대안으로 제시되고 있다. 시장경제와 계획경제의 중간으로서 그리고 자본주의와 시장경제를 우선하면서 시장경제의 보완으로서의 지속가능한 성장이다. 연못이나 호수에서 한두 사람이 낚시를 하면 그 호수의 자정능력의 의해 호수가 깨끗함을 유지한다. 그러나 많은 사람들이 낚시를 하고 주위에 음식점들이 많이 생기면

126 유웅조, "제2차 「국제개발협력 기본계획」 수립을 둘러싼 주요쟁점과 개선과제," 『이슈와 논점』, 제1036호, 국회입법조사처, 2015.

127 한국국제협력단(KOICA), 『국제개발협력의 이해』 서울: 한울아카데미, 2013(2008), p. 8.

그 호수는 깨끗함을 유지할 수가 없다. 이 호수가 상징하는 것이 '지구'(earth)이다.[128]

지속가능한 개발, 특히 국제개발협력의 목표는 인류의 공존공영이다. 이를 위해서는 사회경제개발 목표를 설정하고 달성하기 위해 노력하는 것도 중요하지만 개발의 비용을 줄이는 차원에서 조화롭고 평화로운 개발을 위해 갈등 및 분쟁 요소를 관리하고 조율하는 것이 필요하다. 국제개발협력의 핵심 중의 하나가 자원 개발과 관리에 있다.[129] 2001년 유엔정상회의를 통해 채택된 '새천년개발기획'(MDGs)을 대체하여 2015년 9월에 유엔총회를 통해 채택된 'Post-2015 개발의제'의 이행과 동시에 개시된다.[130]

55. 한미동맹과 군사문화비교

□ 북한 핵문제

○ 북한 핵 문제

- 비대칭무기 개발의 의미: 북한은 대남 전력 열세를 보완하기 위한 수단으로 인식; 핵무기, 화학무기, 생물무기, 미사일 등
- '강성대국'과 김정은 체제의 불안정성; 국내용과 국외용 메시지

128 이홍종, "사회적 기업과 부산의 경제 활성화," 부선정책포럼 편, 『부산지역의 경제활성화와 일자리 창출방안』 부산: 세종출판사, 2014, pp. 107-108.

129 이현, "물과 분쟁, 그리고 국제개발협력," 『개발과 이슈』, 제23호, KOICA, 2015, p. 22.

130 유웅조, "제2차 「국제개발협력 기본계획」 수립을 둘러싼 주요쟁점과 개선과제," 『이슈와 논점』, 제1036호, 국회입법조사처, 2015.

- 북한의 핵무기 개발 지속과 북핵 위협 고조에 따른 광의의 북한 문제에 대한 관심의 상대적 저하 현상
- 한국의 독자적 핵개발 필요성과 미군전술핵무기 재반입 주장 등장
- 최근에는 북한의 핵실험과 중장거리 미사일 시험발사로 인한 한반도 긴장 고조, 연합사 해체 백지화 및 전작권 전환의 시점 무기 연기론 대두

○ 핵무기 개발 관련 기술 원리
- 핵무기의 3대 요소: 핵 물질; 기폭상치; 운반체계
- 고농축우라늄 농축
- 플루토늄 재처리/추출 과정
- 핵무기 운반체계: 항공기 탑재; 미사일 탑재

○ 김대중정부의 대북 정책
- 햇볕정책(대북 포용정책)
- engagement policy
- 기능주의(퍼주기?)

○ 이명박정부의 대북 정책
- '비핵 개방 3000'
- constructive engagement policy
- 신기능주의(상호주의)

○ 박근혜정부의 대북정책: 한반도신뢰프로세스

- 한반도 신뢰프로세스란 남북관계에 신뢰가 쌓이고 북한의 비핵화가 진전되면 국제사회까지 참여하는 대규모 경제협력 프로젝트 추진을 주요 내용으로 함.
- 남북한의 기존 합의에 담긴 평화와 상호존중의 정신을 실천하되 세부사항은 현실에 맞게 조정하여 이행
- 다양한 대화채널을 열어 놓으며 인도적 문제는 정치적 상황과 구분하여 지속하되 투명하게 진행
- 또한 호혜적 경제협력 · 사회교류도 업그레이드하고 이를 전담할 사무소를 서울과 평양에 설치하며 신뢰가 쌓이고 비핵화가 진전되면 경제공동체 건설을 위한 '비전코리아 프로젝트'를 가동
- 신뢰정책의 목표는 한반도를 갈등의 지역에서 신뢰의 지역으로 변화시키고, 지속가능한 평화와 통일, 안정적인 동북아 질서를 구축
- 신뢰정책의 방법론으로는 글로벌 규범에 의거해서 남북한 상호신뢰를 구축하고 검증이 가능하고 상호적인 차원의 신뢰를 구축
- 즉 합의 준수를 검증하고, 상호이익이 확인된 후에 다음 단계로 전이

> "현재 우리가 처한 안보 상황이 너무도 엄중하지만 여기에만 머물 수 없습니다. 저는 한반도 신뢰프로세스로 한민족 모두가 보다 풍요롭고 자유롭게 생활하며, 자신의 꿈을 이룰 수 있는 행복한 통일시대의 기반을 만들고자 합니다. 확실한 억지력을 바탕으로 남북 간에 신뢰를 쌓기 위해 한 걸음 한 걸음 나아가겠습니다."
>
> < 박근혜 대통령 취임사>

- 한반도 신뢰를 실현하기 위한 전략으로 신뢰정책은 일종의 균형 정책임.
  ① 남북간 안보와 협력의 균형
  ② 남북한 협력과 국제공조의 균형
  ③ 북한정권과 북한주민의 균형을 취함.
- 균형정책은 중간적 입장을 취하는 것이 아니라 강경할 때는 강경하게, 유화적일 때는 유화적으로 한다는 입장임.
- 한반도 신뢰프로세스를 가동하여 박근혜 정부가 직면한 대외적 위기를 한반도 평화와 안정 구축의 기회로 전환하는 계기로 활용

○ 박근혜정부의 국정과제 중 북한 핵문제 관련 추진계획
- 능동적 억제전략을 통한 적극방위능력 확보
- 북하의 미사일 위협 대비 타격능력 증강 및 한국형 방어체계 구축: 개정된 미사일 지침에 따라 미사일 능력 확충; 실질적 타격능력 확보하도록 Kill Chain(탐지-식별-결심-타격 체계) 구축; 적 미사일을 효과적으로 방어하기 위한 한국형 미사일 방어체계 발전

○ 미국 오바마 행정부의 북핵 문제에 대한 입장
- 북한의 핵무기보유 국가 불인정
- “Nuclear Zero” 비전과 구상의 대한반도 적용
- 한국의 핵무기 개발과 전술핵무기의 한반도 재반입에 반대
- 한미정상회담(2013.5.7): 북한이 핵을 포기하고 국제사회의 책임 있는 일원으로 행동해야 대화의 문이 열릴 수 있다.

□ 한미동맹 60주년 평가

○ 한미동맹 60주년 vs. 정전체제 60주년이라는 시각 및 인식

○ 한국전쟁(6.25전쟁)의 정전(1953.7.27)과 동맹조약 체결(1953.10.1)

- 한미상호방위조약, 국회비준(54.1.29) 및 발효 (54.11.18)

제3조 : 양국은 각 당사국의 행정 지배하에 있는 영토를 위협하는 태평양 지역에서의 무력공격을 자국의 평화와 안전을 위협하는 것이라고 간주하고 공통의 위험에 대처하기 위한 각자의 헌법상의 절차에 따라 행동한다.

제4조 : 상호 합의에 의하여 미합중국의 육군, 해군과 공군을 대한민국의 영토 내와 그 부근에 배치하는 권리를 대한민국이 허여하고 미합중국은 이를 수락한다.

제6조 : 본 조약은 무기한으로 유효하다. 어느 당사국이든지 타 당사국에 통고한 후 1년 후에 본 조약을 중지시킬 수 있다.

○ 한미연합군사령부 체제(1978.11.7-현재)

- 유엔사의 전시작전지휘권/작전통제권(1954.11.17) → 한미연합사 작전통제권(1978.11.7)
- 평시작전통제권 전환과 연합권한위임(1994.12.1)
- 한미 정상. 전시작전통제권 전환 합의(2006.9.16), 한미 국방장관 합의(2007.2.23) 2012.4.17로 확정

- 한미 정상, 전시작전통제권 전환 연기 합의(2010.6.26.) 2015.12.1로
- 국방부, 전작권 전환 예정대로 추진 보고(2013.4.1)
- 한미안보협의회의(SCM)에서 연합지휘구조 확정 예정(2013.10.1)

□ 한미동맹의 미래 비전

○ 이명박 정부의 '글로벌 코리아'와 한미전략동맹비전선언(2009. 6)
- '성숙한 세계국가(Global Korea)' 지향, 미국과는 전략동맹의 비전을 천명; 비전의 이행을 위한 구체적인 로드맵 발전; '신아시아 외교' 천명과 구체적 방안 추진
- 굳건한 한미동맹을 유지하는 가운데, 남북한 주민 모두를 대상으로 한 자유민주주의와 시장경제에 입각한 평화적 통일을 명시적으로 강조
- 2010.8.15 경축사(3대공동체): 한반도의 안정과 평화를 보장하는 '평화공동체'; 포괄적인 남북한 교류협력을 통해 북한 경제를 획기적으로 발전시키고 경제의 통합을 준비하는 '경제공동체'; 이를 토대로 궁극적으로 한민족의 존엄과 자유, 삶의 기본권을 보장하는 '민족공동체'를 향해 나아가면서 평화통일을 이룰 수 있다는 비전 내지 구상 제시

○ 제41차 한미안보연례협의회의(2009.10) 합의
- 「한미동맹을 위한 공동비전」에 명시된 바와 같이 양자, 지역, 범세계적 범주의 포괄적인 전략 동맹을 구축해 나갈 것을 재확인

- 지역 및 범세계적으로 협력적 관계 발전 및 다자간 안보협력 증진을 위한 공동 노력
- 북한의 핵보유국 불인정, 확장억제 재확인, 범세계적 안보도전에 대응하기 위한 협력 증진

○ 박근혜 정부의 동맹 60주년 기념 공동선언과 포괄적 전략동맹 업그레이드(2013.5)

- 한미동맹 60주년 기념 공동선언 (안보 관련 부분):
  · 한반도, 아시아 · 태평양 지역, 전세계의 안정, 안보 및 번영의 초석; 미래의 기회와 도전에도 공동 대응
  · 안보 협력을 넘어서 정치 · 경제 · 문화 · 인적교류 분야에서의 폭넓은 협력을 바탕으로 포괄적 전략동맹으로 진화; 자유, 우정, 공동의 번영은 자유 · 민주주의 · 시장경제라는 공동의 가치에 기초
  · 한미동맹은 아 · 태 지역 평화와 안정의 핵심축(linchpin)으로 기능, 21세기 새로운 안보 도전에 대응할 수 있도록 동맹 강화 및 조정; 미국은 확장억제와 재래식 및 핵 전력을 포함하는 모든 범주의 군사적 능력 사용을 포함한, 확고한 대한(對韓) 방위 공약 재확인
  · 2009년 「한미 동맹을 위한 공동비전」의 이행에 중요한 진전 평가; 한반도 구성원 모두에게 더 나은, 더 안전한 미래 창조, 「공동비전」에 기초하여 한반도의 항구적인 평화와 안정 구축, 동시에 비핵화, 민주주의와 자유시장경제 원칙에 입각한 평화 통일을 위해 노력; 동맹에 기초하여, 한반도 신뢰프로세

스 등을 통하여 북한의 국제사회의 의무 준수 및 한반도 평화와 번영을 증진시키기 위해 노력

- 북한의 핵 및 탄도 미사일 프로그램, 도발행위는 한반도는 물론 동북아의 평화와 안정에 심각한 위협; 북한의 평화로운 비핵화를 달성하기 위한 확고한 의지, 6자회담 참가국들 및 국제사회와 함께 북한이 국제적 의무와 약속을 이행하도록 노력; 북한의 고립 탈피와, 책임 있는 국제사회의 일원으로 참여하는 선택을 하도록 유도, 북한의 미사일 위협에 대한 공동의 대응 노력과 함께, 정보 · 감시 · 정찰 체계 연동을 포함한 포괄적이고 상호 운용가능한 연합방위력을 지속 강화; 북한 주민들의 생활여건 향상을 위한 투자와 개선 노력 및 기본적 인권 존중 촉구
- 양국의 평화와 번영은 지역적, 범세계적 안보 및 경제발전과 불가분 연계; 굳건한 한 · 미동맹을 기반으로, 공동 도전에 대응, 동북아에서의 평화 · 협력 시대를 구축하기 위한 방안을 함께 모색하기 위해 준비; 한미 동맹은 글로벌 파트너십으로 거듭나고 있으며, 미국은 세계무대에서의 대한민국의 리더십과 적극적인 참여 환영; 기후변화 등 범세계적 도전에 대한 대응노력과, 청정에너지 개발, 에너지 안보, 인권, 인도적 지원, 개발지원협력, 테러리즘, 원자력의 평화적 이용, 원자력 안전, 비확산, 사이버안보, 해적퇴치 등에 있어서의 협력증진 노력도 강화

- 한미 3대 비전 : 한반도의 평화와 통일기반 구축, 동북아 지역 평화협력 체제 구축, 지구촌의 이웃들이 평화와 번영을 누리기 위한 기여(미의회 상하원 합동연설, 5.8)

- 한반도 신뢰프로세스에 대한 미국의 지지 획득
- 동북아 평화협력 구상('서울 프로세스'): "미국을 포함한 동북아국가들이 환경, 재난구조, 원자력안전 등 연성이슈부터 대화와 협력을 통해 신뢰를 쌓고 점차 다른 분야까지 협력의 범위를 넓혀가는 동북아 다자간 대화 프로세스"

□ 한미동맹의 과제와 현안

○ 한반도 전쟁재발 방지와 북한군사도발의 억제
- 미국의 대한국 확장억제(Extended Deterrence, ED) 제공; 핵우산, 재래식 타격 능력, 미사일 방어
- 북한의 핵무기 등 대량살상무기(WMD) 및 장거리 미사일 개발에 대한 대응: 유엔안보리 결의에 의한 국제사회의 대북한 제재, 미국 단독의 제재 포함
- 북한군에 의한 천안함 폭침과 연평도 포격 이후 한국군은 북한의 도발에 대응하기 위한 '능동적 억제 전략' 구축 (도발 원점 타격, 지원세력 타격, 지휘 세력 타격)
- 북한의 서해 북방한계선(NLL) 이나 군사분계선 일대에서의 국지도발에 대한 '한미 공동 국지도발 대비계획'(ROK-US Combined Counter-provocation Plan) 서명(2013.3.22), 북한 도발 시 한미 연합전력으로 응징하는 작전계획 적용; 주한미군의 항공, 포병 전력과 주일미군 및 태평양사 전력 포함 자동 개입할 수 있는 토대를 마련; 구체적인 대응절차와 방안은 한국합참 작전기획본부와 한미연합사 정보작전참모부 협의 예정

- 금년 Key Resolve연습/Foal Eagle(독수리)훈련 시, 북한의 군사적 협박과 시위에 대한 대응으로 미국은 각종 첨단무기 현시(미사일 요격 핵잠수함 6900톤급, B-52, B-2, F-22, 탄도비사일 탐지 레이더 장착 구축함 Fitzgerald, 탄도미사일 탐지 전용 레이더, 니미츠 핵항모 등), 대북 메시지와 대한국 메시지
- 북한 급변사태 (대량살상무기 통제 상실, 중국의 군사적 개입 등 포함) 대응
- 유엔사와 6자회담의 기제를 최대한 활용

○ 한미 군사동맹의 발선
- '포괄적이고 전략적인 미래지향적 동맹'으로 발전시킨다는 큰 틀
- '현 연합사 수준의 군사적 효율성이 보장된 미래연합지휘구조를 발전시키고 한국군의 핵심 군사능력을 확보할 예정'
- 한미군사위원회회의에서 미래연합지휘구조 개념에 합의
- 한미안보협의회의에서 최종안 승인 예정

○ 한반도를 넘어선 차원의 한미동맹 확대 및 심화
- UN PKO, 다국적군 참여
- 대량살상무기(WMD) 비확산 및 대확산 활동
- 다양한 초국가적 위협, 인도지원 및 재난 구조
- 기후변화, 에너지 안보, 사이버 및 우주 안보 등에 대한 공동 대응

○ 전작권 전환 관련 준비상황과 향후 2년간의 준비계획
- 2012년(체계발전) : 기본운용능력 검증준비; 합동전투수행 모

의본부 등 신축

- 2013년(기본운용능력 구비) : 합참/미한국사령부(KORCOM)지휘부 기본운용 능력 구비, 신작계 완성(*공동국지도발 계획: 2013.3 합의 서명); 합참주도 키리졸브(KR) 연습; 을지 프리덤 가디언(UFG) 연습
- 2014년(완전운용능력 구비) : 합참/미한국사지휘부 완전운용능력 구비; 각 군 본부+작전사 통합; 합동전투 수행 모의본부 창설
- 2015년(최종운용능력 구비) : 핵심군사능력 확보; 군사협조기구운영; 정전관리 책임 조정; 미군기지 이전시설 완공

○ 한미 원자력협력 협정 개정

- 정식명칭 : 원자력의 민간이용에 관한 대한민국 정부와 미합중국 정부간의 협력을 위한 협정(Agreement for Cooperation between the Government of the Republic of Korea and the Government of the United States of America Concerning Civil Use of Atomic Energy)
- 한국 정부의 입장 : 핵발전의 연료로 쓰이는 우라늄 저농축 권한이 없어 외국에서 고비용으로 농축우라늄 수입, 2024년경 전국 모든 원전의 핵 폐기물 장소가 포화상태; 우라늄 농축(enrichment)과 사용후 핵연료의 재처리(reprocessing) 권한 획득, 핵 싸이클 완성으로 핵주권 확립 필요
- 미국 정부의 입장 : 미국의 사전 동의나 허락 없이 한국은 우라늄 농축 및 사용후 핵연료의 재처리 불가; 미국산 사용후 핵연료(US-originated nuclear spent fuel), 즉 대한민국 정부의 관할

하에 양도되는 동위원소 U-235의 농축 우라늄만을 대상(제8조 제2항); 본 협정 또는 대치된 협정에 의거하여 구매 혹은 기타 방법에 의하여 대한민국 정부 또는 대한민국 정부 관할하의 권한을 위임받은 주체에게 양도된 장비와 장치를 포함한 물질과 또한 동 물질, 장비 또는 장치를 사용하여 생산된 특수핵물질은 원자무기의 제조, 또는 원자무기의 연구 또는 개발, 또는 기타 군사적 목적을 위하여 사용되지 아니하도록 한다(제10조 제2항); 결국 핵확산/비확산 문제로 인식, 핵무기 개발로의 연계성과 동북아 핵도미노 가능성 등을 우려;

- 10년간 건식재처리(pyro-processing) 기술 공동 연구 결과에 달려있음. *건식재처리(pyro-processing) 기술: 원자력 발전을 한 후 남은 '사용후 핵연료'를 처리해, 핵연료를 다시 원자력 에너지로 이용할 수 있도록 하는 기술. 기존의 재처리 방식인 퓨렉스 (Purex)공법이 플루토늄을 따로 추출해 핵무기로 전용할 수 있는 것과는 달리, 이 기술은 건식정련(乾式精鍊)으로 미량의 다른 동위원소가 혼합된 형태의 플루토늄을 뽑아내기 때문에 핵무기로의 전용이 힘들다. 이 방법을 적용하면 사용 후 핵연료를 이론적으로 100% 재활용해 핵폐기물의 양을 지금의 20분의 1로 줄일 수 있다고 한다.
- 한국의 핵재처리 비용의 경제성(예: 한국은 영국의 유렌코 (URENKO), 프랑스 아레바 등 다국적 기업들에 적지 않은 비용을 치르고 농축우라늄을 수입. URENKO의 경우보다 싸게 재처리 할 수 있는가?)
- 이번 한미정상회담에서 동 협정의 2년 연장 합의("가능한 이른

시일 내에 개정"), 그렇지만 기본적인 인식 차이 존재 (금년 6월부터 3개월 마다 협상)

· 박근혜 대통령 : "선진적으로 호혜적으로 한미 원자력협정이 개정된다면 양국의 원자력 산업에 큰 도움이 될 것"

· 오바마 대통령 : "평화적인 핵에너지 이용이 중요" → 북한과 이란 등을 의식, 한국 정부가 원하는 우라늄 농축과 사용 후 핵연료 재처리에 부정적인 기본 입장 유지

○ 오바마 행정부의 아태중시, 재균형(pivot, rebalance) 전략의 안보군사적 함의

- 중국의 부상과 미국 경제력의 상대적 저하, 미국의 지도력(Leadership)과 우세(Supremacy) 유지를 위한 노력
- 4대 기둥(Presence, Partnering, Power projection, Principles), 특히 동맹국 및 동반자 국가들의 지원을 기대
- 주한미군의 전비태세, 전략적 유연성(strategic flexibility)/ 전력관리(force management)에 미치는 영향

○ 북핵 문제를 포함한 북한문제의 해결 지원

- 북한의 핵보유국가 지위 불인정
- 확장억제의 지속적 제공
- 대북 제재와 지원을 위한 협상
- 정전체제의 평화체제로의 전환
- 남북한 군사신뢰구축과 군비통제 및 감축

56. 미국과 한국의 뉴미디어민주주의에 대한 비교연구
- 한국 선거에서의 인터넷 · SNS 활용과 변천을 중심으로 -

Ⅰ. 서론

대표적인 뉴미디어로 분류되는 인터넷과 SNS(social network services/sites)가 정치과정 전반에 큰 변화를 일으키고 있다. 특히 인터넷과 SNS는 선거운동의 주요 수단으로 활용되고 있는 것은 물론 유권자들 역시 뉴미디어를 통한 선거운동에 점차 적응해가고 있다. 미국의 경우 1996년 대통령선거에서 후보사 웹사이트가 개설된 것이 온라인 선거운동의 시초라고 할 수 있다. 그러나 온라인 공간을 통해 유권자를 움직인 첫 사례는 1998년 미네소타주 주지사 선거였다. 당시 프로레슬러 출신인 제시 벤추라는 자신의 홈페이지를 통해 확보한 지지자들에게 이메일을 보내 선거자금을 모으고 이들을 투표장으로 끌어 모아 예상 밖의 승리를 거뒀다(조희정, 2013: 55-56). 2008년 오마바 대통령의 선거운동 방식은 SNS를 선거캠페인에 잘 활용한 대표적 사례로 꼽힌다. 오바마 선거자금의 대부분은 인터넷을 통한 소액 기부로 이뤄졌다.

SNS를 이용해온 일상적 관행이 정치자원에 대한 예상치 못한 노출로 이끌고 이러한 노출이 다시 참여행위로 연결되고 있다. 개인들은 자신의 관심과 견해에 부합하는 사이트만 주로 방문하기 때문에 예상치 못한 노출은 잠재적 동원 층에 접근하는 전략으로 중요하다. 이른바 “친구망의 정치”가 강화되고 있다. SNS에서 개인이 맺고 있는 친구망의 경우 친구의 친구 등으로 연계될 수 있고 특정

후보에 대한 지지도 가시적으로 드러나기 때문에 친구망의 영향력이 강화될 수 있다. SNS에서는 정치 후보와도 손쉽게 친구관계를 맺을 수 있고 특정 인구집단을 효율적으로 타깃화해 정보를 전달할 수도 있다.

한국에서 처음으로 인터넷을 활용한 선거는 2002년 대통령선거, 그리고 SNS가 본격적으로 활용되기 시작한 선거는 2010년 지방선거였다. 2002년 대선에서 새천년민주당의 노무현 후보는 조직이나 자금에 있어서 열세였기 때문에 더욱 더 인터넷을 통한 선거 유세와 지지자 확보에 집중했다.[131]

뉴미디어로서 인터넷·SNS와 정치과정에 대해서는 그동안 풍부한 연구가 이루어져 왔다. 그러나 미국과 한국의 뉴미디어민주주의를 비교하는 연구는 거의 없었다. 특히 뉴미디어가 정치과정에서 정당의 기능을 대체할 수 있을지 섣불리 예단할 수 없지만 뉴미디어에 의한 민주주의 기능이 어떤 식으로 확장될 것인지 전망해보는 것은 의미 있는 작업이 될 것이다. 본 논문은 뉴미디어로서 인터넷과 SNS가 미국과 한국의 정치과정, 특히 선거에 미친 영향을 비교해 한국 선거에서 뉴미디어의 바람직한 활용 방안을 도출하고자 한다.

Ⅱ. 미디어민주주의와 뉴미디어민주주의

TV나 라디오, 인터넷을 등을 통해 정치인들이 정치활동을 하는 형태의 정치문화를 TV정치, 미디어정치라 부른다. 본 논문에서는

131 http://terms.naver.com/entry.nhn?docId=1394673&cid=42014&categoryId=42014 (검색일: 2015. 8. 27)

미디어정치보다 미디어민주주의나 뉴미디어민주주의라는 용어를 쓰고자 한다. 간접민주주의(代議制) 제도 아래에서 정당이 맡은 역할을 TV 등 미디어와 SNS 등 뉴미디어가 조금씩 대신하기 시작했기 때문이다(이홍종, 2003: 182). 미국에서 1950년대 TV의 급격한 보급에 이어 1960년대 미디어민주주의가 출발했다고 할 수 있다.

한국의 경우 TV가 등장하기 이전에는 정당의 당원들과 지지자들이 선거운동을 주도했지만 TV의 등장으로 선거운동의 주체가 정당에서 후보자 개인으로 옮겨갔다. 대규모 조직 동원이나 거리 유세 없이도 TV를 통해 유권자에게 쉽게 다가 갈 수 있었기 때문이다. 선기운동 과정에서 후보자 개인의 능력과 이미지가 더욱 중요하게 되면서 권력의 축 또한 정당지도부에서 후보자 개인으로 옮겨가는 결과를 가져왔다(윤성이, 2014: 69).

미디어민주주의는 미디어(media)와 데모크라시(democracy)의 합성조어이다. 그리고 이와 함께 뉴미디어민주주의는 그 배경에는 사회구조의 변화, 즉 후기산업사회와 정보화시대의 특징이 담겨 있다. 정보화시대의 미디어는 정치형태까지 바꾸어 놓고 있다. 미디어는 정치 현실을 단순히 보도해 주는 것이 아니라 미국의 정치문화를 재형성해 주고 있다. 미디어는 정당을 약화시키는 대신 개인적인 카리스마가 있는 정치지도자의 지위를 강화시킨다고 한다. 따라서 현대의 정치는 정치인에 의한 정치가 아니라, 미디어와 뉴미디어에 의한 민주정치라는 것이다(Ranny, 1990: 200; Rivers, 1982: 228-229).

미디어민주주의 시대가 안고 있는 문제점은 적지 않다. TV를 통해 접하게 되는 짧은 뉴스는 현실을 왜곡시킬 소지가 있다. 미디어민주주의 시대의 새로운 기술은 극적이고 시각적이며 선정적인 이야기를 강조하게 마련이다. 뉴스미디어는 사건보도를 주로 관련 인물의 사적인 문제에 초점을 맞춰 사건을 개인문제화하고 정치적으로 비중이 높은 정책 등에 대해 관심을 덜 갖는 경향이 있다. 더불어 미디어민주주의 시대에는 '무리 저널리즘'(pack journalism)의 현상도 나타난다. 수십 또는 수백 명의 기자들이 관심이 쏠린 특정 사건 만을 보도하고 다른 사건들은 거의 또는 조금 밖에 취급하지 않는 경우가 많다. 인터넷 포털사이트에서 실시간 검색어를 중심으로 기사가 한쪽으로 과도하게 쏠리는 경향이 이를 뒷받침해주고 있다. 특히 기사의 선택 과정은 물론 기사의 구성, 초점 등을 마치 양떼처럼 무턱대고 한 방향으로 쫓는 경향도 두드러지고 있다(이홍종, 1994: 169).

미디어민주주의 시대의 일반적인 성격은 미국에서 1990년대 뉴미디어민주주의 시대를 맞이하면서 바뀌었다. 뉴미디어(new media)는 컴퓨터나 통신기술의 발전으로 신문이나 TV에 이어 새롭게 등장한 정보매체를 일컫는다. 쌍방향·다채널의 특성을 가진 인터넷(internet), SNS(Social Networking Service) 등이 대표적인 뉴미디어로 꼽힌다.

현대는 정보 사회이다. 1960년대에 등장한 컴퓨터는 일상생활 속에 자리 잡으면서 현대인에게 없어서는 안 될 필수품이 됐다. 컴퓨터 시대의 특징은 다량의 정보를 일시에, 그리고 상상을 초월하는 속도로 처리할 수 있게 됐다는 점이다. 정보의 세계화 추세로 인해 각각의 국가를 연결해주는 네트워크도 필요하게 됐다. 이 같은 필요성에 따라 전 세계를 묶어주는 네트워크가 탄생하게 되었는데 이

것이 바로 인터넷과 SNS이다.[132]

〈표1〉 소셜 미디어의 특성(이원태 · 김춘식 · 이나경, 2010: 31)

구분	해설
참여 participation	관심있는 모든 사람들의 기여와 피드백을 촉진하며 미디어와 오디언스의 개념을 불명확하게 함.
공개 openness	대부분의 Social Media는 피드백과 참여가 공개되어 있으며 투표, 피드백, 코멘트, 정보공유를 촉진함으로써 콘텐츠 접근과 사용에 대한 장벽이 거의 없음
대화 conversation	전통적인 미디어가 broadcast이고 콘텐츠가 일방적으로 오디언스에게 유통되는 반면 Social Media는 쌍방향성
커뮤니티 community	빠르게 커뮤니티를 구성케 하고 커뮤니티로 하여금 공통의 관심사에 대해 이야기하게 함.
연결 connectedness	대부분의 Social Media는 다양한 미디어의 조합이나 링크를 통한 연결상에서 반성.

네티즌이 생산하는 콘텐츠에 기반을 두고 인터넷상의 네트워크를 형성하는 서비스를 소셜 네트워크 서비스(Social Network Service)라 하고 이런 서비스를 제공하는 사이트를 소셜 네트워크 사이트(Social Network Site)라 부른다(이원태 · 김춘식 · 이나경, 2010: 29). 소셜미디어(Social Media)는 쌍방향 커뮤니케이션이 가능한 인터넷 미디어를 일컫는다. 신문이나 방송처럼 한쪽 방향으로만 정보를 전달하는 것이 아니라 사용자들이 함께 참여하고 그 정보를

132 http://terms.naver.com/entry.nhn?docId=826386&cid=42344&categoryId=42344 (검색일: 2015. 8. 27)

공유할 수 있게 만든 참여형 미디어로는 트위터(twitter), 블로그(Blog), 유튜브(youtube), UCC(User Created Contents) 등이 여기에 속한다.[133]

소셜 미디어란 사람들의 의견, 생각, 경험, 관점 등을 서로 공유하기 위해 사용하는 온라인 툴과 플랫폼으로서 참가자들간의 커뮤니케이션에 의해 성리되는 미디어를 의미한다. 그 중 SNS(Social Network Service)는 소셜 미디어중 하나로 네트워크 상에서 사회적 관계맺음에 초점을 맞춘 서비스로서 인터넷을 기반으로 사람과 사람을 연결하고 정보공유, 인맥관리, 자기표현 등을 통해 타인과의 관계를 관리할 수 있다. 국내의 본격적인 SNS에 대한 관심은 미국 대통령 오바마의 2008년 대선 승리가 그의 SNS활용에 의해 가능했음이 매스컴을 타고 오면서 시작되었다. 오바마는 트위터와 페이스북을 통하여 유권자들의 참여를 유도하기 위해 그들의 의견을 선거 전략의 수립이나 선거과정, 정책 형성에 활용하는 것을 통해 상호작용성을 높이고자 하였으며 이같은 그의 노력은 미국내 정치적 무관심층의 관심뿐만 아니라 다수의 지지층을 마련할 수 있었다. 이러한 여파로 SNS에 대한 관심이 국내까지 전파되어 현재 국내의 SNS이용자수가 계속적으로 증가하고 있으며 최근 SNS와 모바일의 결합으로 이동성이 결합되면서 개인 간 커뮤니케이션과 사회적 네트워크 형성은 더욱 활발하게 진행되고 있다.[134]

SNS가 기존 온라인 커뮤니티와 다르게 넓은 관계망을 구축할 수

---

133 http://terms.naver.com/entry.nhn?docId=2065116&cid=50305&categoryId=50305 (검색일: 2015. 8. 27).

134 http://www.happycampus.com/doc/11547152(검색일: 2016. 3. 27).

있었던 요인으로 세 가지를 꼽을 수있다. 첫 번째, 기존의 싸이월드, 다음카페 등과 같은 소셜 미디어들은 신원 확인을 해야지만 회원 가입을 할 수 있었으며 상대방의 허가없이는 접근이 불가능했다.

그러나 SNS의 경우 자기 계정의 이메일만 가지고 있다면 가입할 수 있지만 사용 할 때는 본인의 신원을 밝힌 상태에서 커뮤니케이션이 가능해지고 신뢰를 구축하기 때문에 여타 다른 커뮤니티보다 월등한 자정작용이 생기게 된다. 비방과 욕설이 줄어들고 서로의 의견을 진지하게 펼칠 수 있게 되었다. 두 번째, 정보생산과 유통주체의 변화이다. 기존 신문, 뉴스, 라디오 등에서 얻었던 정보는 일방향의 정보였으나 SNS는 사용자가 직접 생산하고 전달하는 쌍방향이고 다방향적인 정보생산을 하게 된다. 이들은 사회적으로 관심이 되는 인물 또는 사건의 중심에서 직접 대중에게 전달할 수 있게 되고 정보 공유 또한 뉴스피드, 타임라인, 리트윗등을 통해 간편하게 이루어져 확산속도도 빠르다. 세 번째, 자본으로부터의 독립이다. 기존 매체들의 정보생산과 유통에는 수익원 즉 자본을 대주는 사람이 필요했기에 매체가 기업에 종속될 빌미가 있었지만 SNS에서의 정보생산자들은 자본에 의해 통제되거나 움직이지 않으므로 자유로운 의사표현이 가능하게 해준다.[135]

SNS는 온라인 인맥 구축을 목적으로 개설된 커뮤니티형 웹사이트이다. 미국의 트위터(twitter), 마이스페이스(myspace), 페이스북(facebook), 한국의 카카오톡(kakaotalk), 싸이월드(cyworld), 미투데이(me2day) 등을 포괄하는 개념이다. 많은 사람들이 다른 사람과

135 http://www.happycampus.com/doc/11547152(검색일: 2016. 3. 27).

의사소통을 하거나 정보를 공유·검색하는 데 SNS를 일상적으로 이용하고 있다. SNS는 인스턴트 메신저 서비스로 사용자끼리 서로 연락할 수 있는 수단을 제공한다. 연예인은 팬들과 소통하는 수단으로, 정치인들은 유권자들과 소통하는 수단으로 SNS를 이용하는 사례가 늘고 있다. '네이버'를 중심으로 한 블로그 서비스와 '유투브'의 동영상 UCC 등 개인미디어 성격이 강화된 SNS들이 등장하면서 온라인 네트워크 사이트는 관계 맺기 기능은 물론 미디어적 기능도 갖게 된다(이원태·김춘식·이나경, 2010: 29-31).[136] SNS의 비약적 증대는 선거 전략은 물론 일반시민 간의 소통 방식을 근본적으로 변화시키고 있다(국회입법조사처, 2013: 1).[137]

SNS 등 뉴미디어가 갖고 있는 쌍방향·다채널의 특성을 잘 활용하면 간접민주주의(代議制)의 약점을 보완할 수 있다. 정책결정 과정에서 다수 유권자의 뜻이 배제되거나 왜곡될 수 있다는 점이 대의제의 허점이라고 한다면 뉴미디어가 활성화할 경우 직접민주주의 방식의 참여민주주의가 살아날 수 있다는 뜻이다. 인터넷 등의 발달로 인해 시민사회가 요구하는 기제(mechanism)가 향상됐다. 그러나 참여민주주의를 주도하는 주체가 누구인지, 과연 어느 정도 국민의 대표성을 가지는지, 그리고 그 기제가 어떻게 선택되는지 등의 문제를 남긴다. 미디어는 그 역할의 비중에도 불구하고 '선출되지 않은 권력'이라는 한계를 안고 있기 때문이다. 의회와 정당은 선거를 통해 선발된 시민의 대표자로 구성되지만 미디어는 대표성

136 http://terms.naver.com/entry.nhn?docId=300283&cid=43665&categoryId=43665 (검색일: 2015. 7. 10).

137 http://dl.nanet.go.kr/SearchList.do(검색일 2015. 8. 19)

이 모호하다(이홍종, 2003: 191).

결국 미디어민주주의나 뉴미디어민주주의로 이뤄지는 참여민주주의는 대표성 문제나 모호한 책임 등으로 인해 대의민주주의의 '보완' 기능을 할 수 있겠지만 완전한 '대체'수단이 될 수는 없다. 매스미디어와 달리 뉴미디어는 컴퓨터나 통신기술의 발전으로 신문이나 TV에 이어 새롭게 등장한 정보매체를 일컫는다. 쌍방향·다채널의 특성을 가진 인터넷(internet), SNS(Social Networking Service) 등이 대표적인 뉴미디어로 꼽힌다.

Ⅲ. 미국과 한국의 인터넷과 SNS

인터넷은 현재 세계적으로 매우 보편적 매체로 활용되고 있다. 아래 도표에서 보듯이 2013년 12월 현재 세계에서 인터넷 이용률이 가장 높은 국가는 영국(89.8%)이다. 한국은 84.8%로 세계 4위, 미국은 84.2%로 5위를 차지해 이용률이 높은 국가군에 포함돼 있다(표 2 참조).

〈표 2〉 인터넷 이용률 상위 20개국(2013년 12월 기준)[138]

순위	국가(지역)	이용률(%)	기준일
1	영국	89.8	12월 31일
2	독일	86.2	"
3	일본	86.2	"
4	한국	84.8	"
5	미국	84.2	"

138 http://www.internetworldstats.com/top20.htm)(검색일: 2015. 8. 27)

6	프랑스	83.3	"
7	스페인	74.8	"
8	러시아	61.4	"
9	이탈리아	58.5	"
10	이란	55.7	"
11	브라질	54.2	"
12	이집트	49.6	"
13	터키	46.3	"
14	중국	45.8	"
15	베트남	43.9	"
16	멕시코	43.5	"
17	필리핀	41.1	"
18	나이지리아	38.0	"
19	인도네시아	21.7	"
20	인도	15.8	"

자료출처 : Nielsen Online, International Telecommunications Union

인터넷이 보편화하면서 이에 기반을 둔 다양한 서비스가 등장하고 있다. 이 가운데 눈에 띄게 이용률이 늘어나고 있는 서비스가 SNS이다. 유튜브를 비롯한 동영상 서비스와 각종 스트리밍 서비스(streaming service)도 성장하고 있다. 스트리밍은 인터넷에서 음성이나 영상, 애니메이션 등을 실시간으로 재생하는 기법이다. 인터넷에서 영상이나 음향·애니메이션 등의 파일을 하드디스크 드라이브에 다운로드받아 재생하던 것을 다운로드 없이 실시간으로 재생해 주는 수단이다. 전송되는 데이터가 마치 물이 흐르는 것처럼 처리된다고 해서 '스트리밍(streaming)'이라는 명칭이 붙여졌다. 스트리밍 서비스는 인터넷이 발달할수록 더욱 기술 비중이 높아져 특히 인터넷방송이 활성화되는 계기를 마련했다는 평가를 받고 있

다.[139]

SNS는 1990년대 중반 사이버 세상에서의 교류를 목적으로 하는 서비스로 시작해 이후 변화를 거듭해 왔다. 1995년 미국의 랜디 코나드가 인터넷 상에서 동창을 찾고 교류할 수 있는 classmate.com 서비스를 선보였다. 1999년에는 한국에서도 비슷한 방식의 아이러브스쿨(iloveschool)과 미니홈피의 새로운 장인 싸이월드(cyworld)가 등장해 선풍적인 인기를 끌었다. 2006년 기준으로 전국민의 40%가 싸이월드에 가입할 정도로 인기는 폭발적이었다. 2004년에 페이스북(facebook)이, 2006년에는 트위터(twitter)가 등장했으며 스마트폰이 대중화하면서 이들 서비스 또한 덩달아 성장했다(국회입법조사처, 2013: 6).

페이스북은 미주 · 유럽 · 아프리카 · 중동 지역에서 SNS 점유율 1위를 달성했다. 반면 한국 · 일본 · 중국 · 러시아 · 인도에서 페이스북의 위력은 예상보다는 약한 모습을 보이고 있다.[140] 현재로서는 카카오톡(kakaotalk)이 가입자 1억7000만 명(2014년 말 기준)[141]으로 SNS 가운데 가장 대중적인 서비스로 자리잡았다고 할 수 있다.

페이스북은 미국이나 유럽과는 달리 한국에서는 급격히 추락하는 추세를 보이고 있다. 카카오톡, 카카오스토리(kakaostory), 밴드(band)[142] 등이 급부상하면서 페이스북 가입자 감소세가 뚜렷해지

---

139 http://terms.naver.com/entry.nhn?docId=1220794&cid=40942&categoryId=32828 (검색일: 2015. 7. 10)

140 http://news.naver.com/main/read.nhn?mode=LSD&mid=sec&sid1=101&oid=050&aid=0000029698(검색일 2015. 7. 10)

141 http://news.naver.com/main/read.nhn?mode=LSD&mid=sec&sid1=101&oid=366&aid=0000255946(검색일: 2015. 7. 10)

142 2015년 2월 기준 순이용자수가 카카오스토리 18,243,865명, 밴드 14,755,594명이다.

고 있는 것이다. 페이스북은 2013년 1월 가입자 1060만 명으로 정점을 찍은 뒤 가입자 이탈이 계속되면서 하락세를 면치 못하고 있다.

페이스북 가입자 이탈현상은 개인정보 노출 등 SNS 사용에 따른 피로도가 가중된 데 따른 것으로 분석되고 있다. 이와 함께 페이스북이 사회관계망을 기반으로 한 소통보다는 광고마케팅 수단으로 활용되는 사례가 늘면서 가입자 이탈을 부추기고 있다는 지적도 나오고 있다. 실제 페이스북 홈 등 각종 서비스가 증가하면서 이용에 어려움을 겪는 사용자들이 늘고 있는 실정이다. 페이스북에서 복잡하고 다양한 기능을 제공하다보니 네티즌들이 사용하기 어려운 점이 부각되고 결과적으로 카카오스토리처럼 페이스북보다 더 쉽고 편리한 SNS 서비스의 이용자가 늘어나고 있다.[143]

2015년 3월 실시된 미국의 퓨리서치센터의 조사 결과를 보면 트위터와 페이스북의 사용 추이를 알 수 있다. 이 조사에 따르면 미국 트위터 사용자의 63%, 페이스북 사용자의 63%가 뉴스 플랫폼으로서 트위터와 페이스북을 사용한다고 응답했다. 이같은 비율은 2013년 조사(트위터 52%, 페이스북 47%)에 비해 크게 증가한 것이다.

눈여겨 볼 대목은 트위터나 페이스북이 뉴스 플랫폼으로 사용하는 비율은 같았지만 뉴스 배급 기능에서는 두드러진 차이를 보였다는 점이다. 각 플랫폼에서 생중계 사건이나 뉴스 속보를 접하는 비율의 경우 트위터 (59%)가 페이스북(31%)에 비해 배가량 높았다.

---

http://www.koreanclick.com(검색일: 2015. 7. 10)

143 http://www.dt.co.kr/contents.html?article_no=2013050102010831789005 (검색일: 2015. 7. 10).

이는 트위터가 생중계 행사나 뉴스 속보에서 더욱 강력한 영향력을 행사하고 있음을 보여주는 증거라 할 수 있다.[144]

뉴스를 소비하는 기기도 데스크탑 컴퓨터에서 모바일로 옮겨가는 추세다. 퓨리서치센터 조사에 따르면 2015년 1월 현재 미국의 유력 50개 뉴스 웹사이트 트래픽을 분석한 결과 39개 사이트에서 스마트폰 등 모바일 디바이스를 통한 웹 트래픽(Web traffic)[145]이 데스크탑 컴퓨터를 통한 트래픽보다 더 많았다.[146] 이는 모바일을 통한 뉴스 소비가 점진적으로 확대될 것임을 시사하는 대목이다.

Ⅳ. 인터넷과 SNS의 정치적 활용과 선거에의 영향에 대한 한·미 간 비교

토마스 제퍼슨과 알렉시스 디 토크빌은 각각 민주주의에 있어서 시민의 궁극적인 힘과 시민연합으로서 정치참여를 강조했다. 딕 모리스는 인터넷의 발달이 제퍼슨의 모델 즉, 직접민주주의를 만들 것이라고 주장했다(Kim, 2012: 49). 이는 인터넷과 SNS가 간접민주주의(代議制)의 약점을 보완하는 참여민주주의의 기제로서 역할을 할 것을 예언한 것이다.

미국에서는 1960년대부터 시작된 전통적인 선거운동인 TV 토론

144 http://www.journalism.org/2015/07/14/the-evolving-role-of-news-on-twitter-and-facebook(검색일: 2015. 9. 8)

145 웹 트래픽(Web traffic)은 웹 사이트에 방문하는 사람들이 데이터를 주고받은 양을 뜻한다. 이는 인터넷 트래픽의 큰 부분으로 방문자 수와 방문 페이지 수에 따라 결정된다. 국내에서도 많은 뉴스 매체들이 포털사이트를 통해 트래픽을 늘리기 위해 경쟁하고 있다.

146 http://www.journalism.org/2015/04/29/state-of-the-news-media-2015 (검색일: 2015. 9. 22)

과 광고가 현재에도 이어지고 있지만 효과에 비해 지나친 비용 때문에 1990년대부터 인터넷과 SNS를 통한 온라인 선거운동이 시작됐다. 1998년 제시 벤추라 선거, 2004년 하워드 딘 선거가 뉴미디어를 활용한 선거의 시발점이다. 벤추라는 프로레슬러로 미네소타주 주지사 선거에 제3당 후보로 출마하고도 인터넷을 통해 사람들을 투표장으로 모으는 데 성공해 당선됐다. 그는 온라인 공간을 통해 유권자들을 움직인 최초의 사례를 보여주었다.

2004년 민주당 대통령후보 경선에 나선 하워드 딘은 최초의 온라인 커뮤니티 서비스를 효과적으로 이용한 사례로 평가된다. 비록 존 케리후보에게 뒤져 중도하차했지만 딘은 온라인 커뮤니티 '미트업(MeetUp.com: 만남을 도와준다는 의미)'에서 유권자들을 효율적으로 모집하고 4,000만 달러를 모금하는 등 자발적인 지지를 이끌어내 인터넷의 정치적 영향력을 구현했다는 평가를 받았다(조희정, 2013: 86).

오마바 대통령은 SNS를 선거캠페인에 잘 활용한 대표적 사례라 할 수 있다. 오마바 당선 이후 미국 선거에서 SNS의 활용이 더욱 확대되고 있다. 오바마의 선거자금 대부분은 인터넷을 통한 소액 기부로 채워졌다(Kim, 2012: 50). 미국에서 온라인 선거운동은 비용에 비해 효과가 높다는 이점 때문에 점점 쓰임새가 확대되고 있다.

미국 대선 후보들의 2012년 디지털 선거운동은 2008년의 그것과 어떤 측면에서 질적 차별성을 보였다. 음악 플레이리스트, 모바일 선거기금 모집, 유튜브 홍보 동영상 등 접근 방안들이 등장하였다. 페이스북, 트위터, 유튜브 등을 통해 공화당 대선 후보 경쟁이 진행되면서 특히 공화당 후보들이 사용자의 관심을 한 몸에 받았다.

온라인에서 앞선 후보는 오바마 미국 대통령였다. 오바마는 2008년 디지털 선거운동을 성공적으로 진행한 이후 대통령 직을 수행하는 과정에도 디지털 정치를 계속해서 확대해 왔다. 오바마 미국 대통령은 유튜브 채널을 통해 미국 사용자와 정기적으로 소통하였으며, 페이스북을 통해 시민과의 대화를 정례화하였다. 또 텀블러를 통해 재선 가도를 본격화하였다. 오바마의 디지털 선거운동은 미국 대선 후보뿐만 아니라 전 세계 정치인에게 선거운동 교본으로 평가받았다. 2008년 미국 대선이 소셜미디어에 기초한 첫 번째 선거로 기록될 수 있다면, 소셜미디어 기반 선거운동은 2012년 미국 대선을 통해 선거운동의 필수사항으로 자리매김했다. 음악 팬들을 위해 스포티파이(spotify)의 플레이리스트가 사용되고, 다양한 여성 사용자의 눈을 사로잡기 위해 핀터레스트(Pinterest)고 적극 활용되고, 값비싼 방송광고 보다는 유튜브 홍보영상이 트위트와 페이스북에서 확산되고, 스퀘어(Square)를 통해 스마트폰 사용자가 쉽게 선거기금 모금에 참여할 수 있는 등 디지털 접근법이 2012년 미국 대통령 선거운동에서 사용되었다.[147]

2012년 미국 대선의 디지털 환경은 2008년과는 분명히 달랐다. 4년 사이 스마트폰에 기초한 모바일 웹이 대중화되었고, 소셜미디어의 의미 또한 한층 증가하였다. 전체 트위터 사용자 중 미국 사용자는 일부에 지나지 않지만 2008년 트위터 사용자가 6백만 명 수준이라면 2012년 트위터 사용자는 1억 명을 넘어섰다. 미국 정치집단은 4년 전과는 양적으로 뿐만 아니라 질적으로 다른 유권자 집단을 트

147 http://www.venturesquare.net/2029(검색일: 2016. 3. 27).

위터를 통해 만날 수 있었다. 바락 오바마의 팔로워는 2012년 이미 1200만 명을 넘어서고 있었다. 오바마 캠프의 디지털 선거운동 책임자인 테디 코프(Teddy Goff) 또한 뉴욕타임즈와의 인터뷰에서 "트위터가 정치 작동 방식을 전체적으로 바꾸고 있다"면서 자신의 팀은 리트윗(RT) 수에 기초한 공감확대를 위해 리트윗되는 트윗의 문장 하나 하나를 분석하고 있었음을 밝혔다.[148]

페이스북은 2012년 미국 대선에서 가장 중요한 정치 플랫폼 역할을 하였다. PEW 연구소의 연구결과에 따르면 미국 페이스북 사용자는 평균인 보다 정치적 관심도가 높은 것으로 나타났다. 페이스북 사용자는 후보 등 정치인과의 상호작용 보다는 친구 관계망에서 이뤄지는 대화를 통해 정치 관심 및 정치 참여의 동기부여를 받고 있는 것으로 연구 보고서는 밝히고 있다. 오바마 선거운동 캠프는 페이스북 앱으로 제공되고 있는 'Are you in?'을 통해 2012년 9만 명의 페이스북 사용자가 자신의 타임라인을 통해 공개적으로 오바마 후보에 대한 지지를 밝혔다. 이 앱을 통해 후보와 사용자간의 네트워크 뿐만 아니라 후보를 지지하는 사용자와 그의 친구들 사이에도 네트워크가 형성될 수 있다. 또 이 앱을 통해 확보할 수 있는 사용자 정보를 통해 오바마 선거캠프는 사용자를 성별, 연령별, 거주지역별 또는 취향별로 구별하고 이에 기초해 차별화된 메시지 전략을 구사할 수 있었다. 뿐만 아니라 사용자 데이터 분석을 통해 타켓층-서부 거주 20대 여성, 동부 거주 30대 남성 등-에 따라 시간차이를 둔 선거운동이 가능했다.[149]

---

148 http://www.venturesquare.net/2029(검색일: 2016. 3. 27).

149 http://www.venturesquare.net/2029(검색일: 2016. 3. 27).

2016년도 페이스북, 트위터, 인스타그램 등 소셜 미디어(SNS)가 미국 대선을 뒤흔들고 있다. SNS를 잘 활용하는 후보의 지지율이 그렇지 않은 후보에 비해 더 높다. SNS가 유권자의 눈과 귀를 사로잡는 새로운 병기로 확고하게 자리잡은 것이다. SNS 전쟁에선 공화당의 도널드 트럼프가 단연 선두다.

트럼프의 트위터 팔로워는 2016년 1월 17일(현지시간) 현재 572만 명이 넘는다. 후보들 중 가장 많고 테드 크루즈 상원의원(약 73만 건)의 8배에 육박한다. 공화당의 '적자'로 평가받았던 젭 부시 전 플로리다 주지사가 왜 선거전에서 맥을 못 추고 중도 탈락했는지도 이 수치가 설명해준다. 부시의 팔로워는 42만여 명으로 트럼프의 13분의 1에 불과하다. 그가 무슨 말을 하든 SNS에서 화젯거리가 되지 않는 이유이기도 하다. 트럼프는 단순히 팔로워만 많은 것이 아니다. SNS는 트럼프의 핵심 선거전략이다. 트럼프는 트위터를 선호한다. 빠른 전파성 때문이다. 유권자들을 자극하는 거친 표현을 삽시간에 퍼뜨릴 수 있다.

소셜미디어 분석회사 브랜드와치에 따르면 2015년 지난해 12월 지지율 상위 6명의 미국 대선 후보에 관한 트위터 중 56%가 트럼프를 언급했다. 무슬림 입국 금지라는 과격한 주장은 발언 당일에만 64만6000번이나 리트윗됐다. 그러나 통계에 잡히지 않는 다른 강점도 있다. 기자들은 트럼프가 트위터에 올린 글과 후속 논쟁을 기사화한다. 디지털 전략가 미디 핀은 "처음엔 트위터, 다음엔 논쟁, 이어서 모든 미디어가 다루게 되는 과정을 통해 트럼프는 24시간 내내 뉴스 사이클을 지배하는 셈"이라며 "소셜미디어의 확장성이 없었다면 트럼프는 현재와 같은 강력한 지지를 확보하지 못했을 것"이라고 진단했다. 그러나 트럼프의 '트위터 전술'에는 부작용이 있다. 실제 무슬림 입국 금지를 주장했을 때 트럼프에 관한 트위터의 약 절반은 트럼프에 대해 부정적인 정서를 담았다.

팔로워가 많다는 것이 반드시 투표로 연결되는 것은 아니다. 테드 크루즈는 SNS 전략은 트럼프와 다루게 크루즈의 무기는 페이스북이다. 페이스북의 강점은 연결성로서 친구와 가족 등 대체로 잘 알고 있는 이들과 연결된다. 크루즈에게 '좋아요'를 누른 이는 약 180만명. 트럼프의 페이스북 친구 530만 여명에 비해선 작지만, 두 후보의 격차는 트위터보다 훨씬 작다. 크루즈의 페이스북은 미국 총기 소유자단체, 텍사스 젊은 보수주의자 단체 등 소규모 그룹들로 채워져 있다. 핀은 "크루즈는 페이스북을 통해 자신의 군대를 조직해왔고, 일종의 '가상 사무실'처럼 활용하고 있다"고 평가했다. 트럼프 캠프가 만든 모바일 애플리케이션도 다른 후보들과 차별화된다. 지지자들이 선거운동에 참여할수록 포인트가 올라가는 일종의 게임 방식이다. 앱을 통해 지지자들을 선거캠페인 속으로 끌어들여 충성심이 높은 선거운동원으로 만든다.[150]

민주당 진영의 SNS 전쟁은 '힐러리의 대규모 군단'과 '샌더스의 정예병력'간 격돌 양상이다. 2016년 1월 현재 힐러리의 트위터 팔로워는 514만명이 넘어 버니 샌더스 상원의원(약 117만 명)을 압도하고 있다. 페이스북의 '좋아요' 친구는 샌더스(236만여 명)가 힐러리(224만 명)보다 약간 많다. 샌더스는 SNS 사용자들이 중시 여기는 진정성 측면에서 힐러리를 앞선다는 평가를 받는다. 샌더스의

150 http://news.jtbc.joins.com/article/article.aspx?news_id=NB11154384 (검색일: 2016. 3. 27).

트위터와 페이스북에는 이슈에 대한 진지한 주장이 넘쳐난다. 예를 들면 "오늘날 부도덕하고 지속불가능한 소득 불평등이 존재한다." "믿을 수 없지만, 아직도 많은 주에서 게이라는 이유로 해고하는 것이 합법적이다. 절대로 받아들일 수 없다. 바꾸어야 한다."는 등의 주장도 제기됐다.

권위적이라는 비판을 받았던 힐러리도 SNS 활동을 크게 늘렸다. 그는 페이스북에 남편 클린턴 전 대통령과 함께 손녀딸을 안고 있는 영상을 올렸다. 권위를 벗어던진 진솔한 모습을 SNS에 많이 노출시키면서 그에 대한 호감도도 개선됐다. 오바마 대통령의 대선캠프에서 디지털 전략을 담당했던 조 로스파스는 "SNS는 2020년과 2024년엔 SNS 활용방식이 더 진화할 것"이라고 말했다.[151]

한국에서도 정치인들이 인터넷과 SNS를 활용해 유권자와의 소통을 확대하고 있다. 이 같은 활용을 계기로 인터넷과 SNS가 한국정치에 미칠 영향에 대해서도 많은 관심이 쏠리고 있다(김영주 · 김춘식, 2005: 106). SNS 등 네트워크에 기반한 인터넷 매체의 등장으로 과거와는 달리 국민이 정치과정에 직접 참여할 수 있는 통로가 확보되고 정부 및 정치인과의 의사소통을 이어가는 수단을 마련하게 됐다. 인터넷과 SNS는 정치과정에서의 소통뿐만 아니라 공적 · 집단적 의사결정에도 영향을 미친다. 개인의 제한적 정보에 기반한 판단에 의존하기보다 집단의 전문적 지식을 활용하게 되면서 편협한 관심에 따른 의사결정을 막을 수 있게 됐다. 이런 형태를 이른바 '집단지성(collective intelligence)'이라 일컫는데 '위키피디아

151 http://news.jtbc.joins.com/article/article.aspx?news_id=NB11154384 (검색일: 2016. 3. 27).

(Wikipedia)'가 대표적인 사례이다. 이 같은 집단지성적 논의를 가능하게 하는 수단이 SNS이다(이동수, 2009: 196). 이는 간접민주주의(代議制)를 보완하는 참여민주주의의 기초를 형성하게 된다(이홍종, 2003: 191).

특히 헌법재판소가 2011년 12월, SNS 선거운동 규제에 대해 한정위헌 결정을 내려 SNS가 활성화되는 계기를 만들었다. 헌법재판소는 6(위헌)대 2(합헌)의 의견으로 "SNS 등 인터넷 공간 정치적 의견 표명"에 대한 처벌규정을 위헌 결정했다. 공직선거법은 그 입법 취지가 후보자 경제력 차이에 따른 불균형을 막기 위한 것이며 인터넷은 그 취지에 적합한 매체이므로 이를 통한 의견 표명을 금지하는 것은 적절치 않다고 그 이유를 설명했다. 정치권에서도 이 같은 판결을 일제히 환영하는 의견을 표명했다.[152]

SNS는 여러 가지 방식으로 활용되고 있다. 먼저 인터넷은 국가 정책의 홍보수단이나 국민에 대한 정부의 정보 제공수단으로서 역할을 하고 있다. 특히 SNS의 경우 실시간 쌍방향 소통방식을 동원해 캠페인 방식을 근본적으로 변화시키고 있다. 또 민주주의 국가에서 SNS는 국민 여론을 확인하는 것은 물론 정치 이슈에 대한 담론 형성의 수단이 되고 있다. 정치인의 웹페이지는 선거 캠페인 과정에서 뿐 아니라 자신의 정책을 홍보하고 국민들과 소통하기 위한 창구 역할을 하고 있다. SNS는 다른 통신 수단에 비해 비용을 거의 들이지 않고 비교적 다량의 메시지를 빠른 속도로 전달할 수 있다는 점에서 매력적인 소통 수단으로 대접받고 있다(이원태 · 김춘식

152 http://journal.kiso.or.kr/?p=1649(검색일: 2016. 3. 27).

· 이나경, 2010: 31-32).

인터넷이 보편화하면서 이에 기반을 둔 다양한 서비스가 등장하고 있다. 이 가운데 눈에 띄게 이용률이 늘어나고 있는 서비스가 SNS이다. 유튜브를 비롯한 동영상 서비스와 각종 스트리밍 서비스(streaming service)도 성장하고 있다. 스트리밍은 인터넷에서 음성이나 영상, 애니메이션 등을 실시간으로 재생하는 기법이다. 인터넷에서 영상이나 음향 · 애니메이션 등의 파일을 하드디스크 드라이브에 다운로드받아 재생하던 것을 다운로드 없이 실시간으로 재생해 주는 수단이다. 전송되는 데이터가 마치 물이 흐르는 것처럼 처리된다고 해서 '스트리밍(streaming)'이라는 명칭이 붙여졌다. 스트리밍 서비스는 인터넷이 발달할수록 더욱 기술 비중이 높아져 특히 인터넷방송이 활성화되는 계기를 마련했다는 평가를 받고 있다.[153]

SNS는 1990년대 중반 사이버 세상에서의 교류를 목적으로 하는 서비스로 시작해 이후 변화를 거듭해 왔다. 1995년 미국의 랜디 코나드가 인터넷 상에서 동창을 찾고 교류할 수 있는 classmate.com 서비스를 선보였다. 1999년에는 한국에서도 비슷한 방식의 아이러브스쿨(iloveschool)과 미니홈피의 새로운 장인 싸이월드(cyworld)가 등장해 선풍적인 인기를 끌었다. 2006년 기준으로 전국민의 40%가 싸이월드에 가입할 정도로 인기는 폭발적이었다. 2004년에 페이스북(facebook)이, 2006년에는 트위터(twitter)가 등장했으며 스마트폰이 대중화하면서 이들 서비스 또한 덩달아 성장했다(국회

153 http://terms.naver.com/entry.nhn?docId=1220794&cid=40942&categoryId=32828 (검색일: 2015. 7. 10)

입법조사처, 2013: 6).

페이스북은 미주・유럽・아프리카・중동 지역에서 SNS 점유율 1위를 달성했다. 반면 한국・일본・중국・러시아・인도에서 페이스북의 위력은 예상보다는 약한 모습을 보이고 있다.[154] 현재로서는 카카오톡(kakaotalk)이 가입자 1억7000만 명(2014년 말 기준)[155]으로 SNS 가운데 가장 대중적인 서비스로 자리잡았다고 할 수 있다.

페이스북은 미국이나 유럽과는 달리 한국에서는 급격히 추락하는 추세를 보이고 있다. 카카오톡, 카카오스토리(kakaostory), 밴드(band)[156] 등이 급부상하면서 페이스북 가입자 감소세가 뚜렷해지고 있는 것이다. 페이스북은 2013년 1월 가입자 1060만 명으로 정점을 찍은 뒤 가입자 이탈이 계속되면서 하락세를 면치 못하고 있다.

페이스북 가입자 이탈현상은 개인정보 노출 등 SNS 사용에 따른 피로도가 가중된 데 따른 것으로 분석되고 있다. 이와 함께 페이스북이 사회관계망을 기반으로 한 소통보다는 광고마케팅 수단으로 활용되는 사례가 늘면서 가입자 이탈을 부추기고 있다는 지적도 나오고 있다. 실제 페이스북 홈 등 각종 서비스가 증가하면서 이용에 어려움을 겪는 사용자들이 늘고 있는 실정이다. 페이스북에서 복잡하고 다양한 기능을 제공하다보니 네티즌들이 사용하기 어려운 점이 부각되고 결과적으로 카카오스토리처럼 페이스북보다 더 쉽고

---

154 http://news.naver.com/main/read.nhn?mode=LSD&mid=sec&sid1=101&oid=050&aid=0000029698(검색일 2015. 7. 10)

155 http://news.naver.com/main/read.nhn?mode=LSD&mid=sec&sid1=101&oid=366&aid=0000255946(검색일: 2015. 7. 10)

156 2015년 2월 기준 순이용자수가 카카오스토리 18,243,865명, 밴드 14,755,594명이다. http://www.koreanclick.com(검색일: 2015. 7. 10)

편리한 SNS 서비스의 이용자가 늘어나고 있다.[157]

2015년 3월 실시된 미국의 퓨리서치센터의 조사 결과를 보면 트위터와 페이스북의 사용 추이를 알 수 있다. 이 조사에 따르면 미국 트위터 사용자의 63%, 페이스북 사용자의 63%가 뉴스 플랫폼으로서 트위터와 페이스북을 사용한다고 응답했다. 이같은 비율은 2013년 조사(트위터 52%, 페이스북 47%)에 비해 크게 증가한 것이다.

눈여겨 볼 대목은 트위터나 페이스북이 뉴스 플랫폼으로 사용하는 비율은 같았지만 뉴스 배급 기능에서는 두드러진 차이를 보였다는 점이다. 각 플랫폼에서 생중계 사건이나 뉴스 속보를 접하는 비율의 경우 트위터 (59%)가 페이스북(31%)에 비해 배가량 높았다. 이는 트위터가 생중계 행사나 뉴스 속보에서 더욱 강력한 영향력을 행사하고 있음을 보여주는 증거라 할 수 있다.[158]

뉴스를 소비하는 기기도 데스크탑 컴퓨터에서 모바일로 옮겨가는 추세다. 퓨리서치센터 조사에 따르면 2015년 1월 현재 미국의 유력 50개 뉴스 웹사이트 트래픽을 분석한 결과 39개 사이트에서 스마트폰 등 모바일 디바이스를 통한 웹 트래픽(Web traffic)[159]이 데스크탑 컴퓨터를 통한 트래픽보다 더 많았다.[160] 이는 모바일을 통한 뉴스 소비가 점진적으로 확대될 것임을 시사하는 대목이다.

---

157 http://www.dt.co.kr/contents.html?article_no=2013050102010831789005 (검색일: 2015. 7. 10).

158 http://www.journalism.org/2015/07/14/the-evolving-role-of-news-on-twitter-and-facebook(검색일: 2015. 9. 8)

159 웹 트래픽(Web traffic)은 웹 사이트에 방문하는 사람들이 데이터를 주고받은 양을 뜻한다. 이는 인터넷 트래픽의 큰 부분으로 방문자 수와 방문 페이지 수에 따라 결정된다. 국내에서도 많은 뉴스 매체들이 포털사이트를 통해 트래픽을 늘리기 위해 경쟁하고 있다.

160 http://www.journalism.org/2015/04/29/state-of-the-news-media-2015 (검색일: 2015. 9. 22)

Ⅴ. 인터넷과 SNS의 정치적 활용과 선거에의 영향에 대한 한 · 미 간 비교

토마스 제퍼슨과 알렉시스 디 토크빌은 각각 민주주의에 있어서 시민의 궁극적인 힘과 시민연합으로서 정치참여를 강조했다. 딕 모리스는 인터넷의 발달이 제퍼슨의 모델 즉, 직접민주주의를 만들 것이라고 주장했다(Kim, 2012: 49). 이는 인터넷과 SNS가 간접민주주의(代議制)의 약점을 보완하는 참여민주주의의 기제로서 역할을 할 것을 예언한 것이다.

미국에서는 1960년대부터 시작된 전통적인 선거운동인 TV 토론과 광고가 현재에도 이어지고 있지만 효과에 비해 지나친 비용 때문에 1990년대부터 인터넷과 SNS를 통한 온라인 선거운동이 시작됐다. 1998년 제시 벤추라 선거, 2004년 하워드 딘 선거가 뉴미디어를 활용한 선거의 시발점이다. 벤추라는 프로레슬러로 미네소타주 주지사 선거에 제3당 후보로 출마하고도 인터넷을 통해 사람들을 투표장으로 모으는 데 성공해 당선됐다. 그는 온라인 공간을 통해 유권자들을 움직인 최초의 사례를 보여주었다.

2004년 민주당 대통령후보 경선에 나선 하워드 딘은 최초의 온라인 커뮤니티 서비스를 효과적으로 이용한 사례로 평가된다. 비록 존 케리후보에게 뒤져 중도하차했지만 딘은 온라인 커뮤니티 '미트업(MeetUp.com: 만남을 도와준다는 의미)'에서 유권자들을 효율적으로 모집하고 4,000만 달러를 모금하는 등 자발적인 지지를 이끌어내 인터넷의 정치적 영향력을 구현했다는 평가를 받았다(조희정, 2013: 86).

오마바 대통령은 SNS를 선거캠페인에 잘 활용한 대표적 사례라 할 수 있다. 오마바 당선 이후 미국 선거에서 SNS의 활용이 더욱 확대되고 있다. 오바마의 선거자금 대부분은 인터넷을 통한 소액 기부로 채워졌다(Kim, 2012: 50). 미국에서 온라인 선거운동은 비용에 비해 효과가 높다는 이점 때문에 점점 쓰임새가 확대되고 있다.

미국 대선 후보들의 2012년 디지털 선거운동은 2008년의 그것과 어떤 측면에서 질적 차별성을 보였다. 음악 플레이리스트, 모바일 선거기금 모집, 유튜브 홍보 동영상 등 접근 방안들이 등장하였다. 페이스북, 트위터, 유튜브 등을 통해 공화당 대선 후보 경쟁이 진행되면서 특히 공화당 후보들이 사용자의 관심을 한 몸에 받았다.

온라인에서 앞선 후보는 오바마 미국 대통령였다. 오바마는 2008년 디지털 선거운동을 성공적으로 진행한 이후 대통령 직을 수행하는 과정에도 디지털 정치를 계속해서 확대해 왔다. 오바마 미국 대통령은 유튜브 채널을 통해 미국 사용자와 정기적으로 소통하였으며, 페이스북을 통해 시민과의 대화를 정례화하였다. 또 텀블러를 통해 재선 가도를 본격화하였다. 오바마의 디지털 선거운동은 미국 대선 후보뿐만 아니라 전 세계 정치인에게 선거운동 교본으로 평가받았다. 2008년 미국 대선이 소셜미디어에 기초한 첫 번째 선거로 기록될 수 있다면, 소셜미디어 기반 선거운동은 2012년 미국 대선을 통해 선거운동의 필수사항으로 자리매김했다. 음악 팬들을 위해 스포티파이(spotify)의 플레이리스트가 사용되고, 다양한 여성 사용자의 눈을 사로잡기 위해 핀터레스트(Pinterest)고 적극 활용되고, 값비싼 방송광고 보다는 유튜브 홍보영상이 트위트와 페이스북에서 확산되고, 스퀘어(Square)를 통해 스마트폰 사용자가 쉽게 선거

기금 모금에 참여할 수 있는 등 디지털 접근법이 2012년 미국 대통령 선거운동에서 사용되었다.[161]

2012년 미국 대선의 디지털 환경은 2008년과는 분명히 달랐다. 4년 사이 스마트폰에 기초한 모바일 웹이 대중화되었고, 소셜미디어의 의미 또한 한층 증가하였다. 전체 트위터 사용자 중 미국 사용자는 일부에 지나지 않지만 2008년 트위터 사용자가 6백만 명 수준이라면 2012년 트위터 사용자는 1억 명을 넘어섰다. 미국 정치집단은 4년 전과는 양적으로 뿐만 아니라 질적으로 다른 유권자 집단을 트위터를 통해 만날 수 있었다. 바락 오바마의 팔로워는 2012년 이미 1200만 명을 넘어서고 있었다. 오바마 캠프의 디지털 선거운동 책임자인 테디 코프(Teddy Goff) 또한 뉴욕타임즈와의 인터뷰에서 "트위터가 정치 작동 방식을 전체적으로 바꾸고 있다"면서 자신의 팀은 리트윗(RT) 수에 기초한 공감확대를 위해 리트윗되는 트윗의 문장 하나 하나를 분석하고 있었음을 밝혔다.[162]

페이스북은 2012년 미국 대선에서 가장 중요한 정치 플랫폼 역할을 하였다. PEW 연구소의 연구결과에 따르면 미국 페이스북 사용자는 평균인 보다 정치적 관심도가 높은 것으로 나타났다. 페이스북 사용자는 후보 등 정치인과의 상호작용 보다는 친구 관계망에서 이뤄지는 대화를 통해 정치 관심 및 정치 참여의 동기부여를 받고 있는 것으로 연구 보고서는 밝히고 있다. 오바마 선거운동 캠프는 페이스북 앱으로 제공되고 있는 'Are you in?'을 통해 2012년 9만 명의 페이스북 사용자가 자신의 타임라인을 통해 공개적으로 오바

161 http://www.venturesquare.net/2029(검색일: 2016. 3. 27).
162 http://www.venturesquare.net/2029(검색일: 2016. 3. 27).

마 후보에 대한 지지를 밝혔다. 이 앱을 통해 후보와 사용자간의 네트워크 뿐만 아니라 후보를 지지하는 사용자와 그의 친구들 사이에도 네트워크가 형성될 수 있다. 또 이 앱을 통해 확보할 수 있는 사용자 정보를 통해 오바마 선거캠프는 사용자를 성별, 연령별, 거주 지역별 또는 취향별로 구별하고 이에 기초해 차별화된 메시지 전략을 구사할 수 있었다. 뿐만 아니라 사용자 데이터 분석을 통해 타켓층-서부 거주 20대 여성, 동부 거주 30대 남성 등-에 따라 시간차이를 둔 선거운동이 가능했다.[163]

2016년도 페이스북, 트위터, 인스타그램 등 소셜 미디어(SNS)가 미국 대선을 뒤흔들고 있다. SNS를 잘 활용하는 후보의 지지율이 그렇지 않은 후보에 비해 더 높다. SNS가 유권자의 눈과 귀를 사로잡는 새로운 병기로 확고하게 자리잡은 것이다. SNS 전쟁에선 공화당의 도널드 트럼프가 단연 선두다.

트럼프의 트위터 팔로워는 2016년 1월 17일(현지시간) 현재 572만 명이 넘는다. 후보들 중 가장 많고 테드 크루즈 상원의원(약 73만 건)의 8배에 육박한다. 공화당의 '적자'로 평가받았던 젭 부시 전 플로리다 주지사가 왜 선거전에서 맥을 못 추고 중도 탈락했는지도 이 수치가 설명해준다. 부시의 팔로워는 42만여 명으로 트럼프의 13분의 1에 불과하다. 그가 무슨 말을 하든 SNS에서 화젯거리가 되지 않는 이유이기도 하다. 트럼프는 단순히 팔로워만 많은 것이 아니다. SNS는 트럼프의 핵심 선거전략이다. 트럼프는 트위터를 선호한다. 빠른 전파성 때문이다. 유권자들을 자극하는 거친 표현을

163 http://www.venturesquare.net/2029(검색일: 2016. 3. 27).

삽시간에 퍼뜨릴 수 있다.

소셜미디어 분석회사 브랜드와치에 따르면 2015년 지난해 12월 지지율 상위 6명의 미국 대선 후보에 관한 트위터 중 56%가 트럼프를 언급했다. 무슬림 입국 금지라는 과격한 주장은 발언 당일에만 64만6000번이나 리트윗됐다. 그러나 통계에 잡히지 않는 다른 강점도 있다. 기자들은 트럼프가 트위터에 올린 글과 후속 논쟁을 기사화한다. 디지털 전략가 미디 핀은 "처음엔 트위터, 다음엔 논쟁, 이어서 모든 미디어가 다루게 되는 과정을 통해 트럼프는 24시간 내내 뉴스 사이클을 지배하는 셈"이라며 "소셜미디어의 확장성이 없었다면 트럼프는 현재와 같은 강력한 지지를 확보하지 못했을 것"이라고 진단했다. 그러나 트럼프의 '트위터 전술'에는 부작용이 있다. 실제 무슬림 입국 금지를 주장했을 때 트럼프에 관한 트위터의 약 절반은 트럼프에 대해 부정적인 정서를 담았다.

팔로워가 많다는 것이 반드시 투표로 연결되는 것은 아니다. 테드 크루즈는 SNS 전략은 트럼프와 다루게 크루즈의 무기는 페이스북이다. 페이스북의 강점은 연결성로서 친구와 가족 등 대체로 잘 알고 있는 이들과 연결된다. 크루즈에게 '좋아요'를 누른 이는 약 180만명. 트럼프의 페이스북 친구 530만 여명에 비해선 작지만, 두 후보의 격차는 트위터보다 훨씬 작다. 크루즈의 페이스북은 미국 총기 소유자단체, 텍사스 젊은 보수주의자 단체 등 소규모 그룹들로 채워져 있다. 핀은 "크루즈는 페이스북을 통해 자신의 군대를 조직해왔고, 일종의 '가상 사무실'처럼 활용하고 있다"고 평가했다. 트럼프 캠프가 만든 모바일 애플리케이션도 다른 후보들과 차별화된다. 지지자들이 선거운동에 참여할수록 포인트가 올라가는 일종의 게임 방식이다. 앱을 통해 지지자들을 선거캠페인 속으로 끌어들여 충성심이 높은 선거운동원으로 만든다.[164]

민주당 진영의 SNS 전쟁은 '힐러리의 대규모 군단'과 '샌더스의 정예병력'간 격돌 양상이다. 2016년 1월 현재 힐러리의 트위터 팔로워는 514만명이 넘어 버니 샌더스 상원의원(약 117만 명)을 압도하고 있다. 페이스북의 '좋아요' 친구는 샌더스(236만여 명)가 힐러리(224만 명)보다 약간 많다. 샌더스는 SNS 사용자들이 중시 여기는 진정성 측면에서 힐러리를 앞선다는 평가를 받는다. 샌더스의 트위터와 페이스북에는 이슈에 대한 진지한 주장이 넘쳐난다. 예를 들면 "오늘날 부노넉하고 지속불가능한 소득 불평등이 존재한다." "믿을 수 없지만, 아직도 많은 주에서 게이라는 이유로 해고하는 것이 합법적이다. 절대로 받아들일 수 없다. 바꾸어야 한다."는 등의 주장도 제기됐다.

권위적이라는 비판을 받았던 힐러리도 SNS 활동을 크게 늘렸다. 그는 페이스북에 남편 클린턴 전 대통령과 함께 손녀딸을 안고 있는 영상을 올렸다. 권위를 벗어던진 진솔한 모습을 SNS에 많이 노출시키면서 그에 대한 호감도도 개선됐다. 오바마 대통령의 대선캠프에서 디지털 전략을 담당했던 조 로스파스는 "SNS는 2020년과 2024년엔 SNS 활용방식이 더 진화할 것"이라고 말했다.[165]

한국에서도 정치인들이 인터넷과 SNS를 활용해 유권자와의 소통을 확대하고 있다. 이 같은 활용을 계기로 인터넷과 SNS가 한국

---

164 http://news.jtbc.joins.com/article/article.aspx?news_id=NB11154384 (검색일: 2016. 3. 27).

165 http://news.jtbc.joins.com/article/article.aspx?news_id=NB11154384 (검색일: 2016. 3. 27).

정치에 미칠 영향에 대해서도 많은 관심이 쏠리고 있다(김영주 · 김춘식, 2005: 106). SNS 등 네트워크에 기반한 인터넷 매체의 등장으로 과거와는 달리 국민이 정치과정에 직접 참여할 수 있는 통로가 확보되고 정부 및 정치인과의 의사소통을 이어가는 수단을 마련하게 됐다. 인터넷과 SNS는 정치과정에서의 소통뿐만 아니라 공적 · 집단적 의사결정에도 영향을 미친다. 개인의 제한적 정보에 기반한 판단에 의존하기보다 집단의 전문적 지식을 활용하게 되면서 편협한 관심에 따른 의사결정을 막을 수 있게 됐다. 이런 형태를 이른바 '집단지성(collective intelligence)'이라 일컫는데 '위키피디아(Wikipedia)'가 대표적인 사례이다. 이 같은 집단지성적 논의를 가능하게 하는 수단이 SNS이다(이동수, 2009: 196). 이는 간접민주주의(代議制)를 보완하는 참여민주주의의 기초를 형성하게 된다(이홍종, 2003: 191).

특히 헌법재판소가 2011년 12월, SNS 선거운동 규제에 대해 한정위헌 결정을 내려 SNS가 활성화되는 계기를 만들었다. 헌법재판소는 6(위헌)대 2(합헌)의 의견으로 "SNS 등 인터넷 공간 정치적 의견 표명"에 대한 처벌규정을 위헌 결정했다. 공직선거법은 그 입법 취지가 후보자 경제력 차이에 따른 불균형을 막기 위한 것이며 인터넷은 그 취지에 적합한 매체이므로 이를 통한 의견 표명을 금지하는 것은 적절치 않다고 그 이유를 설명했다. 정치권에서도 이 같은 판결을 일제히 환영하는 의견을 표명했다.[166]

SNS는 여러 가지 방식으로 활용되고 있다. 먼저 인터넷은 국가

166 http://journal.kiso.or.kr/?p=1649(검색일: 2016. 3. 27).

정책의 홍보수단이나 국민에 대한 정부의 정보 제공수단으로서 역할을 하고 있다. 특히 SNS의 경우 실시간 쌍방향 소통방식을 동원해 캠페인 방식을 근본적으로 변화시키고 있다. 또 민주주의 국가에서 SNS는 국민 여론을 확인하는 것은 물론 정치 이슈에 대한 담론 형성의 수단이 되고 있다. 정치인의 웹페이지는 선거 캠페인 과정에서 뿐 아니라 자신의 정책을 홍보하고 국민들과 소통하기 위한 창구 역할을 하고 있다. SNS는 다른 통신 수단에 비해 비용을 거의 들이지 않고 비교적 다량의 메시지를 빠른 속도로 전달할 수 있다는 점에서 매력적인 소통 수단으로 대접받고 있다(이원태 · 김춘식 · 이나경, 2010: 31-32).

57. 미국 영화에 나타난 포스트모더니즘 연구: 데이빗 린치(David Lynch)와 쿠엔틴 타란티노(Quentin Tarantino)의 영화를 중심으로

차례

Ⅰ. 서론

포스트모더니즘(postmodernism)[167]은 현재 미국 등 전 세계에서 보편적으로 목격되는 철학적, 정치적, 문화적, 경제적, 사회적 현상이다. 포스트모더니즘은 모더니즘(modernism)과 밀접한 관련을 갖고 있지만 기본적으로 모더니즘에 대한 하나의 대응으로 비교되어 이해되고 있다. 포스트모더니즘은 모더니즘이 내포하고 있는 이성 중심주의에 대해 근본적인 회의를 내포하고 있는 사상적 경향의 총칭이다. 1980년대 이전까지는 사상가들이 후기구조주의(post-structuralism)로 뭉뚱그려 구분되었으나 1979년 장 프랑수아 리오타르(Jean-François Lyotard)가 『포스트모던의 조건』(The Postmodern

167 postmodernism은 탈근대성, 탈근대주의, 탈현대성 등으로도 번역되지만 일반적으로 포스트모더니즘라고 표현된다.

Condition)에서 포스트모더니즘이라는 용어를 명시적으로 사용함으로서 하나의 사상적 사조로 분류되기 시작했다. 포스트모더니즘은 탈이성적인 것, 다양성과 탈권위적인 것을 추구한다. 간단히 모더니즘은 규칙성, 포스트모더니즘은 비규칙성으로 비교될 수 있다.[168] 이 논문은 미국영화에 나타난 포스트모더니즘(postmodernism) 현상을 고찰하기 위한 것이다.

미국의 감독들 중 데이빗 린치(David Lynch)와 쿠엔틴 타란티노(Quentin Tarantino)의 영화작품들을 집중적으로 검토할 것이다. 이 두 감독의 작품들을 선정한 이유는 이들이 탈근대적인 여러 문화예술적인 징후들을 드러내는 감독들 중 가장 대표적인 예술가들이라고 평가되기 때문이다.[169] 이들이 탈근대 영화의 특징의 하나로 지목되어 온 "패스티시(pastiche 혼성모방)"와 "오마주(homage)," 그리고 "패러디"의 전략, 또는 가장 광범위하게 말하여 "상호(相互) 텍스트성"(inter textuality)의 전략을 영화제작에 많이 활용하는 가장 대표적인 감독들이라고 판단되었기 때문이다.

그동안 포스트모더니즘[170], 포스트모더니즘과 미국 영화[171]에 대한 많은 연구 성과물이 있었다. 이 연구물들은 미국 영화 한 편 내지

---

168 http://mirror.enha.kr/wiki/%ED%8F%AC%EC%8A%A4%ED%8A%B8%EB%AA%A8%EB%8D%94%EB%8B%88%EC%A6%98(검색일: 2016. 8. 30).

169 물론 다른 탈근대적 영화감독들은 워쇼비스키 남매 등 많다.

170 Levin(1966), Hutcheon(1985; 1989), Habermas(1981), Jameson(1984; 1985; 1991), Lyotard(1979), Trachtenberg(1985), Guattari(1986), Britton(1988), Featherstone(1988), Welsch(1988; 1990), Harvey(1989), Conner(1989), Best · Kellner(1991), 정정호 · 강내희(1991), 칼리노스(1994), 베스트 · 켈너(1995), 리오타르(1999), 이글턴(2000), 로빈슨(2002), 바티모(2003)등

171 Best · Kellner(1991), Rose(1993), Hendershot(1995), Gehring(1999), Harries(2000), Le Blanc(2000), 심광현(2001), Alemany-Galway(2002), 장시기(2003; 2005), 강창구(2007), 남수영(2010), 원용진(2010), 노광우(2013), 피종호(2013) 등

는 몇 편을 중심으로 하여 각 영화의 포스트모더니즘 요소와 징후들을 분석했다. 피종호(2010)는 데이빗 린치(David Lynch)의 패스티시 영화와 포스트모더니즘을 분석했다. 그러나 기존 연구물들은 우선 대표적인 포스트모더니즘 감독인 데이빗 린치(David Lynch)와 쿠엔틴 타란티노(Quentin Tarantino)의 작품에 대하여 비교하고 평가하는 방식으로 진행한 것은 없다. 본 논문은 쿠엔틴 타란티노의 포스트모더니즘과 데이빗 린치의 포스트모더니즘을 분석하고 비교함으로써 기존연구가 잘 다루지 못한 점들을 보완하려는 작업이다. 본 연구는 인터넷을 포함한 자료수집, 문헌연구, 영화분석, 인터뷰(이메일 인터뷰 포함), brain storming 등의 세부적인 연구 방법 등을 사용한다. 영화를 보고 분석하는 작업은 연구자의 직접 분석, 타인의 리뷰 분석, 그리고 brain storming 방식을 이용한 집합 분석 등을 종합하여 논문을 작성한다.

Ⅱ. 이론적 틀: 모더니즘과 포스트모더니즘

모더니즘(modernism)은 전근대적(pre-modern) 전통, 권위, 신화 등에 반대하여 이성(reason) · 합리성 중심과 근대의 과학이나 문화에 의해서 자유 · 평등한 근대인으로서 살아가려는 입장을 말한다.[172] 나아가서 산업혁명과 기계문명이나 도시 생활의 근대성 또는 미학적 근대주의의 보편적인 감각을 중시하는 경향도 지칭한다.[173] 대량생산 · 대량소비 · 매스미디어로 대중사회(mass society)

172 바티모(2003, 196)는 "근대는 근대적 가치가 하나의 가치가 되는 시대이며, 더 나아가 근대적 존재가 다른 모든 가치들이 참조하는 그 가치가 되는 시대다"라고 설명한다.

가 발전되고 대중문화(mass culture)를 통하여 대중사회가 운영된다(박정하 1999, 16-17; 장일 · 김예란 2006, 143). 미술, 음악, 건축, 문학, 영화 등이 이런 대중적인 문화영역을 차지하는 주요 요소들이다. 근대적인 분야인 미술, 음악, 건축, 문학, 그리고 영화에 있어서 근대적 특성인 이성주의, 과학, 합리주의, 규격과 규칙, 표준, 형식주의 등의 관점과 가치를 추구하는 방식으로 이런 대중문화 분야가 발달하게 되었다. 영화의 경우, 20세기 전반기의 근대주의적 영화제작이 번창하던 시기에 "영화는 문학, 회화(미술), 연극, 사진, 건축과 같은 영화가 아닌 다른 분야로부터 표현기법을 전수받아 영상을 만들었다"(노광우 2013, 554-557).

〈표 1〉 모더니즘과 포스트모더니즘 비교

모더니즘	포스트모더니즘
이성(reason), 합리성	감성(emotion), 감정
형식, 규격, 전형(典型)	탈형식, 일탈, 다양성(차이)
산업사회(상품)	후기산업사회(지식, 정보)
Fordism(소품종다량생산방식)	Post-Fordism(다품종다량생산방식)
대중사회(mass society)	모자이크(mosaic society)
mass media	new media
구조주의	후기구조주의, 탈구조주의, 해체주의

모더니즘의 시작을 우선 정치사회적으로 보면 19세기부터 모더니즘의 토양이 갖추어졌다고 보고 있다. 19세기 이후의 중요한 사건으로 학자들은 네 가지를 꼽는다. 산업혁명, 산업사회, 양차 세계

173 http://ko.wikipedia.org/wiki/%EB%AA%A8%EB%8D%94%EB%8B%88%EC%A6%98 (검색일: 2016. 8. 30).

대전, 대중사회의 성장과 확산이 그것이다. 이미 종교개혁은 자본가 세력이 주류 권력층으로 성장할 수 있도록 만들었고 과학의 발달에 의한 산업혁명은 산업사회와 자본주의 사회의 물질적 토대를 마련했다. 그리고 참정권이 확대되고 일반인 소비자 대중이 등장하는 계기가 되었다.[174]

18세기 중엽부터 시작된 산업혁명은 종교개혁에 의한 개신교(protestants) 상공인들이 주축이 되어 이루어진 결과이다. 특히 영국에서 산업혁명이 일어났는데 이것이 가능했던 배경으로 과학의 발달과 기술혁신(innovation)을 들 수 있다. 농업 혁명, 면직물 공업 기계화, 제철 공업의 발전이 산업혁명을 가능하게 한 기술적인 배경이었다. 방적기와 방직기가 발명되면서 제품 단가가 떨어지게 됐고 영국 면직 산업은 큰 경쟁력을 갖추게 되었다.[175] 제철 공업 면에서는 코크스[176]와 새로운 제철기술이 마련되면서 영국의 철 생산량이 급격하게 늘어나게 되었다. 덕분에 산업혁명의 전개에 필요한 막대한 철을 공급할 수 있었다. 당연히 그 철이 다시 기계재료로 들어가고 기계 기술은 더 발전하는 순환이 일어나게 되었다. 양차 세

---

174 http://ko.wikipedia.org/wiki/%EB%AA%A8%EB%8D%94%EB%8B%88%EC%A6%98 (검색일: 2016. 8. 30).

175 반대급부로 노동자들의 임금도 떨어졌고 영국에서 산업혁명에 의한 기계의 도입에 반발하며 기계를 파괴하는 러다이트 운동까지 일어났다. 불만이 극도로 쌓인 노동자들은 노동운동을 벌이고 마르크스 사상이 이에 영향을 주면서 공산주의까지 이어지게 된다.
http://dic.daum.net/search.do?q=%EB%9F%AC%EB%8B%A4%EC%9D%B4%ED%8A%B8 (검색일: 2016. 8. 30).
http://mirror.enha.kr/wiki/%EB%AA%A8%EB%8D%94%EB%8B%88%EC%A6%98 (검색일: 2016. 8. 30).

176 점결탄을 고온으로 가열하여 휘발 성분을 제거한, 구멍이 많은 고체 연료
http://dic.daum.net/search.do?q=%EC%BD%94%ED%81%AC%EC%8A%A4 (검색일: 2016. 8. 30).

계대전은 영국 등 유럽 중심의 세계 질서가 미국으로 옮겨가도록 만들었고 자동차산업으로 상징되는 소품종대량생산(Fordism)은 미국을 중심으로 대중사회의 성장과 확산, 그리고 소비 중심의 대중문화를 만들었다.[177]

산업혁명으로 물질문화가 발전한 것이 대중문화의 시작 배경이었다. 기성제품의 선택지가 조금 늘어났을 뿐 일반 대중이 자기만의 취향을 가지고 그 기준에 따라 판단하고 선택하는 것이 아니기 때문이다. 기업은 주인이 되는 사실상 어떤 제품이나 콘텐츠를 결정하는 것은 기업이지 서민 소비자가 아닌데 소비자들은 자기가 문화를 만들고 향유한다고 착각하게 된다. 예술문화에서 모더니즘의 시작을 언제부터 인가에 대해서는 이견이 많다. 회화 분야에서는 인상주의를 모던미술이 시작되는 계기로 보는 경우가 많다. 음악 분야에서는 기능화성을 부정한 무조음악이 출현한 표현주의를 모던음악의 시작으로 보는 경우가 많다. 연극도 비슷해 1910년대 독일에서 기존의 사실적인 무대형식, 전통적인 드라마를 부정한 연극이 등장한 것을 모던연극의 시작으로 본다. 사진과 영화분야는 다른 분야보다 그 시작을 말하기가 쉬운데 당연히 최초로 사진이 발명된 때인 1830년대를 그 시작으로 본다.[178]

포스트모더니즘은 모더니즘이 확립하여 놓은 원리, 형식 등에 대한 거부 및 반작용으로 생겼다. 포스트모더니즘의 구상이 주된 관심을 기울이고 있는 분야는 예술이라고 볼 수 있다. 산업사회시대

---

177 http://mirror.enha.kr/wiki/%EB%AA%A8%EB%8D%94%EB%8B%88%EC%A6%98 (검색일: 2016. 8. 30).

178 http://mirror.enha.kr/wiki/%EB%AA%A8%EB%8D%94%EB%8B%88%EC%A6%98 (검색일: 2016. 8. 30).

에 사는 우리 인간의 관심은 이성에 의하여 억눌린 감성을 해방시키는 데 있다. 무엇보다 탈근대성이 근대성과 구분되는 가장 큰 차이의 징후들은 근대성이 이성과 과학, 규격, 그리고 일정한 형식 등을 중시한다면 포스트모던 현상은 상대적으로 감성(감정)을 중시하고 "본능"이나 본능적인 감정을 외면하지 않고 중시한다. 따라서 포스트모더니즘은 산업사회와 대중사회에서 나타나는 대중문화의 획일성을 문제로 삼는다. 그래서 새로운 사회이론이 등장했다. 이 이론은 대중문화의 등장, 소비사회(쇼핑센터, 소비재)의 도래, 하늘로 높이 치솟는 고층빌딩, 고속도로, 근대화된 도시화 현상 등을 배경으로 하여 등장했다. 레이몽 아롱(Raymon Aron)과 알렝 투레인은 미국적 개념을 사용하여 이런 현상을 '후기산업사회'(postindustrial society)라 명명했다. 롤랑 바르트(Roland Barthes)는 "이 소비사회의 대중문화가 새로운 신화를 자연스러운 것으로 만든다"고 보고 이것을 비판했다. 보드리야르(Jean Baudrillard)는 소비사회의 구조, 코드, 그리고 관행을 분석하고 그런 것들을 비판했다. 앙리 르페브르(Henri Lefebvre)는 일상적인 삶의 근본적인 변화는 관료주의와 소비 자본주의에 의하여 새로운 지배의 방식을 제공하고 있다고 주장했다(베스트와 켈너 1995, 33). 게다가 문학과 문화비평에서의 발전은 새로운 형태의 글쓰기작업, 이론, 담론을 발전시켰다. 예를 들어, 구조주의적 혁명, 탈구조주의적 이론 등이 그런 발전의 징후들이다(베스트 · 켈너 1995, 33).

모더니즘이 대중사회(mass society)라면 포스트모더니즘은 다양성의 모자이크사회(mosaic society)이다. 이런 모자이크 사회는 근대적인 통합성, "거대서사적"(巨大敍事的) 묘사의 관행, 그리고 사회적 일관성이라는 관점이 붕괴되기 시작하는 사회다. 그리고 이 사회는 데리다의 말 대로, "해체," "초월," "재구성"이 중요한 사회다. 따라서 이 사회는 독립적인 문화적 정체성이 변화되는 사회이기 때문에 독자적인 문화 컨텐츠를 거기에 의존하여 개발하기 어려운 사회가 된다. 따라서 그런 상황에서 이전의 문화 컨텐츠를 "패러디(parody. 희화화)하는 문화형식"을 요구한다(김성곤 1991, 207-8). 그게 새로운 문화 컨텐츠를 계속 만들어가게 된다는 것이다. 그러나 이 패러디의 관점은 비단 패러디 그 자체에만 국한되는 것은 아니다. 그 이유는 패러디는 "상호텍스트성"(intertexuality), "패스티시(pastiche 혼성모방)" 현상과 심지어는 "자아" 내지 "주체성"을 확인하고자 하는 열망이 담긴 "자기지시성"(自己指示性" self-referentiality) 현상과도 밀접한 연관성을 가지고 있기 때문이다(피종호 2013, 175; 200). 모자이크 사회는 물론 근대사회처럼 대중매체를 통한 대중에 대한 교육 역시 중요하지만, 그 만큼 또는 그 이상으로 전문화되고 분화된 전문성을 가진 엘리트의 육성을 중시할 수 밖에 없는 사회다. 그래서 엘리트 교육이 중시된다. 또 이런 교육들은 다양화된 정보기술과 매체의 발전으로 인하여 "새로운 매체"(new media), "다양한 매체"(multi media)를 통하여 이뤄진다. 이 사회에서 "정보화혁명"이란 말은 우리가 일상적으로 늘 듣는 말이 되었다. "새로운 매체"와 "다양한 매체"를 통하여 늘 새로운 정보가 생산되기 때문이다.

〈표 2〉 영화에 있어서 모더니즘과 포스트모더니즘 비교

모더니즘	포스트모더니즘
이성, 형식, 규격, 전형(典型)	무의식, 탈형식, 일탈, 다양성(차이)
기승전결(起承轉結) 인과관계 복선, 반전, happy ending	파편화(주체, 시간, 공간 등) 모방(부정: 패러디, 중립: 패스티시, 긍정/숭배: 오마주 homag(검색일: 2016. 8. 30).e)

파편화(fragmentation)는 한편으로 해체, 전제주의, 일방주의, 폐쇄, 고립을 함축하며 다른 한편으로는 지역주의, 공간적 팽창, 분리주의, 이질성을 지향하는 경향을 띤다. 이는 어떻게 보면 통합적인 것에 반대되어 부정적 의미가 강한 듯하지만, '상대적으로 불리한 위치에 있는 자들'이 사용할 수 있는 수단이 되기도 한다. 파편화에 대한 분석이 안고 있는 첫 번째 문제는 적절한 분석수준을 찾는 것이다. 그 이유는 야누스처럼 한 수준에서 통합적이라고 간주되는 많은 발전결과들이 다른 수준에서는 파편화 지향적인 측면을 동시에 띠고 있기 때문이다. 파편화라는 개념은 사회의 전통에서부터 종교 및 철학의 체계와 미적 형식에 이르는 경험의 모든 양상을 포괄하여 현대의 삶을 일반적으로 말하는 표현으로서 자주 불려 나온다. 이 개념 자체는 전체성(totality)의 개념과 대립한다. 파편화는 포스트모던한, 탈산업적 세계의 조건과 흔히 연관된다. 기획된 통일성이나 전체성도 최종적으로 무효라는 것을 강조함으로써 사람들에 대한 지배력 행사에 단편화를 이용할 수 있다.[179]

패러디는 표절이라는 인식보다는 창조의 한 장르로 인정받는다. 패러디 영화와 리메이크 영화(remake film)를 혼동하기도 하는데,

---

179 http://terms.naver.com/entry.nhn?docId=1531033&cid=41799&categoryId=41800 (검색일: 2016. 8. 30).

리메이크 영화는 기존 영화의 스토리를 바탕으로 플롯과 소재에 약간의 변화를 주어 다시 만든 영화를 의미한다. 이에 비해 패러디는 기존 영화를 풍자하여 재미있게 표현한 영화를 의미한다. 그래서 패러디 영화는 대부분이 코미디 장르다. 패러디 영화란 기존에 대중의 사랑을 받고 빅히트했던 장르 영화의 특정 장면에 모티브를 두고 각색해서 제작한 영화를 말한다. 데이빗 주커(David Zucker) 감독의 <총알 탄 사나이2, The Naked Gun 2>(1991)은 <사랑과 영혼, Ghost>(1990)의 도자기 빚는 장면을 코믹하고 에로틱하게 패러디한 것으로 유명한데, 이 장면은 여러 영화뿐 아니라 TV 광고에서도 패러디되어 인기를 얻었다. 이렇듯 패러디 영화의 의도는 진지한 작품의 스타일, 관습, 모티브를 풍자하는 데 있다. 짐 에이브러햄스(Jim Abrahams) 감독의 <못 말리는 비행사 Hot Shots>(1991)는 전 세계적으로 히트한 <카사블랑카 Casablanca>(1942), <지옥의 묵시록 Apocalyse Now>(1942), <람보 3 Rambo III>(1988) 등의 명장면을 패러디해 관객들에게 즐거움을 선사했다. 이와는 반대로 진지하게 기존 영화를 인용하는 오마주(homage)가 있다. 오마주는 프랑스어로 존경, 경의를 뜻하는 말이다. 감독들이 기존 감독의 작품에 경의를 표하고 자신의 작품에 인용하여 사용한다. 예를 들어 브라이언 드 팔마(Brian De Palma) 감독은 세르게이 예이젠시테인(Sergei Eisenstein)의 <전함 포템킨 The Battleship Potemkin>(1925) 계단 장면을 <언터처블>(1987)에서 오마주했다.[180] 브라이언 드 팔마(Brian De Palma)도 알프레드 히치콕(Alfred Hitchcock)의 작

---

180 http://terms.naver.com/entry.nhn?docId=2275298&cid=42219&categoryId=51141 (검색일: 2016. 8. 30).

품으로부터 많은 영감을 받았다. <드레스트 투 킬 Dressed to Kill>(1980)은 히치콕의 <싸이코 Psycho>(1960)에 대한 오마주이다. 이러한 오마주는 시네필(영화광) 현상과 밀접하게 관련되어 있다. 오마주는 프랑스어로 '감사, 경의, 존경'을 뜻하는 말로 영화에서는 자신이 존경하는 사람의 업적과 재능에 대한 일종의 경배를 뜻한다. 때로 감독은 영화를 만들 때 자신이 존경했던 영화감독에 대한 일종의 헌사로서 특정한 장면을 모방(검색일: 2016. 8. 30)한다.[181]

패스티시는 다른 작품으로부터 내용 혹은 표현 양식을 빌려 와 복제하거나 수정하여 작품을 만드는 것 또는 그 작품을 말한다. 흔히 혼성 모방으로도 불린다. 패스티시는 일반적으로 다른 작품의 요소를 통일된 양식으로 재창조하지 않는 것, 즉 절충적인 작품에 대한 경멸적인 의미로 쓰인다. 패스티시는 흔히 패러디와 비교된다. 패러디는 다른 작품의 내용이나 양식을 빌리되 특정 의미를 표현하기 위한 목적의식을 갖고 있는 데 반해 패스티시는 목적의식 없이 중립적으로 다른 작품들의 요소를 단순 나열한다.[182]

Ⅲ. 데이빗 린치(David Lynch)와 쿠엔틴 타란티노 (Quentin Tarantino)의 영화에 나타난 포스트모더니즘

1. 데이빗 린치의 영화

우선 린치와 타란티노의 영화에 대하여 간략히 개관할 필요가 있

181 http://terms.naver.com/entry.nhn?docId=349837&cid=42617&categoryId=42617 (검색일: 2016. 8. 30).

182 http://terms.naver.com/entry.nhn?docId=350357&cid=42617&categoryId=42617 (검색일: 2016. 8. 30).

어 보인다. 이 두 미국감독의 작품은 미국을 포함하여 전 세계에서 가장 대표적인 포스트모던 영화감독들로 평가받는 감독들 중의 두 사람이다.[183] 상호텍스트성의 문제에서 우리는 패러디와 패스티시의 문제를 논의할 수 있다.했다. 린치와 타란티노는 일정한도 자신의 주관성과 자아의식, 그리고 정체성을 관객에게 각자 나름의 방식으로 시사한다. 우리 보통의 관객들이 그들의 영화에서 무엇이 현실이고, 무엇이 꿈인지는 이해하기가 사실상 쉽지는 않다. 그만큼 린치와 타란티노의 영화, 특히 린치의 영화는 난해하고 다루고 분석하기가 까다롭다.[184]

데이빗 린치의 탈근대적 성격은 패러디, 패스티시, 그리고 오마주 등의 세 가지 범주에서 고찰할 수 있다. 상호텍스트성은 린치의 영화의 내용과 스타일뿐만 아니라 그가 자신이 만든 영화에서 자아(自我 the self) 이미지, 사회, 그리고 대중문화적인 콘텐츠를 활용하는 방법에 있어서 패러디, 패스티시, 그리고 오마주를 활용하는 방식에서 가장 구체적으로 잘 드러난다. 패러디와 패스티시에 대하여 린치는 1939년에 나온 빅터 플레밍의 만화영화, <오즈의 마법사 The Wizard of Oz>(1939)[185]의 컨텐츠를 비판하지는 않는데, 그것

183 대표적인 탈근대 영화 감독들은 다음과 같다. "The Coen brothers, Michael Haneke, David Lynch, Quentin Tarantino, Wes Anderson, Peter Greenaway, François Truffaut, Charlie Kaufman, Jean-Luc Godard, Paul Thomas Anderson, Spike Jonze, Jim Jarmusch and Christopher Nolan." 그리고 이들 대부분은 "탈근대적 영화제작의 원칙들을 활용하고 있다"고 소개하고 있다: http://en.wikipedia.org/wiki/Postmodernist_film.(검색일: 2016. 8. 30).

184 린치 영화의 난해성을 지적한 자료로, 앤하워키의 http://mirror.enha.kr/wiki/%EB%8D%B0%EC%9D%B4%EB%B9%84%EB%93%9C%20%EB%A6%B0%EC%B9%98(검색일: 2016. 8. 30)가 있다. 이 자료엔 한국의 영화 감독, 박찬욱의 불만 섞인 난해성에 대한 논평을 담고 있다.

185 오즈의 마법사(The Wizard of Oz)는 L.프랭크 바움이 쓰고 W. W. 덴슬로가 삽화를 그린, 총 14편으로 된 아동문학 작품이다.

을 다소 부정적으로 인용, 활용하고 있다는 점에서 패스티시 하고 있다고 보기엔 다소 좀 뭔가 부족하다는 느낌이 든다. 그렇다고 원래의 텍스트, <오즈의 마법사>를 조롱하고 있다고 보기도 어렵다. 그러나 린치는 <광란의 사랑 Wild at Heart>(1990)[186]에서 <오즈의 마법사>의 컨텐츠를 그대로 활용하는 면도 있지만, 그것을 반대로 활용하기도 한다. 그래서 패스티시 하는 면도 있지만, 원본(텍스트)을 반대로 활용한다는 점에서 반드시 패스티시라고 단정하기 어렵고, 오히려 패러디에 가깝게 활용하는 경우도 있다고 이해되기도 한다.

원래 린치는 이 영화에서 <이상한 나라의 앨리스 Alice in Wonderland>(1951)[187]를 패스티시한다는 전략을 가지고 있었다 한

---

http://ko.wikipedia.org/wiki/%EC%98%A4%EC%A6%88%EC%9D%98_%EB%A7%88%EB%B2%95%EC%82%AC.(검색일: 2016. 8. 30).

186 세일러(Sailor Ripley: 니콜라스 케이지 분)와 루라(Lula: 로라 던 분)는 사랑하는 사이지만 루라의 어머니 마리에타(Marietta Fortune/Wicked Witch of the West: 다이안 래드 분)는 그들의 사랑을 반대한다. 왜냐하면 마리에타는 세일러를 좋아하지만, 루라를 좋아하는 세일러에 대해 증오감이 강하다. 그녀는 정부와 살기위해 남편을 죽인 과거를 갖고 있다. 어느 날 마리에타가 고용한 흑인이 세일러를 죽이기 위해 칼을 빼들자 오히려 세일러는 그 흑인을 죽이고 감옥에 갖힌다. 1년 반이 지나 세일러의 복역이 끝난 후 풀려나자 루라는 그와 함께 엄마의 울타리를 벗어나기 위해 집을 나온다. 둘은 서로의 사랑을 확인하며 끊임없이 남부로 향한다. 한편, 마리에타는 친구이며 형사인 조니(Johnnie Farragut: 해리 던 스탠톤 분)를 고용해 세일러를 잡아달라고 부탁한다. 그러나 마리에타의 정부 산토스(Santos: J.E. 프리맨 분)는 조니를 제거하고 '블랙 앤젤'인 바비 페루(Bobby Peru: 윌렘 대포 분)에게 세일러를 죽이도록 명령한다. 우여곡절을 거쳐 황량한 남부의 조그마한 마을에 도착한 세일러와 루라. 그들은 그들을 뒤쫓는 많은 악인들과 그들 앞에 놓인 위험을 모르고 그들의 사랑을 재확인하는데... http://movie.naver.com/movie/bi/mi/basic.nhn?code=15302 (검색일: 2016. 10. 11).

187 "이상한 나라의 앨리스"(Alice's Adventures in Wonderland)는 영국의 수학자이자 작가인 찰스 루트위지 도지슨이 루이스 캐럴이라는 필명으로 1865년에 발표한 소설이다. 앨리스가 토끼굴에 들어가 기묘하고 의인화된 생명체들이 사는 환상의 세계에서 모험을 겪는 이야기를 담고 있다.
http://ko.wikipedia.org/wiki/%EC%9D%B4%EC%83%81%ED%95%9C_%EB%82%98%EB%9D%BC%EC%9D%98_%EC%95%A8%EB%A6%AC%EC%8A%A4(검색일: 2016. 8. 30).

다. 그러나 실제 영화의 내용을 보면 그것보다는 실제로 <오즈의 마법사>를 더 많이 패스티시하고 패러디하고 있음을 볼 수 있다. <이상한 나라의 앨리스>에 나오는 주인공 앨리스와 <오즈의 마법사>에 나오는 주인공 도로시는 공통적으로 둘 다 착한 여자라는 이미지를 가지고 있다. 특히 <오즈의 마법사>의 경우, 피종호(2010)가 잘 지적하고 있듯이, "폭력과 동화의 대립구조"(476)를 가지고 있다. 폭력의 요소란 걸쉬 부인과 보안관, 그리고 도로시를 괴롭히려는 "동쪽의 마녀"가 상징하고 있고, 동화의 요소란 "착한 마녀"와 "북쪽 마녀" 같은 선한 마녀의 이미지들이 상징하고 있다.

"동쪽의 마녀"와 <오즈의 마법사>란 직접적인 인용이 나오고, "착한 마녀"라는 표현은 <오즈의 마법사> 영화에 나오는 "북부마녀"를 린치 식으로 각색한 것이라 보인다. <오즈의 마법사> 영화에서 이 북부마녀, 즉 착한 마녀는 먼 객지에서 자기고향으로 가고 싶어 하지만 가지 못 하는 도로시를 고향으로 가는 길을 마련해준다.

<광란의 사랑>에 나오는 "동쪽의 마녀"는 자기 딸(룰라)이 사랑하는 남자, 세일러를 사귀지 말라고 고집하는 어머니 마리에타 포춘(Marietta Fortune)의 이미지로 나타나고 있다. 원본인 <오즈의 마법사>에서는 이 나쁜 마녀의 역할을 걸쉬 부인(Miss Almira Gulch)이 하고 있다. 걸쉬 부인은 도로시와 그녀가 사랑하는 개, 토토에게 못된 짓을 하는 여자로 나온다. 토토가 걸쉬 부인이 키우는 토끼를 괴롭히고 걸쉬부인 자신의 다리를 물었다는 이유로 보안관에게 신고하여 토토를 잡아가도록 하려 하자 겁을 먹은 도로시는 토토를 데리고 멀리 다른 곳으로 도망간다. 이 다른 곳을 영화에서 "우리(도로시와 개, 토토)가 추라블을 만나지 않는 곳"(The place

where we won't get troubles)이라고 에멀리 아줌마와 도로시는 표현하고 있다. 그곳은 이들 도로시와 토토의 이상향인 셈이다.

린치는 <블루벨벳 Blue Velvet>(1986)[188]에서 클럽 여가수로 분장하고 나온 도로시라는 역의 배우에게 이 <오즈의 마법사>의 주인공과 같은 이름을 부여하고 있다. 피종호가 잘 지적하듯이 이는 "임시적"인 패스티시다(피종호 2010, 477-8). 그리고 거친 마음에서 린치는 한 발 더 나아가 <오즈의 마법사.를 "명시적으로" 패스티시하고 있다. 거친 마음에서 룰라가 그리는 "무지개 너머로" 가는 환상은 오즈의 마법사에서 주인공 도로시가 노래부르는 "무지개 너머로"(Over the Rainbow)의 노래제목처럼 무지개 너머로 도망가고 싶어하는 장면과 사실상 일치하는 장면이다(피종호 2010, 478).

룰라가 자기의 사촌인 델이 "나쁜 생각"을 자주 했으며, "이상한 짓"[189]을 자주 했다는 것을 세일러에게 말하자, 세일러가 "오즈의

---

188 푸르고 푸른 하늘 그리고 희고 낮은 도시 담장으로 평화로움을 느끼게 해주는 미국의 소도시. 방학 중 집에 들른 대학생 제프리(Jeffrey Beaumont: 카일 맥라클란 분)는 집뒤를 산책하다가 사람의 귀가 짤려져 버려진 것을 발견한다. 그는 경찰서에 가서 윌리암 형사(Detective Williams: 죠지 딕커슨 분)에게 신고하지만 윌리암은 아무런 조사도 하지 않으려한다. 윌리암 형사의 딸 샌디(Sandy Williams: 로라 던 분)로부터 "블루 벨벳"을 노래하는 매력적인 여가수 도로시(Dorothy Vallens: 이사벨라 로셀리니 분)가 살인 용의자로 조사를 받았음을 알게된 제프리는 몰래 도로시의 아파트를 들어가 본다. 제프리가 아파트를 살펴보고 있을때 도로시가 들어오고 제프리는 옷장 안에 숨게 되는데 그때 전화벨이 울린다. 마약밀매자 프랭크(Frank Booth: 데니스 호퍼 분)에 의해 납치된 그녀의 남편과 아들을 살려달라고 애원하는 도로시. 그리고 곧 제프리는 샤워를 하기 위해 옷을 벗는 도로시를 보게 된다. 그러나 도로시는 이상한 인기척을 느끼고 칼을 든 채 옷장 문을 열고, 제프리에게 무엇을 보았는가 추궁한 후 옷을 벗으라고 명령한다. 그리고 그녀와 관계를 맺게 되지만 갑작스레 방문한 프랭크에 의해 다시 제프리는, 옷장 안에 숨어 도로시를 학대함으로써 성적 만족을 느끼는 프랭크와 그에게 학대당하는 도로시의 관계를 보게 된다. 프랭크가 떠나고 다시 옷장 밖으로 나온 제프리는 도로시와 정상적이지 못한 관계를 갖는다. 프랭크의 마수에서 도로시를 구해내려는 제프리는 천사같은 샌디와 연민으로 시작된 도로시와의 사랑사이에서 방황하면서 소름끼치는 공포에 휘말린다.
http://movie.naver.com/movie/bi/mi/basic.nhn?code=16894 (검색일: 2016. 10. 11).

마법사를 찾아가서 조언을 못 받다니 참 안 됐군"이라고 말하는 대목과, 그 말을 들은 뒤 룰라가 세일러에게 "그건 우리도 마찬가지야"[190]라고 말하는 장면도 역시 린치가 명시적으로 오즈의 마법사를 모방하고 활용하는 패스티시 전략의 구사라고 볼 수 있다.

<광란의 사랑>에서 룰라의 어머니 마리에타가 딸의 애인인 세일러가 교도소에서 수감생활을 한 시간을 "수정구슬"에 찍혀 나오는 숫자를 통하여 보고 있는 것 역시 오즈의 마법사에서 나오는 것을 패스티시 한 것이다. 즉, 도로시는 길거리 마차에서 생활하고 있는 한 사기꾼 교수를 만나게 되고 사기꾼 이 교수는 수정구슬에서 도로시의 보호자인 엠 아줌마의 일거수일투족을 보면서 지금 엠 아줌마가 도로시의 가출로 인해 상심하여 병상중이라고 말한다. 린치는 거친 마음에서 이 장면을 "명시적으로" 패스티시 하고 있는 것이다.

린치는 동시에 좀 부정적인 방식으로도 패스티시하기도 한다. 개(犬)의 경우를 보자. 개는 영화 <이레이저헤드 Eraserhead>(1977)에서도 등장하지만,[191] <광란의 사랑>에서도 린치는 개를 등장시킨다. 개는 오즈의 마법사에서는 착하고 선량한 도로시의 가장 절친

189 델이 "외계인은 검은 장갑"을 끼고 있다고 헛소리를 한다거나, 외계인에 대하여 "망상"을 한다거나, 자신의 "항문에 바퀴벌레를 넣는" 행위를 룰라 앞에서 한 것을 의미한다.

190 룰라가 이렇게 말하는 건 담배를 너무 많이 피워 폐암으로 자신이 아주 어린 시절에 사망한 어머니와 얼굴도 모르는 아버지를 둔 세일러와 아버지가 어머니의 정부와 어머니와의 음모로 인하여 불에 타죽은 불행한 운명을 가진 룰라와 세일러 이 두 연인의 공동적인 불행을 극복하기 위해서 "오즈의 마법사"로부터 인생에 대한 좋은 조언이 필요하다는 것을 말하는 것이다.

191 〈이레이저 헤드〉에 나오는 개는 남자 주인공 헨리(Henry)와 여 주인공 메리(Mary), 그리고 그들이 혼전연애로 낳았지만 불행하게도 기괴하게 생긴 "조산아"의 이미지와는 대립적이다. 어미 개는 새끼들을 낳고 그들을 정성스럽게 잘 돌보는 모습으로 나온다. 이런 어미개의 수유 모습은 헨리와 메리가 좀처럼 조산아를 잘 돌보지 않는 모습과 매우 대조적이다. Cf. 피종호(2010)는 좀 해석을 달리 한다. 그에게 개는 "위협적인 폭력"을 상징("기호화") 한다고 주장한다(2010, 479). 그러나 이 해석은 좀 틀린 것 같아 보인다.

한 친구, 동료이자 위안이 되는 사랑스럽고 착한 존재다. 폭력과는 거리가 멀다. 개는 오즈의 마법사를 보는 관객에겐 폭력적 이미지보다는 동화적 이미지와 더 어울리는 존재로 등장한다. 그러나 린치는 <광란의 사랑>에서 개의 이미지를 오즈의 마법사와는 좀 반대로 제시하고 있다. 거기에 나오는 한 과학자 스풀 박사(Dr. Spool)는 이렇게 말한다. "너희들은 이 개가 오즈의 마법사에 나오는 작은 개 토토였으면 좋겠다고 생각하겠지? (그렇지만 그건 아니야)"라고 말하는 대목이 있다. 그것은 도로시의 개와 자신의 개가 다르며 자신의 개는 도로시의 개보다 훨씬 더 무섭고 크고 강한 개임을 시사하고자 하는 것이다. 이 경우 영화 속 스풀 박사의 토토에 대한 언급은 <오즈의 마법사>에 나오는 토토를 빈정대는 것, 즉 그 영화 속 등장 캐릭터를 패러디 하는 것이라고 할 수 있겠다. 이 사례를 보면 1939년 빅터 플레밍 감독이 제작한 영화, <오즈의 마법사>는 비록 린치에게 패스티시의 주요한 소재로 사용되긴 하지만 전적으로 그 영화의 컨텐츠를 무제한으로 긍정하는 것은 아니라는 점을 알 수 있겠다. 그렇지만 린치는 어쨌든 <오즈의 마법사>를 만든 빅터 플레밍 감독의 주제와 내용, 스타일과 교훈 등에 대하여 존중하고 활용하는 태도를 보여준다. 이것이 린치에 있어 "오마주"의 측면이라 하겠다.

린치에 있어 이런 오마주의 문제에 나타나는 일반적인 특징을 한 번 일별해보자. 린치는 <광란의 사랑>이라는 영화를 제작한 당시에 "동부마녀"로 상징되는 또는 나쁜 여자라는 이미지와 "북쪽 마녀"로 상징되는 착한 여자의 이미지를 대별하고 있다. 여 주인공 룰라는 후자의 이미지로 등장하고 그녀의 어머니 마리에타는 전자의 이미지로 등장한다. 한 가지 흥미 있는 점은 린치는 원래 "이상한 나라의 앨리스"[192]라는 고전적인 영화를 패스티시 하려는 복안을 가지고 있었지만, 실제로는 <오즈의 마법사>를 더 많이 패스티시 했다고 평가되고 있는 점이다(피종호 2010, 475-80; 2013 228-40).

엘리스 영화에서 주인공 앨리스는 착한여자의 이미지로 나타난다. 주인공 앨리스가 토끼 굴에 들어가 기묘하고 의인화된 생명체들이 사는 환상의 세계에서 모험을 겪는 이야기를 담고 있다. 그리고 오즈 영화에서 주인공 도로시 역시 개 토토를 사랑하고 아끼는 착한 여자로 나쁜 여자 이미지를 가진 걸쉬 부인이 토토가 범한 작은 실수를 이유로 위협과 협박을 가해오자 토토를 구하기 위해 오즈의 세계로 피신하는 선량한 처녀의 이미지로 나타난다. 두 영화에서 주인공은 선량한 이미지를 가진 착한 여자다. 그런데 린치는 <이상한 나라의 앨리스>를 활용하지 않고 <오즈의 마법사>를 활용한다. 말하자면 린치는 실제로 전자보다 후자에서 나타나는 착한 여자 이미지와 컨텐츠와 의미에 더 많은 관심과 애정을 가진 듯하다. 그리고 그만큼 거기에 더 많은 텍스트적인 무게 내지 권위를 두고 있는 것처럼 보인다.

2. 쿠엔틴 타란티노의 영화

무엇보다 타란티노의 포스트모던 특징은 그의 동료이자 배우인 팀 로스(Tim Roth)의 말대로, 비선형적 구성(non-linear plots), 오래

192 원명은 Alice's Adventures in Wonderland이고, 작가 루이스 캐럴(Lewis Carroll 1832–1898년)은 영국인이다. 1865년에 처음 출간된 소설이다. 나중 1951년에 미국의 월트 디즈니(Walt Disney 1901–66년)가 애니메이션 영화로 이 소설을 영화화했다.

된(구식의) 영화테크닉, 그리고 문화적인 관점에서 여러 다양한 캐릭터를 만든다는 점에 있고, 이런 모든 성질들은 타란티노로 하여금 탈근대적인 영화제작자로서의 면모를 구성하도록 하는 요소들일 것이다.[193] 그의 가장 유명한 영화는 <저수지의 개들 Reservoir Dogs>(1992)과 <펄프 픽션 Pulp Fiction>(1994)[194]인데, 이들 영화는 TV 쇼와 팝 음악, B급 영화, 그리고 유명한 인사들에 대한 가십거리들을 활용한다.

---

193 Tim Roth, "Quentin Tarantino – A post-modern director." http://www.cultjer.com/magazine/quentin-tarantino-a-post-modern-director).(검색일: 2014. 8. 15).

194 어느 식당에 두 남녀 건달(팀 로스, 아만다 플러머 분)이 손님을 상대로 강도행각을 벌이는 사건으로부터 영화는 시작된다. 암스테르담에서 돌아온 빈센트(존 트라볼타 분)는 동료 건달 쥴스(사무엘 L. 잭슨 분)와 함께 건달 두목 마르세러스(빙 라메스 분)의 금가방을 찾기 위하여 다른 건달이 사는 집으로 찾아간다. 건달들의 일상의 대화 속에 이들의 생활이 진솔하게 그려진다. 쥴스는 마르셀러스를 속인 일당을 죽일 때 성경 구절을 암송한다. 그러나 이 사건도 중간까지만 전개되고 다음의 에피소드로 넘어간다. 마르셀러스는 부치를 불러 5라운드에서 상대 선수에게 져 주라고 돈을 건네준다. 한편, 빈센트는 마르셀러스의 부탁으로 마르셀러스의 아내 미아와 저녁을 먹으러 갔다가 미아가 약물과다 복용으로 죽어가는 것을 천신만고의 노력으로 구해낸다. 부치는 어렸을 때 증조 할아버지로부터 물려 받은 시계의 내력에 관한 꿈을 꾸고는 마르셀러스와 맺은 약속을 지키기는 커녕 상대 선수를 때려 눕혀 결국 사망에까지 이르자 도망친다. 마르셀러스는 부치를 잡아오라고 명령을 내리고, 부치는 애인 화비안과 도망을 가려는 중 자신에게 남다른 사연과 내력이 있는 시계를 두고 온 것을 알고는 살던 아파트로 향한다. 아파트에는 빈센트가 부치를 잡으려고 잠복하고 있었는데, 부치는 운이 좋아 예상외로 쉽게 빈센트를 죽여 버린다.(결국 이 사건은 영화의 맨 마지막 장면 다음에 일어난 사건임을 알 수 있다. 이 영화의 매력적인 특이한 구성 구조로 인하여 이러한 사건의 순서가 가능하다) 부치는 화비안을 만나러 가다가 마르셀러스를 우연히 만나 쫓고 쫓기던 중 다른 변태 건달들에게 잡혀 수난을 당한다. 결국 부치가 마르셀러스를 구해 준 대가로 둘은 협정을 맺어 용서를 받고, 화비안과 함께 무사히 뒷골목의 건달 세계를 빠져 나간다. 빈센트와 쥴스는 마르셀러스의 금이 든 가방을 찾아오다가 그만 오발 사고로 사람을 죽여서 곤경에 처한다. 마르셀러스는 해결사 울프(하비 키이텔 분)를 보내 이들을 돕는다. 쥴스는 여러 곤경에서 살아 온 경험에서 신의 섭리를 느꼈다면서, 건달의 세계에서 손을 씻겠다고 다짐을 한다. 빈센트와 쥴스가 아침 식사를 하고 있는 식당에서 바로 영화의 첫 사전의 강도 행각이 벌어진다. 쥴스는 식당 강도인 풋내기 좀도둑 커플 하니버니와 펌킨을 붙잡아 훈계를 하고 풀어준다. 쥴스와 빈센트는 금가방을 가지고 마르셀러스에게 돌아간다. http://movie.naver.com/movie/bi/mi/basic.nhn?code=16571 (검색일: 2016. 10. 11).

무엇보다 타란티노는 이야기의 비선형 구성(non-linear narrative)을 자주 구사한다. 그가 감독한 거의 모든 영화에선 시간대로, 순차적으로 이야기가 진행된 경우가 없을 정도로 복잡한 시간 배열과, 두 가지 이상의 이야기를 엮어 놓는 다중 플롯 등을 기본 뼈대로 주로 사용하였다. 그의 영화에는 대사량이 무척 많기로 유명하다. 특별히 사건의 핵심이 되는 대사 외에 시시껄렁한 농담이나 조롱 등의 대화가 넘쳐날 정도로 많은 것이 타란티노의 전매특허이다. 수다가 곧 영화의 핵심이라 할 정도이다. 그리고 타란티노의 경우엔 다소 비정치적, 비사회적인 린치와 달리 정치, 사회적인 주제와 의미를 가진 영화를 많이 제작한다고 보인다. <저수지의 개들>, <장고: 분노의 추적자 Django Unchained>(2012)[195] 등 영화들이 가장 대표적일 것이다. 상대적으로 <펄프 픽션>, <킬 빌-1부 Kill Bill: Vol. 1>, <킬 빌-2부 Kill Bill: Vol. 1> 등은 덜 정치적이고 덜 사회적이라 보인다. 이 점에서 그는 린치와 조금 유사한 면을 보여준다 하겠다.

두 영화 <저수지의 개들>과 <펄프 픽션>과 달리, <킬 빌-1부 Kill Bill: Vol. 1>과 <킬 빌-2부 Kill Bill: Vol. 1>은 일본과 중국의 동양적인 이미지를 많이 영상에 도입하고 활용하고 있다. 특히 일본 배우들을 많이 기용하고 있는 것처럼 타란티노는 이 영화에서 일본식 문화(옷, 헤어 스타일, 술, 음식, 사무라이 이미지의 칼, 거리의 모습 등)를 나타내는 영상을 주로 도입하고 있다. 중국적인 것은 주로 무

195 아내를 구해야 하는 분노의 로맨티스트 '장고' 그를 돕는 정의의 바운티 헌터 '닥터 킹' 그들의 표적이 된 욕망의 마스터 '캔디' 복수의 사슬이 풀리면, 세 남자의 피도 눈물도 없는 대결이 시작된다! 와일드 액션 로맨스, 〈장고: 분노의 추적자〉!
http://movie.naver.com/movie/bi/mi/basic.nhn?code=87311 (검색일: 2016. 10. 11).

술 부분에 대한 영상을 찍을 때 많이 활용했다. 주인공 알린(블랙 맘바)이 결투하는 장면에서는 주로 중국의 쿵푸 스타인 이소룡의 옷(노란 색 추레이닝 복)을 연상시키는 스타일을 시각적으로 활용하고 있다. 타란티노는 오마주 기법을 명시적으로 사용하고 있는데, 우선 영화의 도입 부분에 그는 "킨지 후쿠사쿠 Kinji Fukusaku, 1930-2003에 바칩니다"라는 자막을 관객에게 보여준다. 이는 일본 영화 감독, 킨지 후쿠사쿠 감독을 존경한다는 그의 태도를 잘 드러내는 것이겠지만[196] 일본적인 영상의 요소를 많이 도입하는 이 영화의 실제 모습과도 상통하는 면이라 하겠다. 타란티노는 영상을 구성하면서 일본 영화와 일본 감독들의 제작기법과 스타일을 많이 추종한다. 이것이 그의 "오마주"라 할 수 있겠다.

일본식 여성복장(기모노 스타일)을 한 이시이와 영화 "용쟁호투"에서 노란색 추레이닝 복을 입고 출연한 전설의 홍콩출신 액션 스타 이소룡(1940-73) 식 복장을 모방한 주인공 신부의 복장은 일본식과 중국식 옷을 입은 두 결투자의 영상 이미지를 관객에게 사뭇 흥미롭게 느끼게 만든다. 그리고 신부가 쓰는 칼은 일본의 장인이 만든 이른바 "명검"이다. 영화의 중간에 신부 일린은 일본의 오키나와 섬으로 찾아가 이전에 자신의 조직의 우두머리였던 "빌"을 키운 일본인 스승 "하또리 한조"를 찾아간다. (하또리 한조는 일본의 유명한 사무라이 역 배우이자 이 이 영화의 무술감독으로도 활약한 치바 신이치다). 그에게 알린은 자신에게 부당한 이유로 처절한 유

---

196 킨지 감독은 실제로 이 영화의 각본형성에 조언을 한 것으로 알려지고 있다. http://ahgni.cafe24.com/bbs/zboard.php?id=movies&page=1&sn1=&divpage=1&sn=off&ss=on&sc=on&select_arrange=name&desc=asc&no=3&PHPSESSID=371e121c29e3e229e50075845dac1b91(검색일: 2016. 8. 30).

혈복수극을 벌인 빌이 하또리 스승의 제자임을 내세우면서 하또리 사부가 제자의 악행에 대한 책임을 져야하지 않는가라는 논변을 통하여 하또리를 설득시킨다. 그리곤 그런 의미에서 빌의 일당에게 복수하기 위해 일본식 명검을 자신에게 하나 만들어 달라라고 요구한다. 하또리 스승은 이에 응하여 그녀에게 칼을 만들어준다. 그런 일본식 칼로 알린은 원수의 한 사람인 이시이를 찾아 가는 것이다. 이런 구성은 우리가 본 일본 사무라이 영화의 복수극을 연상하기에 충분하다. 이 스승 하또리는 알린에게 다음과 같은 사무라이식의 비장한 교훈까지 선사한다. "결투의 순간에는 적을 무찌를 생각에만 몰누해야 한다. 자비나 농정심 따위의 감정은 버려야 한다. (그 길을) 가로막는 자는 신이든 부처든 누구나 죽여라. 그것은 결투의 기본이자 진리다."

이런 철학과 정성이 깃든 칼이라 나중의 복수극에서 이 칼에 베여 죽기 직전에 이시이는 "과연 하또리가 만든 명검이 맞구나." "(결혼식 유혈극을 벌이기 이전에) 너를 비웃던 나의 행위를 사과한다"라고 말할 때 알린은 "그 사과를 받아들인다"라고 대범하게 응수한다. 이 장면은 관객에게 조무래기 싸움꾼들이 아니라 두 명의 막상막하의 거물급인물을 보는듯한 느낌을 주기에 충분하다. 이 직후 이시이는 쓰러진다. 이 장면은 결투가 벌어지는 장소의 이름이 '청엽정'(靑葉庭 House of Blue Leaves)이란 이름에서 나타나듯이 좀 동양적으로 신비스러운 파란 기운이 서려있고 다소 신비스러운 분위기를 가진 건물 주변에서 결투가 진행되고, 배경은 추운 겨울의 눈이 천지를 덮고 있는 세팅에서 만들어진 것이다. 감독 타란티노를 가장 잘 대변하는 인물은 아마도 일본인 사무라이 명검을 제작해주는 하또리 한조가 아닌가 생각된다. 그는 여 주인공 알린에게 명검을 만들어 주면서 엄숙한 분위기 속에서 싸움의 원칙과 지켜야할 규칙 (적과 싸울 때 자비와 동정심은 버려라. 냉정한 이성을 유지하라는 취지)을 선사한다. 그리고는 "금발의 여전사여 길을 가시오"라고 말하면서 복수의 길을 가는 알린을 격려한다.

타란티노는 린치와 다른 것이 있다면 탈근대적인 영화제작의 기법과 테크닉들을 활용하는 방식이다. 우선 양적으로 타란티노는 린치보다 패스티시를 더 많이 사용하는 것으로 평가할 수 있다고 보인다. 특히 그가 패스티시 하는 것은 다른 음악가들(클라식 음악과 대중음악. 특히 미국 대중음악과 일본 대중음악 등)뿐만 아니라 다른 문화권의 영화들 까지도 포함한다. 그는 국경을 초월하여 동양권, 특히 일본과 중국의 영상문화의 컨텐츠나 스타일, 정신까지도 수용하여 활용한다. 그래서 린치보다 타란티노는 국제화, 지구촌화, 세계화의 시대에 더 많은 영화팬들을 쉽게 확보할 수 있는 조건을 갖추고 있는 감독이라고도 말할 수 있겠다.

타란티노의 패스티시 활용방식과 그 방식은 그가 남의 문화(미국적인 문화가 아닌 다른 문화권의 문화)와 감독들의 작품을 "오마주" 하는 것과도 연관되어 있다. <킬 빌-1부 Kill Bill: Vol. 1>에서 일본 영화감독, "킨지 후쿠사쿠(1930- 2003)"에게 자신의 영화를 바친다는 자막을 영화의 첫 부분에 삽입하는 것은 그가 영향을 받았던 타 문화권 영상예술가에 대한 예의이자 감사의 표현이기도 하다. 그는 킬 빌에서 일본 사무라이 영화 배우로 유명한 치바 신이치를 기용하여, 그에게 동양적인(일본적인) 무술적 기법을 자신의 영화에서 도입했다. 이는 타 문화권의 문화적 요소에 대한 존중심이 없으면 불가능한 일일 것이다. 그리고 타란티노는 중국/ 홍콩식 쿵후영화인 이소룡의 "용쟁호투"와 "정무문"에서 나타나는 노란색 결투복과 일대 다수의 긴장감 넘치는 대결장면도 패스티시 하는데, 이는 액션스타 이소룡이 풍기는 강열한 카리스마에 대한 타란티노 자신의 존경의 태도가 없으면 불가능한 일일 것이다. 우리는 이런 면에서 타란티노는 린치의 경우보다 훨씬 더 타 문화권의 요소들과 인물들(배우와 감독을 포함)에 대하여 개방적이고 수용적이다. 그는 이런 면에서 보아도 다른 인종과 문화에 대하여 개방적이고 개인적으로 즐길 정도로 좋아한다는 인상을 우리는 받게 된다. 그리고 이런 성향과 특징은 그가 활용하는 패스티시와 오마수에서 그대로 반영된다 하겠다.

이런 타란티노의 스타일은 그가 인종문제와 같은 문제를 영상으로 다룰 때에도 두드러지게 나타난다. 특히 <장고: 분노의 추적자>와 같은 인종문제를 다루는 영화들이 그것이다. 그리고 그는 거기에서 매우 멋지게 이런 문제들을 관객에게 인상 깊게 전달하고 있다. 물론 흥미의 요소와 함께 그는 이런 문제의식을 던지고 있다. 말하자면 타란티노는 교훈적(도덕적, 철학적)인 요소와 흥미적인 요소를 영화에서 결합하고 있다는 것이다.

그러면 타란티노의 영화에서 구체적으로 이런 것들이 어떻게 나타나는지를 분석해보기로 한다. 우선 타란티노는 자신의 모든 영화에서 자막이라는 형식을 사용한다. 앞에서 분석한 대로 이 자막은 관객에게 자신이 지금 무엇을 다루고 있는지를 알리는 효과가 있어 관객의 영화에 대한 이해를 돕는다. 그리고 이런 형식은 자신이 지금 영상을 통하여 무엇을 심도 있게 다룰 것인지에 대하여 관객에게 무엇인가를 시사하는 것이다. 이런 형식은 데이비드 린치에게서는 거의 없다. 아마 이런 형식은 타란티노가 영화감독이 되기 이전에 본 많은 영화들 중에서 자신이 인상 깊게 본 점을 패스티시 한 것이라고 평가할 수도 있을 것이다. 물론 그런 소스는 알 수는 없다. 단지 그렇게 추정할 수 있다.

타란티노는 린치의 <블루 벨벳>에 나오는 "잘린 귀"(변태성욕자이자 불량배, 프랭크 부스가 도로시 발렌스의 남편을 납치하여 자른 귀)를 패스티시하여 자신의 영화, "펄프 픽션"에서 똑같이 재현하고 있다. 이번에는 불량배(<저수지의 개들> 중의 한 마리라고 말할 수 있는) 블론드가 범죄현장에서 납치한 경찰 마빈 내쉬의 귀를 잔인하게 자르는 장면으로 재현된다.

이런 잔인한 장면에 대한 패스티시는 타란티노의 영화에서 다른 형태로도 확대되어 나타난다. 물론 타란티노가 만든 이런 장면 모두가 다 린치의 폭력영상을 패스티시했다고만 볼수는 없을 것이다. 다른 소스를 통해서도 타란티노는 폭력적인 영상장면을 구상했을 것이다. <장고; 분노의 추적자>에서는 흑인 여성노예 "죠디"(Jodi)가 "계란을 (실수로) 깼다"는 이유로 백인 감독자(존 브리틀 John Brittle)가 이 여성을 나무에 묶어 채찍으로 가혹하게 내려치는 장면에서도 나타나고 흑인노예들을 붙잡거나 돈으로 산 후 "만딩고 싸움" 같은 잔인한 격투기에도 활용하거나, 또 아니면 "캔디 랜드" 농장의 흑인노예 소유주 캘빈 캔디의 흑인 집사 스티븐이 말하고 있는 것처럼 미움 받는 흑인을 "개먹이로 던져" 주는 것으로도 나타난다. 이 장면은 영화에서 한번 짧게 영상으로 나타난다. 그런데 여기 계란을 깬 흑인여성노예를 처벌하는 장면에서 타란티노 감독은 놀랍게도 성경의 한 구절을 패러디 한다. 백인 노예감독자 존 브리틀의 입을 통해서다. "하나님이 말씀하시기를 너의 공포와 너의 두려움은 여기 있는 모든 짐승의 것이로다"라는 대사가 그것이다. 이 부분을 보면 노예제도와 그 시행에 있어 성경이 정신적, 도덕적인 뒷받침을 했다는 인상을 가지기에 충분하다. 물론 역사적으로 나중에 링컨 대통령이 주도한 남북전쟁(1860- 5년) 이후에 성경과 교회는 노예제도를 부정하기 시작하였지만 그것은 나중의 실제 역사의 일이고, 영화의 배경 시점이 되고 있는 "1858년"을 전후한 시점에 미국사회의 노예제도는 성경적 뒷바침을 받고 있었다는 사실이 중요하다.

지금 타란티노는 관객이 개탄스럽게 느끼게 하는 방식으로 그것을 지금 영상에서 패러디 하고 있다. 이것은 그가 이전의 시점이던 1994년에 만든 영화, <펄프 픽션>에서 줄스라는 극중 인물을 통하여 말한 구약성경 25장 27절의 대사와 많이 다르다. ("의인의 길은 사면에 열렸으나, 악인의 사욕의 길은 막히리라. 착한사람은 축복받아 의인을 암흑의 계곡에서 구하고 그는 형제의 보호자며 잃은 아이를 찾는 자라. 형제를 해치고 독약을 주려는 자들은 심한 진노 큰 분노로 내가 쳐부수리니 복수의 매를 맞고, 원수는 내가 여호아임을 알게 되느리라.") 우선 그 정신과 태도에서 본질적으로 다르다. 펄프 픽션의 성경 대사가 타란티노 자신의 철학을 반영한 것으로 보이고 그런 한에서 그것은 성경을 패스티시 한 것으로 보이는 반면, 장고의 성경 대사는 성경의 권위를 조롱하고 풍자하는 패러디의 방식으로 사용된 것이다. 그래서 우리는 타란티노 감독이 무제한으로 그리고 무조건적으로 성경의 권위와 정신을 수용하는 감독은 아닐 것이라는 인상을 받게 된다.

물론 타란티노 영화에서 잔인한 장면이 여기에만 국한되는 것은 아니다. 그는 <킬 빌>에서 칼로, 총으로, 그리고 중국영화에서 나오는 철추로도 사람을 해치는 장면을 연출하고, 펄프 픽션에서는 야구배터로도 폭력영상을 연출한다. 망나니 특공대에서는 칼로 사람의 두피를 잘라내는 역겹고 무서운 장면까지도 여러 번 연출한다. 폭력적인 장면에 있어 패스티시는 타란티노의 경우, 그리고 린치의 경우에서도 보이는 문제이긴 하지만, 시대와 세상의 현실을 과장법의 형식으로 반영한다는 인상을 우리는 관객으로서, 그리고 평론가로서 받게 된다. 이런 과장된 방식으로서의 폭력에 대한 패스티시는 아마도 세상 사람들이 가끔 사용하는 잔인한 폭력의 행태를 영화예술이라는 매체에서 빈번히 그리고 그 정도를 크게 확대하여 드러낸다는 게 차이라면 차이일 것이다. 이런 면은 여기에서 말하는 타란티노나 이 논문이 앞 절에서 분석한 린치의 경우나 모두 동일하다고 보인다. 우리는 이 대목에서 근대문명과 근대성을 "폭력"의 시대라 본 한 평론가의 말을 연상하게 된다(장시기 2003).

다음으로 섹스 장면의 문제를 분석해보기로 한다. 어떤 면 섹스 장면에 대한 패스티시와 패러디, 그리고 상호텍스트성은 폭력에 대한 것과 사실상 비슷하다고 보인다. 타란티노는 아마도 세상의 보통사람들이 섹스에 대하여 가지고 있는 이미지나, 자신이 직접 생각하고 있는 섹스에 대한 이미지를 영화 속에서 패스티시하고 있다고 보는 편이 아마 가장 정확할 듯 하다. 그러나 어쨌든 분명히 타란티노는 섹스장면을 연출 할 때 린치보다는 덜 노골적이다. 이 부분에서 린치만큼 노골적으로 섹스 장면을 연출한 감독은 아마 드물

것이다 싶을 정도로 린치는 노골적으로 표현한다. 린치는 노골적으로 남녀 간 섹스 장면을 연출하거나 아니면 여성과 여성 간의 성관계 장면도 과감하게 연출한다. 그리고 심지어 "멀홀랜드 드라이브"에서 베티(꿈 속 현실에서의 다이안) 역의 여배우가 자위하는 장면까지도 연출한다. 평론가가 아니라 한 명의 관객의 입장에서 이 장면을 보면 남녀 간의 성관계 장면보다 좀 더 수치스러운 느낌이 든다. 그러나 이런 장면에 대하여 관객의 호기심이 작동될 만도 하다는 것도 역시 우리는 부인하기는 어려울 것이다. 우리는 이 부분에서 영화에 출연하는 여배우의 입장이 어떤 면, 가장 궁금해진다. "이런 장면을 만들기 위해 감독이 요구하는 노출수위와 수치스러운 장면을 연기하는 여배우의 입장은 어떨까?" 하는 것이 우리가 가장 궁금한 부분의 하나다. 그래서 이 부분에서 린치 감독은 여배우에게 요구가 아주 많은 잔인한 감독이라는 생각 역시 든다.

어쨌든, 이런 노골적인 장면에 대한 패스티시는 타란티노의 경우엔 없어 보인다. 그리고 섹스장면과 연관되는 것으로서 여배우의 나신이 노출되는 장면의 문제에 있어서도 타란티노는 그다지 이런 장면을 많이 연출하지는 않아 보인다. <장고>에서 장고의 부인 브룸힐다가 도망을 시도했다는 이유로 잡혀 "뜨거운 박스"(hot box)에 감금되어 있을 때 한번 여성의 나신을 잠시 노출하는 것 이외엔 좀처럼 잘 보이지는 않는다. 그 노출도 가까이에서 하는 것이 아니라 카메라 앵글이 멀리 떨어진 상태에서 나신을 포착하고 있다. 그래서 이런 면을 보면 타란티노는 여배우에게 수치스러운 면을 덜 노출하게 하는 배려를 하는 감독인 것처럼 보인다 하겠다(이 경우 노골적으로 여배우의 나신을 보고 싶어 하는 남성 관객의 흥미와 욕구를 일단 유보해야 하는 게 타란티노의 영화다).

타란티노 감독의 영화에 있어 패스티시의 문제를 중심으로 하여 감독과 관객의 관계라는 문제를 한번 분석해보아야 할 것이다. 패스티시란 무엇보다도 텍스트(원본)의 원 저자가 없거나, 있었지만 사라지거나, 아니면 있었지만 미래의 새로운 저자들이 나타나 원본을 보완하고 새로이 창조해 나간다는 효과를 가지고 있는 하나의 현상이다. 중요한 것은 대중문화적인 함축성이자 시사점이다. 타란티노 감독이 패스티시를 활용하는 방식엔 관객이 영화의 의미 발견에 참여를 유도하는 방식이 보인다. 그는 이런 전략을 통하여 관객과 소통하기를 바라는 듯하다. 이런 점에서 보면, 감독과 관객의 관계라는 문제의 경우, 타란티노는 그 거리를 상당히 줄이려고 애를 쓰는 흔적이 많이 보인다. 이게 원본을 없애거나 다른, 문화적으로 더 풍부한 텍스트를 만들려고 시도하는 패스티시 전략의 의미이기도 하다. 패스티시를 활용하는 탈근대 영화감독 타란티노의 의지가 여기에서 엿 보인다. 그가 관객의 참여를 통하여 거리를 줄이려고 노력하는 것 중에는 이런 것들이 있다. 우선 <저수지의 개들>에서 타란티노는 보석이 든 가방을 들고 도망가는 핑크의 운명이 어떻게 되었을지, 그가 결국엔 경찰에 잡혔는지, 안 잡히고 성공적으로 어딘가로 도망가 행복하게 잘 살게 되었는지에 대하여 개방시켜 버리는 전략을 선택한다. 아무도 그가 어떻게 되었는지 알 수 없다.

미래의 영화제작자와 소비자들은 감독이 일방적으로 해석하지 않고 소비자에게 위임하고 남겨둔 의미의 공간에서 새로운 문화적 의미창출을 위한 영화 콘텐츠를 다시 제작할 수 있는 여지가 있다. 이것이 타란티노의 패스티시가 우리에게 주는 의미라고 할 수 있겠다. 타란티노에 있어 이 관객과 감독간의 거리좁히기 시도는 그가 채용하는 패스티시 전략의 한 핵심적인 효과이기도 하다. 패스티시와 관객-감독 간 거리의 문제는 대중문화의 차원에서 중요한 문제라 보인다.

타란티노가 패스티시를 활용하는 측면에는 배역선정 하는 그의 특성에서도 나타난다. 우선 그가 캐스팅하는 배우들의 문제를 한번 일별해본다. 타란티노는 <펄프 픽션>에서 1970년대 말기에 <토요일 밤의 열기 Saturday Night Fever>(1977)라는 영화로 유명해진 댄스 가수이자 배우인 존 트라볼타(John Travolta)에게 빈센트라는 역할을 맡긴다. 빈센트는 그가 복무하는 그룹의 리더인 "빅 맨"의 부인을 즐겁게 보살피라는 지시를 받고 보스의 부인과 같이 클럽에 간다. 거기에서 빈센트 역을 하는 존 트라볼타는 과거의 자신이 축적한 명성의 원인인 춤 솜씨를 관객에게 보여준다. 그를 보는 관객은 자연스럽게 존 트라볼타의 70년대 영화를 상기하게 된다. 한 3분 정도 이 춤 장면이 나올 때 관객은 자연스럽게 옛날에 본 <토요일밤의 열기> 영화에서 본 존 트라볼타와 그의 연인 간의 연정을 연상하게 된다. 비록 자기 보스의 부인이지만 관객은 두 사람 사이에 이런 연정이 없지 않음을 직감한다. 그것은 <토요일 밤의 열기>라는 영상에 나타난 두 남녀의 연정에 대한 인상과 기억이 오버랩되기 때문이다. 타란티노가 노리는 효과는 이것이다. 타란티노는 금지된 두 남녀 간의 애정을 이런 식으로 묘한 방식으로 관객에게 흥미를 유발하면서 묘사하고 있는 것이다. 이 캐스팅의 문제엔 유명한 남자 배우이자 근육형이자, 마초형, 그리고 카리스마형 남성스타일을 자랑하는 브루스 윌리스(Bruce Willis)의 의미도 있다. 그는 이 영화에서 "부치"라는 역을 하는 배우로 나오지만, 그가 이전에 출연한 유명한 영화 <다이 하드 Die Hard>(1988)와 같은 영화에서 이미 그런 이미지를 굳힌 배우 브루스 윌리스는 타란티노의 영화 <펄프 픽션>에서 보스 "빅 맨"과의 약속을 깨뜨리고 자신이 싸우게 된 상대방 복서를 때려눕혀, 급기야는 불행하게도 그 복서가 사망에 이르게 된다. 격노한 보스 "빅 맨"은 수하인 빈센트를 보내 그를 붙잡아 약속을 깬 것에 대한 응징을 하려고 한다. 앞의 1항에서 우리는 부치가 왜 상대방 복서를 때려눕히게 되었는지 설명했다. 그의 가문(증조부에서 부친을 경유하여 부치 자신에까지 이르는 4대)으로부터 물려받은 "자부심"(pride)이 원인이다. 어쨌든 브루스 윌리스의 기용은 타란티노가 관객에게 강인하고 강직한 이미지를 가진 인물은 결코 돈 때문에 사기나 협잡과 같은 행위에 동참하지는 않을 것이라는 관객의 기대에 부응하는 전략이라 할 수 있다. 감독은 윌리스라는 배우의 과거의 명성과 그 명성에 연관된 이미지를 활용하고자 하는 것이다. 이게 그의 배역선정에 나타난 패스티시 요소라 할 수 있다.

타란티노의 패스티시 전략은 여기에만 국한되는 것은 아니다. 그는 타 문화에 대한 모방을 통하여 이 전략을 실행한다. 이것은 타란티노의 패스티시가 존경과 인정의 의미를 강하게 띠는 오마주의 전략을 실행하고 있음을 의미한다. 타란티노가 일본에 대하여 오마주를 보이는 대상은 칼과 사무라이 정신이고, 중국적인 것에 대한 오마주는 이소룡식의 쿵푸와 같은 무술이다. 그는 그래서 자기 영화에서 이런 요소들을 활용하는 방식으로 존경의 태도를 나타내고 있다. 특히 일본적인 것에 대한 오마주에 있어 타란티노는 일본의 칼에 대하여 많은 관심을 드러낸다. 그리고 그런 칼을 사용하는 사무라이들이 가진 복수에 대한 처절한 정신(예컨대, 앞에서 언급한 것처럼, 적과 싸울 때 자비와 동정심은 버려라. 냉정한 이성을 유지하라는 것) 같은 것에도 타란티노는 존경의 태도를 가지고 있어 보인다. 영화에서 일본인 사무라이 배우 치바 신이치가 연기하는 "하또리 한조"가 하는 근엄하고 엄숙한 연기에서 그런 타란티노의 태도가 간접적이나마 엿 보인다 하겠다.

타란티노의 영화에 나오는 패러디의 요소를 보면 타란티노는 2009년에 <바스터즈: 거친 녀석들 Inglourious Basterds>[197]를 출시했다. 이 영어 제목은 타란티노 감독이 의도적으로 실수한 것이다. Inglorious Bastards라고 해야 맞다. 연구자가 보기에 이 영화제목의 가장 적절한 번역은 "무명의 (알려지지 않은) 새끼들"이란 뜻이다. 그러나 어쨌든 타란티노는 의도적으로 앞 단어에 u자를 더 첨가하였고, 뒷 단어에 a를 쓰야 할 곳에 의도적으로 e를 썼다.

이것은 1977년에 이탈리아 감독 엔조 카스텔라리(Enzo G. Castellari)가 만든 전쟁 영화, <엘리트 특공대 Inglorious Bastards>가 이미 미국에서 상영되어 대중에게 알려졌기 때문이다.[198] "그 제목이 이미 사용되었기 때문에 말을 새롭게 사용해야 한다"는 것이다. 중요한 점은 타란티노가 이 제목을 매우 매력적인 것이라고 생각했다는 점이다. 그러나 그렇다고 하여 타란티노가 이 이탈리아 영화를 각색하여 모방했다는 것은 아니다. 완전히 다른 영화다. 타란티노는 이전에 나온 외국의 한 영화의 제목을 모방했다는 것이

197 이는 타란티노 감독의 의도적인 실수다.

198 http://forum.wordreference.com/showthread.php?t=1409462(검색일: 2016. 8. 30).

핵심이다. 그러나 약간 코믹하게 철자를 바꾸었다는 점에서 우리는 이를 타란티노의 패러디라고 할 수 있을 것이다.

린치의 경우에는 자신의 영화에 자신이 직접 작곡한 음악을 삽입한 경우도 있고, 다른 동료 음악예술가들의 음악을 받아 그것을 사용한 사례들도 많다. 그러나 타란티노의 경우엔 거의 모든 음악이 남들이 이미 만든 음악들을 사용하는 경향이 강하다. 타란티노는 남이 만든 음악을 좋아한다. 그가 자신의 영화에서 음악을 어떻게 활용하는 지를 보면, 상호텍스트성 내지 패스티시적 기법이 현저함을 볼 수 있다. 그는 본인이 직접 고전 팝 음악을 선곡하여 영화 속에 삽입하는 식으로 영화 음악을 작업하기도 한다.

타란티노는 무엇보다 영화의 의미해석에 있어 관객의 참여를 유도하거나, 그 의미를 한 가지로 고정하는 방식이 아니라 여러 가지 의미로 다양하게 해석 할 수 있는 여지를 남긴다. 이것은 근대적 영화문화의 지평에서 감독이 관객에게 전하는 일방적인 메시지를 탈피하여 감독과 관객 사이에서 쌍방향적인 의사소통과정을 가능하게 만든다는 의미가 있다. 이러한 방식을 통하여 타란티노는 린치가 <오즈의 마법사>를 통하여 자기 영화의 의미를 계속 새롭게 재창조해 나가듯이 미래의 관객과 감독들이 새롭게 과거의 문화적 텍스트를 재해석하고 활용하는 문화적인 방식을 좀 더 쉽게 만들어 나갈 수 있는 계기를 마련해주는 것이다. 포스트모던 진보성은 원래의 문화적 텍스트의 의미를 다양하게 만들어 나가는 데 매우 큰 장점을 가지고 있다. 타란티노는 이런 가능성을 지금도 실험하고 있는 현대 미국의 포스트모던 영화감독으로서의 면모를 우리에게 보여주고 있는 것이다.

Ⅳ. 결론

미국영화 감독 데이빗 린치와 쿠에틴 타란티노의 포스트모더니즘의 문제를 분석해 보았다. 상호텍스트성으로 대변되는 일련의 특징들인 패스티시, 패러디, 오마주, 그리고 자기 지시성의 문제를 설명해 보았다. 린치와 타란티노의 포스트모더니즘 영화의 특징을 분석하면서 다음의 사실들을 발견했다. 특히 패스티시와 패러디가 가장 두드러지는 그들의 탈근대성이라 분석되었다. 패스티시는 린치와 타란티노 모두에게 중요한 포스트모더니즘 영화 만들기의 수단이자 방법이었다. 그러나 패러디의 경우에 린치보다 타란티노가 더 현저했다고 보인다. 패러디의 중요성을 감안하면 이 점이 타란티노가 린치보다 대중문화에 더 친화적인 면모를 보여주는 점이라 생각된다.

린치의 경우엔 인간과 사회의 문제에 대한 해결책(대안)으로써 사랑을 많이 강조했다. 그럼에 있어 린치는 그 상징인 남의 고민을 들어 주는 <오즈의 마법사> 텍스트와 그 속의 주인공 "오즈"의 존재를 상징적으로 많이 활용한다. 린치가 강조하는 "사랑"에 대한 타란티노 식의 에퀴벌런트(equivalent)는 "성경"이다. 이 점은 연구자가 보기에 <펄프 픽션>이 가장 현저하다고 보인다. 그러나 그가 성경이라는 텍스트를 활용하는 방식엔 패러디도 있다는 점에서 다소 유보적이라 보인다. 그가 성경을 패러디 한 대목은 영화 <장고>에서 가장 두드러졌다.

오마주의 문제에 있어 린치보다 타란티노가 압도적으로 많다. 린치는 미국 문화권 이외의 문화권, 타 문화권에 그다지 많이 존중하는 매너를 보여주지 않는 것 같다는 인상을 지우기 어렵다. 이 문제는 그가 타 문화권의 영화를 많이 패스티시 하지 않는 것으로도 드러난다. 그러나 그에 비하여 타란티노는 타 문화권이 창출한 영화와 그 컨텐츠에 대하여 압도적으로 높은 존경의 매너를 보여준다. 타란티노의 이런 점은 향후 미국의 대중문화적인 요소에 있어 하나의 다원적인 도덕성으로까지 상승될 수 있는 가능성이 보인다. 이런 점에서 타란티노의 영화는 그 의의가 매우 높이 평가되어 마땅하다고 보인다.

타란티노의 패스티시와 패러디의 기법은 미국과 여타 세계 사이의 거리를 불식하고 있다는 점을 지적할 수 있다. 그는 국경, 문화의 경계를 넘나들고 있는 것이다. 그러나 여기에서 우리는 과연 타란티노는 팍스 아메리카를 진정으로 부정하는가? 아니면 새로운 차원의 팍스 아메리카의 모습인가? 하는 의문들을 가지게 된다. 그래서 이런 점은 향후 하나의 새로운 연구과제가 된다.

패스티시와 패러디는 원본(原本, text)이 사라진다는 의미를 가지고 있다. 그리고 패스티시와 패러디는 탈근대시대의 대중문화적 코드가 되었다는 것을 우리는 목격하게 되지만 린치와 타란티노는 이것을 그들의 영화에 아주 많이 활용한다. 우리가 타란티노의 영화와 그의 패스티시를 보면 그는 이것을 하나의 대중문화적 도덕성으로까지 격상하지 않는가 하는 인상을 지우기 어렵다. 그렇다면 그것은 새로운 도덕성, 즉 탈근대적인 사회와 문화에 있어서의 도덕성이라 해야 할 것이다. 여기에서 우리는 패스티쉬적 방식(또는 스타일)을 도덕성의 차원으로까지 상승시킬 수 있는 필요성과 가능성이 보인다. 린치보다 더 현저하게 나타나는 타란티노 경우의 패러디의 의미를 볼 필요도 있다. 그는 19세기 미국 백인사회가 유지하고 있던 노예제도와 20세기 나찌독일이 실행하던 유대인과 같은 소수인종에 대한 박해와 그 잔인한 문화를 자신의 영화, 특히 <장고>를 통하여 패러디 한다.

디지털시대의 기술의 한 부분인 촬영기법, 문학과 음악을 종합적으로 활용하는 능력과 시대적 건축물들을 활용하는 능력, 인종문제를 다루는 문제의식, 특히 린치의 경우에 현저하게 보이는 철학적인 인간학을 영상적 인간학으로 전환하는 능력, 영상적인 패스티쉬와 패러디를 대중문화적인 차원에서 활용하는 능력이라는 면에서 린치와 타란티노는 미국의 대중문화의 발선에 큰 공헌을 할 수 있으리라 보인다. 미국의 대중문화가 미국 이외의 문화권에서의 대중문화와 교류하고 공감할 수 있는 가능성은 린치보다는 타란티노의 경우에 더 현저하다. 이 점에서 타란티노는 린치보다 더 세계적이다.

〈참고문헌〉

강창구. 2007. "포스트모더니즘 영화『룰라런』,"『독어교육』. 46집: 241-62.

남수영. 2010. "'포스트-노스탤지어': 90년대 르네상스 영화와 욕망의 시선,"『비교문학』. 52집: 307-33.

노광우. 2013. "모방과 짜깁기의 포스트모던 영상 시대,"『신동아』. 6집: 554-57.

데이브 로빈슨 저. 박미선 역. 2002.『니체와 포스트모더니즘』. 서울: 이제이북스.

박정하. 1999. “문화를 보는 철학.” 『문화와 철학』.

스티븐 베스트 · 다글라스 켈너 저. 정일준 역. 1995. 『탈현대의 사회이론: 탈현대의 비판적 질의』. 서울: 현대미학사.

심광현. 2001. “영화연구의 탈근대 문화정치적 과제와 전망: 정치 모더니즘과 비판적 문화연구의 ‘절합’,” 『문화과학』. 26집: 17-39.

원용진. 2010. 『새로 쓴 대중 문화의 패러다임』. 서울: 한나래출사.

잔니 바티모 저. 박상진 역. 2003. 『근대성의 종말』. 부산: 경성대학교출판부.

장일 · 김예란. 2006. 『대중영화의 이해』. 서울: 한국방송통신대학교 출판부.

장시기. 2003. “탈근대 영화들의 문학적 장르 확산,” 『문학과 영상』. 4권 1호: 159-83.

장시기. 2005. “동시대의 영화들에 나타난 폭력의 근대적 이해와 탈근대적 이해,” 『문학과 영상학회 학술논문집』: 31-41.

장 프랑수아 리오타르 저. 유정완 · 이삼출 · 민승기 역. 1992. 『포스트모던의 조건』. 서울: 민음사.

정정호 · 강내희 편. 1991. 『포스트모더니즘의 쟁점』. 서울: 터.

정해조. 2009. “영상이란 무엇인가?” 김용호 외. 『영상의 이해』. 서울: 두양사, pp. 4-18.

테리 이글턴 저. 김준환 역. 2000. 『포스트 모더니즘의 환상』. 서울: 실천문학사.

피종호. 2010. “데이비드 린치의 패스티시 영화와 포스트모더니즘,” 『현대영화연구』. 10집: 465-486.

피종호. 2013. 『포스트모더니즘 영화미학』. 서울: 한양대학교출판부, 2013.

알렉스 칼리노스. 1994. 『포스트모더니즘 비판』. 서울: 성림.

Alemany-Galway, Mary. 2002. *A Postmodern Cinema.* Kent, England: Scarecrow Press.

Best, Steven and Douglas Kellner. 1991. *Postmodern Theory: Critical Interrogations.* New York: The Guilford Press.

Britton, Andrew. 1988. “The Myth of Postmodernism: The Bourgeois Intelligentsia in the Age of Reagan.” *Cine Action.* 15: 3-17.

Conner, Steven.1989. *Postmodern Culture*. Oxford and New York: Basil Blackwell.

Featherstone, Mike. 1988. “In Pursuit of the Postmodern.” *Theory, Culture, & Society* 5: 2-3, 195-216.

Gehring, Wes D. 1999. *Parody as Film Genre: Never Give a Saga an Even Break*. Westport, CT: Greenwood Press.

Guattari, Felix. 1986. “The Postmodern Dead End.” *Flash Art* 128: 40-1.

Habermas, Jürgen. 1981. “Modernity versus Postmodernity.” *New German Critique*. 22: 3-14.

Harries, Dan. 2000. *Film Parody*. London: British Film Institute.

Harvey, David. 1989. *The Condition of Postmodernity: An Enquiry into the Origins of Cultural Change*. Cambridge, Mass., USA: Blackwell.

Hendershot, Cyndy. 1995. “Postmodern Allegory and David Lynch's Wild at Heat.” *Critical Arst: A South-North Journal of Cultural and Media Studies*. 9: 5-20.

Hutcheon, Linda. 1985. *A Theory of Parody: The Teachings of Twentieth-Century Art Forms.* New York: Methuen.

Hutcheon, Linda. 1989. *The Politics of Postmodernism.* London and New York: Routledge.

Jameson, Fredric. 1984. “Postmodernism, or the Cultural Logic of Late Capitalism,” *New Left Review 1*46: 53-93.

Jameson, Fredric. 1985. “Postmodernism and Consumer Society.”

Hal Foster ed. *Postmodern Culture*. London: Pluto Press, 1985, pp.

111-25.

Jameson, Fredric. 1991. *Postmodernism, or, The Cultural Logic of Late Capitalism.* Durham, NC: Duke University Press.

Le Blanc, Michelle and Colin Odell. 2000. *David Lynch.*

Harpenden, Hertfordshire: Pocket Essentials.

Levin, Harry. 1996. “What Was Postmodernism?” in *Refractions.* New York: Oxford University Press.

Lyotard, Jean-Francois. 1994. *The Postmodern Condition.*

Minneapolis: University of Minnesota Press.

Rose, Margaret. 1993. *Parody: Ancient, Modern, and Post-Modern.* Cambridge, UK and New York: Cambridge University Press.

Trachtenberg, Stanley. ed. 1985. *The Postmodern Moment: A Handbook of Contemporary Innovation in the Arts.* Westport and London: Greenwood Press.

Virilio, Paul. 1994. *The Vision Machine.* Tr. by Julie Rose. Bloomington: Indiana University Press.

Welsch, Wolfgang. 1986. *Unsere Postmoderne Moderne.*

Weinheim: VCH.

Welsch, Wolfgang. 1990. *Asthetisches Denken.* Sttugart.

58. 미국 영화에 나타난 성소수자 연구

목차

Ⅰ. 서론

최근 사회적 약자의 범위가 확대되면서 사회적 약자들에 대한 차별과 억압의 문제들이 새로운 이슈들로 부상하고 있다. 특히 그동안 목소리를 제대로 내지 못했던 성소수자들도 점차 자신들의 모습을 드러내며 그들이 느끼는 차별, 소외, 배제 등을 극복하고 자신들의 권리를 쟁취하기 위한 운동을 전개하고 있는 것이 전세계적인 추세이다. 2015년 6월 26일(현지시간) 미국 대법원은 5대4로 동성결혼에 대한 합헌결정을 내렸다. 미국대법원은 모든 사람이 법 앞에 평등하다는 점을 헌법은 보장해야 하고 결혼제도는 달라진 사회상을 반영해야 한다며 결정 이유를 밝혔다. 이로써 수도 워싱턴 D.C.와 36개 주에서만 허용돼온 동성결혼이 미국 50개 주 전역에서 합법화됐다. 이번 결정으로 미국의 300만 동성 커플이 결혼 등록을 할 수 있게 됐다. 오바마 대통령은 백악관에서 발표한 성명을 통해 "수십 년간 변화를 끌어내기 위해 노력하고 기도해온 당사자와 지지자들의 승리이자 미국의 승리"라고 말했다.[199]

동성결혼 합법화를 둘러싼 변화는 물론 동성애를 비롯한 성소수자 정치와 문화에서의 중요한 변화와 상관이 있다. 미국에서는 성소수자에 대한 차별금지법이 시행되고 있지만 우리 사회에서는 동성연애자에 대한 차별금지법이 시행되고 있지 않고 이 문제에 대한 논란이 기독교계를 중심으로 뜨겁게 달아오르고 있다. 본 논문은 "미국 영화에 나타난 성소수자"를 살펴봄으로써 성소수자 이슈의 본질과 변화를 살펴보고자 한다.

Ⅱ. 사회적 약자와 성 소수자

1. 사회적 약자(minority)

사회적 약자 또는 마이너리티(minority)는 다른 사람들과 구별되어 불평등하게 차별 대우를 받는 사람들을 말하며 머저리티(majortity)의 상대어이다. 소수자(少數者)라는 표현도 쓰이지만 소수자는 한자어 그대로 '수가 적은 사람(少數者)'이라고 생각할 수 있다. 그러나 여기서 '소수'는 단순히 많고 적음의 양의 개념으로만 이해해서는 안 된다. 소수자란 다수자(多數者)가 갖는 지배적인 위치가 아닌 소수자가 갖는 약자의 위치에 있는 사람을 말하기 때문이다. 장애우는 비장애인보다 수가 적다. 장애우는 적은 수, 즉 소수이기 때문에 물리적인 사회 시설들이나 정책, 제도 등에서 다수 비장애인이 누리는 권리를 제대로 누리지 못하는 경우가 많다. 하지만 수와 상관없이 소수자인 사람들이 있다. 여성이 그렇다. 남성이

199 http://www.starnnews.com/news/index.html?no=388618 (검색일: 2016. 8. 21).

힘을 가지고 사회를 주도하는 남성 위주의 사회에서 여성은 그 수와 관계없이 소수자 위치에 서게 된다. 그래서 '마이너리티'를 '사회적 약자'라고 표현하는 것이 적합하다.[200]

"다음 생애에 장애우, 이주민, 또는 성적 소수자로 태어나고 싶으냐?"라는 질문을 받는다면 "그렇다"고 대답하기 어렵다. 근본적인 이유는 질문 속의 사람들이 우리 사회에서 살아가기가 그리 녹록하지 않다는 요인이 있을 것이다. 또 다른 이유로는 사회적으로 소외되거나 힘을 발휘하지 못하기 때문이라는 점도 작용했을 것이다. 대부분의 사회에는 보편적인 사람들의 모습과 다르거나 삶의 방식 또는 사고방식이 다르다고 후천적으로 구별하여 '비정상인'이라고 구분하는 경우가 있다. 사회적 약자는 대개 사회에서 비정상인 사람들로 여겨지거나 다른 사람들에 비해 사회적으로 힘이 없는 삶을 살아간다. 사회적 약자는 '신체적 문화적 특징으로 인해 사회의 주류 집단 구성원에게 차별받으며 스스로도 차별받는 집단에 속해 있다는 의식을 가진 사람들'이라고 정의할 수 있다. 이런 점에서 사회적 약자는 그들이 한 사회 내에서 발휘하는 영향력 등을 고려한 표현이다.[201] 다시 말해 majority는 사회의 majority를 중심으로 규정된 주류 집단들이 인정하거나 가지고 있는 특성에 부응하지 못하는 사람들을 일컫는다(정슬기 2014, 1).

장미경(2005, 159-182)은 마이너리티의 특성을 두 가지로 나누어 설명하고 있다. 첫째, 마이너리티는 표준적인 인간과는 구별되

---

200 http://terms.naver.com/entry.nhn?docId=1526669&cid=47336&categoryId=47336 (검색일: 2016. 8. 21).

201 http://terms.naver.com/entry.nhn?docId=1718552&cid=47336&categoryId=47336 (검색일: 2016. 8. 21).

는 사람들로 주변인으로서의 모습을 보인다. 이들이 가지고 있는 특성은 개인적 책임이며 전체적 정체성보다 부분적 정체성이 우세한 경향이 있다. 예를 들어, 가장인 남자가 동성애자로 밝혀질 경우 가장이라는 전체적 정체성 보다 동성애자라는 부분적 정체성 때문에 차별을 받는다. 둘째, 마이너리티는 범법자라는 정체성을 가지고 있다. 예를 들어, 성소수자인 경우 언론 노출이나 퍼레이드같은 대중노출의 경우 마스크를 쓰며 자신을 감춘다(정혜윤 2014, 7-8).

〈표 1〉 minority와 majority

minority	majority
여성	남성
청소년	성인
지배인종/민족	소수인종/민족
장애우	비장애인
성소수자: 동성연애자, 양성애자, 트랜스젠더 등	

여권론의 세 가지 시각들(자유주의, 사회주의, 급진주의) 중 진보주의 시각은 마이너리티에 대해서는 불평등에서 평등을 넘어서 "역차별"로 보호하는 "적극적 조치/행동"(affirmative actions)이 필요하다고 한다. 할당제가 그 예이다. 마이너리티에 대한 불평등/차별에 대해 두 가지 시각이 있다. 하나가 "차별금지"이고 또 다른 시각이 "적극적 조치/행동"이다.

2. 성소수자(sexual minority)

성소수자(性少數者)는 majority인 이성애자, 시스젠더(cisgender)[202]

와 비교되는 성적 지향이나 성정체성, 신체 등을 지닌 이들을 말한다. 성소수자는 동성애자뿐만 아니라 양성애자와 트랜스젠더(transgender), 간성, 젠더퀴어(gender queer), 제3의 성 등 을 포함한다. 관련된 용어로 퀴어(queer)와 LGBT가 있다. LGBT는 레즈비언(lesbian), 게이(gay), 양성애자(bisexual), 트랜스젠더를 통틀어서 부르는 단어이다. 레즈비게이(lesbigay)나 퀴어보다는 논쟁이 덜한 용어로 알려져 있다. 파생: LGBTQIA는 본래의 LGBT에서 퀘스쳐너(questioner, 아직 자신의 성정체성, 성적 지향에 의문을 가지고 있는 사람), 남녀한몸(intersexual), 무성애자(asexual)를 더한 것이다. LGBTAIQ라고도 부른다. 퀴어는 원래 "이상한", "색다른" 등을 나타내는 말이었고 성소수자에 대한 비하명칭으로 쓰이기도 했으나 지금은 성소수자 모두를 포괄하는 단어로 사용되는 경우가 많다. 트랜스젠더는 생물학적으로 결정되는 신체적 성별과 자신의 성별에 관한 정체성 혹은 자신이 주관적으로 인식하는 정신적 성별(또는 성정체성이라고도 함)이 불일치하는 것으로, 출생 당시의 성별과 반대되는 성별을 자신의 성별로 인식하는 증상, 혹은 그러한 증상을 가진 사람들을 가리킨다. 이러한 사람들은 성전환 수술을 받는 경우도 있다.[203] 출생 당시의 성별과 반대되는 성별을 자신의 성별로 인식하는 증상, 혹은 그러한 증상을 가진 사람이지만 성전환 수술을 받지 않은 경우를 잘 보여 주는 영화가 <로렌스 애니웨이

202 시스젠더는 트랜스젠더에 대응하여 만들어진 용어로 생물학적 성(sex)과 사회적 성(gender)이 일치하는 사람을 가리킨다. https://ko.wikipedia.org/wiki/%EC%8B%9C%EC%8A%A4%EC%A0%A0%EB%8D%94 (검색일: 2016. 8. 22).

203 https://ko.wikipedia.org/wiki/%EC%84%B1%EC%86%8C%EC%88%98%EC%9E%90 (검색일: 2016. 8. 22).

Laurence Anywas>(2012)이다.

일반적으로 성소수자 가운데 동성애자가 가장 많다. 동성애를 뜻하는 homosexuality란 단어는 19세기 헝가리 벤커르트(Kari Maria Benkert)라는 의사가 처음 만들어 낸 단어로 동성애를 단순히 동성 사이에만 성관계가 가능하고 이성 사이에는 성관계가 불가능하다는 점을 지적하였다. 이후 동성애자를 범죄자로 보는 시각에서 벗어나 정신 질환의 일종으로 간주하게 되었다. 1940년대까지 동성애자를 편집증이나 성격장애의 범주로 성적 일탈로 분류하였지만 1972년 미국정신의학회는 동성애를 정신장애에서 삭제하였다(강병철 2011, 381-417).

일반적으로 성 소수자에 대한 원인은 자유주의와 진보주의 시각에 따라 선천적 결정론, 후천성 선택론 그리고 복합적인 상호작용론으로 분류할 수 있다. 선천적 결정론은 성소수자 성향이 출산 이전에 이미 유전, 호르몬 등에 의해서 결정된다는 의견이며 후천적 선택론은 성소수자 성향이 애정의 결핍 등 환경의 영향으로 인한 질환으로 형성되거나 쾌락을 목적으로 선택한 것이라는 의견이다(신동렬 2010, 111-141; 정혜윤 2014, 10). 성소수자들은 건강에 악영향을 끼칠 수 있는 다양한 사회적, 제도적 차별에 노출되어 있고 낙인과 관련된 스트레스를 겪고 있다. 성소수자이기 때문에 받는 사회적인 편견이나 오해와 관련된 만성적 스트레스를 마이너리티 스트레스(minority stress)라고 한다(허지선 2015, 3).

반(反)동성애 폭력(anti-gay violence)은 동성애를 반대하고 있는 사람이나 호모포비아(homophobia)[204]가 성소수자에게 신체적 · 정신적인 폭력을 가하는 것을 말한다, 반(反)동성애자 폭력경험은 성소수자들에게 자기회의를 일으키고 우울증, 불안감과 같은 정신건강에 대해 취약하게 만든다(Brooks 1981; 허지선 2015, 7).

Ⅲ. 미국에 영화에 나타난 성소수자

· 토드 헤인즈의 <독약>(1991)
· 톰 칼린의 <졸도>(1992)
· 제니 리빙스턴의 <파리는 불타고 있다>(1990)
· 구스 반 산트의 <말라 노체>(1985), <아이다호>(1991)
· 데릭 지먼의 <가라바지오>(1986), <에드워드 2세>(1991), <블루>(1993)
· 그레그 애러키의 <리빙 엔드>(1992)
· 료스케 하시구치의 <스무 살의 미열>(1993), <모래알처럼> (1995)
· 자비에 돌란의 <탐 앳 더팜>(2013)
· 토드 헤인즈의 <캐롤 >(2015)
· 아피찻퐁 위라세타쿤의 <메콩호텔>(2012)
· 알랭 기로디의 <호수의 이방인>(2013)

네이버 영화

결혼 피로연 1993

미국인 사이먼(Simon: 미첼 릭첸스타인 분)과 그의 동성애인인 대만인 웨이퉁(Wai-tung: 조문선 분)은 고민이 있다. 그의 부모님은

204 동성애자에 대해 무조건적인 혐오를 갖고 있는 사람.

아들이 결혼하여 손자를 안겨주길 고대하고 있기 때문이다. 사이먼은 그 사실을 알고 작전을 짠다. 웨이퉁의 아파트에 세를 사는 젊은 중국인 여류 미술가 웨이웨이(Wei-wei: 메이 신 분)가 불법 체류자로 영주권이 필요하자, 웨이퉁과 위장 결혼을 꾸민다. 처음에 작전을 세울 때 그 누구도 전통적인 중국식 혼례가 뉴욕 한가운데에 치러질 것이라고는 생각지 못했다. 어쩔 수 없이 중국 전통 혼례를 치르게 되는 웨이퉁과 웨이웨이. 그 독특한 혼례 장면은 보는 이들을 즐겁게 한다. 그날 밤 술에 취해 첫날밤을 보내는 두 사람. 그러나 위장 결혼은 그 정체를 드러내고 만다. 웨이웨이의 임신으로 사이먼의 분노가 폭발하고 이에 충격을 받은 아버지가 혈압으로 쓰러진 것이다. 어머니에게 모든 것을 고백하는 웨이퉁. 그러나 아이를 없애기로 했던 웨이웨이의 마음이 변하면서 모든 상황은 다시 호전된다. 웨이퉁, 웨이웨이, 사이먼 세 사람을 뉴욕에 남겨두고 불안하게 대만으로 돌아가는 부모님.

90년대 초반은 동양에서 동성애자를 소재로 한 영화의 여명기이기도 하다.

따라서 왠지 낯설게 묘사된 부분과, 배우들의 서먹한 연기는 어느 정도 이해할 필요가 있어 보인다.

경쾌한 룸바음악에 맞춰 유머러스한 몇몇 장면들속에 그들 나름대로의 이민세대간의 갈등과 자신의 성정체성에 대한 갈등.. 한 가족, 한 가정의 의미를 되새겨 볼 수 있는 넘넘 잘 만든 영화가 아닌듯 싶다.

벨벳골드마인 Velvet Goldmine 1998

1970년대 영국에서 유행하던 글램록 최고의 스타인 브라이언 슬레이드(조나단 리스 마이어스 분)가 월드투어 콘서트에서 암살되는 사건이 벌어진다. 그러나 이 사건은 그의 자작극이었다는 것이 곧 밝혀지고, 브라이언은 많은 이들의 비난을 받는다. 그 후 그는 무대에서 사라지며 사람들에게 점차 잊혀진다.

10년 후, 뉴욕 헤럴드의 기자 아서 스튜어트(크리스찬 베일 분)는 당시 자작극의 특집 기사를 맡아 영국으로 방문한다. 어린 시절 브라이언의 열렬한 팬이었던 아서는 기사 작성을 위해 브라이언의 전 매니저와 그의 부인 맨디(토니 콜렛 분), 그리고 동료이자 스캔들 상대였던 커트 와일드(이완 맥그리거 분)를 차례로 만나며 자신의 우상이었던 브라이언을 회상하게 된다. 그러면서 모두에서 잊혀졌던 브라이언의 놀라운 진실을 만나게 되는데 처음 오프닝 장면에 뛰어가던 알록달록한 무지개의상의 긴 생머리의 여인들과 여장을 하며 그 여인들과 뛰어다니던 사내들은 그들은 내가 말하고 싶은 인공적인 녀석들이다.

tv뉴스 인터뷰에서 그들 중 한 사내는 자신이 양성애자라고 했다 남자든 여자든 누구든 상관없다고 과연 그는 그 후에도 양성애자였을까? 커트와 브라이언의 침대의 나체를 본 브라이언의 전처는 그들은 서로의 가공적인 이미지와 자신의 가공적인 이미지에 취해 사랑을 했던 것이라 말한다. 결국 스타일을 위해서 그 둘은 동성간의 섹스를 했던 것이다. 과연 진심으로 사랑했던 것이냐 뭐 되씹어 보자면 진심일수도 있겠다 싶지만 커트는 진지 했을지도 모르겠지만 브라이언은 토마스가 된 후를 본다면 진실일수는 없을 것이다.

인공적으로 만들어낸 스타일과 이미지에 결국 우매한 군중들은 취해버리고 만다.

그들처럼 멋있어 지고 싶다며 자신의 정신과 성격 취향까지 모두 그들과 닮으려 한다.

과연 그것이 진짜 자신의 모습일까?

이성애자였던 아서는 동성애자로까지 변한다. 브라이언의 모습을 동경하며 물론 이성애자들도 동성애자로 변한다고 하지만 나중에 기자가 돼있던 아서는 아마도 이성애자였을 것이다. 아니 사회가 공격하며 탄압하고 경멸스러워 하는 모습을 알기에 이성애자가 되있을 수도 있다. 왜 자신에게 거짓을 하며 허세 부리는가 가장 강한 것은 솔직과 진실인데.

브로크백 마운틴 Brokeback Mountain , 2005

감독 이안

눈부신 만년설로 뒤덮인 봉우리와 맑고 깊은 계곡, 한없이 펼쳐진 푸른 초원 위에 노니는 수천 마리의 양떼가 장관을 이루고 있는 8월의 브로크백 마운틴. 이곳의 양떼 방목장에서 여름 한 철 함께 일하게 된 갓 스물의 두 청년 에니스(히스 레저 분)와 잭(제이크 질렌할 분)은 마치 오랜 친구처럼 서로에게 마음을 터놓는 사이가 된다. 대자연의 품에서 깊어져간 그들의 우정은 친구 사이의 친밀함 이상으로 발전해간다. 그들 앞에 놓인 낯선 감정의 실체가 무엇인지도 알지 못한 채 짧은 방목철이 끝나고 다시 만날 기약도 없이 두 사람은 각자의 삶으로 돌아간다.

결혼해 아이를 낳고 평범한 생활을 하다가 4년 만에 다시 만난 두 사람은 단번에 브로크백에서 서로에게 가졌던 그 낯선 감정이 일시적인 것이 아니었음을 알게 된다. 언제 끝날지 모르지만 가능한 한 오랫동안 조심스럽게 관계를 유지하고 싶어하는 에니스. 아무리 무모하다 해도 두 사람만의 새로운 삶을 시작해 보고 싶어하는 잭. 입장은 달랐지만 서로를 향한 애틋한 마음만은 한결같았던 두 사람은 그 후로 일년에 한 두 번씩 브로크백에서 만난다. 20년간 짧은 만남과 긴 그리움을 반복하며 살아갈 수밖에 없었던 그들의 관계는 뜻밖의 사건으로 엄청난 변화를 맞이하게 되는데...

아직 제겐 부담스러운 동성애라는 소재를 지니고 있지만 이 영화의 그 무엇이 이토록 전세계 평론가들을 흥분의 도가니로 몰아 넣고 있는지 확인하고 싶었습니다. ...이런 말을 한다면 '무식하다'라는 소리를 들을지도 모르지만 아직 제겐 두 남자의 사랑을 '전 세계를 벅차게한 위대한 러브 스토리'로 받아들일 열린 마음이 부족했나 봅니다.

[브로크백 마운틴]이 제게 그리 재미없었던 이유는 이안 감독이 최대한 무덤덤하게 잭(제이크 길렌할)과 에니스(헤쓰 레저)의 사랑을 표현했기 때문입니다.

동료의 부인인 캐서린(크리스틴 스코트 토마스)을 사랑한 알마시(랄프 파인즈)의 금지된 사랑은 1960년대 당시 용납될 수 없었던 잭과 에니스의 동성애에 확대되었습니다. 전쟁으로 인하여 이룰 수 없었던 캐서린과 알마시의 가슴 아픈 사랑의 결말 역시 [브로크백 마운틴]의 사회의 편견으로 이룰 수 없었던 잭과 에니스의 비극적

결말과 맞닿아 있습니다.

물론 아직은 동성애 특히 남성간의 사랑이 낯설은 제게 잭과 에니스의 사랑이 처음엔 그리 마음에 와닿지 않았습니다. 하지만 경제적 능력 탓에 가장으로의 역할을 제대로 수행할 수 없었던 잭과 에니스가 점차 순수했던 서로간의 사랑을 그리워하고, 사회의 편견을 두려워하면서도 힘든 일상 생활로의 도피처로 금지된 사랑을 즐기는 모습을 보며 어쩌면 저들은 진정 사랑하고 있는지도 모른다는 생각을 했습니다.

다른 연인들처럼 투정하고, 질투하는 잭과 에니스의 사랑이 영화가 진행되는 동안 점점 낯설게 느껴지지 않는 것을 보며 비록 제겐 이 영화의 사랑에 완벽하게 동의하는 열린 마음이 부족하긴 하지만 이 영화만큼은 진솔했음을 알 수 있었습니다.

동성애를 다뤘다 해서 입에 담지 못할 비난글을 올리신 분들이 적잖이 눈에 띤다. 다수의 성이 정상이라고 느끼는 건 무리가 아니라고 생각한다. 그렇다면 소수의 성은 비정상이 되는데, 여기서 정상과 비정상의 차이는 무엇인가를 깊이 한 번 되새겨 볼 필요가 있다. 그저 단순히 다수의 편에 섰기 때문에 난 정상이고 넌 비정상이다는 흑백논리때문인가? "구원의 메세지를 찾다"란 어느 리뷰(wkfsks2000)에 무척 공감이 가는 글이 있었다. "우린 너무도 쉽게 그 정당성들을 부여해준 건 아닐까?"란 부분이다. 옳고 그르다, 좋고 나쁘다란 구분은 어디에서 온 것인지 진지하게 한번 생각해 봐야할 것이다.

이 영활 어린친구들이 보고 동성애를 미화해 자칫 동성애자가 될까 두렵다며 윤리 문제로 비화 시켜 극심한 반대이유를 대는 몇몇 리뷰어에게도 묻고 싶다. 너무 지나친 억지가 아닌가고 말이다. 다시 말하면 이것은 지금까지 존재한 모든 동성애자의 성적 정체성을, 그것을 미화시킨 환경 탓으로 돌리는 주장과 같게 되기 때문이다. 그건 아니다. 여기서의 요점은 동성애가 옳다거나 나쁘다는 말이 아니다. 단지 추구하는 성이 다를 뿐 그들도 우리고 인간이다는 것이다. 과연 내가 아닌 다른 것들에 대해 인정까진 못 하더라도 비난은 말아야 할 여유 없을까? 그들은 세상 밖 음지에 있는 힘없는 소수일 뿐이다. 알잖는가? 비단 성적 정체성의 문젤 넘어 다수가 되지 못한 소수자의 설움들을, 가지지 못한 자의 설움들을, 힘없는 자의 설움들을... 누구나 한 번쯤 겪어봤을 우리 모두의 아픔이자 고통들이다. 그리고 영환 이렇게 핍박받고 소외받은 자들의 무겔 잔인할 정도로 사실적이며 관조적으로 그린 것 뿐이다. 이 세상엔 동성애를 자기 성적 정체성으로 삼고자 하는 사람은 아무도 없을 것이다.

따라서 그들에게 있어 동성애란 선택의 문제를 벗어난 일일 것이다.

이것이 바로 이해는 못하더라도 비난이나 저주는 퍼붓지 말아야 하는 그 이율지도 모른다.

성숙된 자세가 필요하다. 논리적이며 차분하게 자기 자신의 뜻을 적어 내려가는 그런 안정되고 여유로운 리뷰환경이 되었음 하는 바람은 비단 나 혼자만의 욕심은 아닐 거라 믿으며...

p.s.참고로 전혀 밝힐 필요가 없는 부분이지만, 난 동성애자가 아니다.

영화의 결말을 보면 두 남자가 얼마나 서로를 원했었는지를 알 수가 있었다. 둘의 젊은 시절, '브로크백 마운틴'에서 삶은 세상의 방해가 없던 그들의 인생에서 가장 찬란한 생활이었을 것이다. 두 사람은 그 때로 돌아가고 싶어했고, 그 때처럼 사랑하고 싶었을 것이다. 하지만 두 사람은 '현실'이라는 각자의 사슬에 꽁꽁 묶여 있었다. 그들의 삶은 점점 비루해져가지만 했다. 에니스는 적극적으로 그 사슬을 끊을 자신이 없었고, 잭은 결국 기다림에 지치고 그 사슬에 의해 처형당하고 말았다. 마지막 장면에서 에니스는 그렇지만 그는 자신에게 걸린 사슬의 고리 중 하나를 간신히 끊어낸 것 같았다. 잭이라는 이름의 가위로 말이다. 결국 그의 사랑, 그의 이상을 가슴 속에 평생 묻어야만 했다. 그의 최고의 아픔이자, 최고로 빛나는 그것을 말이다.

밀크 Milk 2008

1970년대 미국 샌프란시스코을 배경으로, 인권운동가이자 정치인이었으며 그의 시대로부터 지금까지 수많은 이들에게 희망의 이름이 된 실존인물, 하비 밀크의 생애 마지막 8년의 이야기. 1970년, 40세 생일을 맞이한 뉴욕의 평범한 증권맨 하비 밀크(숀 펜)는 스스로에게 솔직하지 못했던 지난 인생을 뒤돌아보며 애인인 스콧(제임스 프랑코)과 함께 자유로운 분위기의 샌프란시스코로 이주하기로 결심한다. 그곳에서 작은 카메라 가게를 차린 밀크는 편견 없는 마음과 유쾌한 성품으로 많은 이들의 친구가 되고, 동성애자들에 대한 일상적인 편견과 폭력으로 고통 받는 이웃들을 보며 게이 인권운동을 시작한다. 인종, 나이, 성에 상관 없이 모두가 평등한 권리와 기회를 누리는 사회를 꿈꾸던 그는 3번의 실패 끝에 샌프란시스코시의원에 당선되는데...

동성애를 정당하게 외치는게 왜 잘못되었냐면은 그 사람들 동성애 하던 뭘하던 자유인건 분명하지만 그렇게 나서서 뭔가 힘 있는 정당함을 외부에 알려선 안된다. 약간 그런 기질이 있던 사람들도 괜찮은 거구나 하고 유혹당할 수 있을 것이기 때문이다. 정말 동성애는 이 우주에 있어서는 안되는 것이다.

커피 한잔이 섹스에 미치는 영향 Concussion 2013

아름답고 지적이고 부유한 그녀, 비밀스런 이중생활에 나서다.

고객을 선택하는 그녀만의 특별한 기준은, 바로 커피 한잔.

아들의 공에 맞아 머리에 큰 상처를 입은 후, 한 여성으로서 자신의 욕망은 철저히 외면당하고 일상에 매몰되어 가는 현실에 대한 걷잡을 수 없는 회의에 빠져들던 '애비'는 우연한 기회에 답답한 자아를 숨쉬게 할 새로운 생활의 가능성을 발견하게 된다. 그것은 바로 섹스를 통해 특별한 교감을 가능하게 하는 자신의 재능.

리노베이션할 목적으로 맨해튼에 아파트를 구입한 '애비'는 보수중인 아파트에서 아주 특별한 방법으로 선별한 고객들을 대상으로 비밀스런 이중생활을 시작하게 된다. 불결한 관계도 천박한 관계도 원치 않는 '애비'는 자신만의 지적이고 우아한 스타일로 이 특별한 비즈니스를 운영해 나간다. 어느 날, 같은 학교 학부모이기도 한 매력적인 여성 '샘'을 고객으로 만난 순간 '애비'의 두 개의 생활을 나누던 경계는 위태롭게 요동치게 되는데…

레즈비언 판 사랑과 전쟁

대니쉬 걸 The Danish Girl 2015 미국 영국

1926년 덴마크 코펜하겐. 풍경화 화가로서 명성을 떨치던 에이나르 베게너(에디 레드메인)와 야심 찬 초상화 화가인 아내 게르다(알리시아 비칸데르)는 누구보다 서로를 아끼고 사랑하는 부부이자 서로에게 예술적 영감을 주는 파트너이다.

어느 날, 게르다의 아름다운 발레리나 모델 울라(엠버 허드)가 자리를 비우게 되자 게르다는 에이나르에게 대역을 부탁한다. 드레스를 입고 캔버스 앞에 선 에이나르는 이제까지 한 번도 느껴본 적 없었던 감정의 소용돌이 속에서 또 다른 자신의 모습을 마주한다.

그날 이후, 영원할 것 같던 두 사람의 사랑이 조금씩 어긋나기 시작하고, 그는 모든 것을 송두리째 바꿀 선택의 기로에 서게 되는데…

대니쉬 걸은 아이나가 성 정체성을 깨닫고 변하는 과정을 주로 한 영화지만, 나는 감히 대니쉬 걸의 주인공은 게르다라고 하겠다. 실제로 분량이나 감정선의 변화는 게르다 쪽이 적극적으로 나타나진다. 이 세상에서 가장 사랑하는 나의 남편 아이나가 여성으로 다시 태어나는 과정을 게르다는 편한 마음만으로 볼 순 없었다. 단순히 자신의 남편이 여자가 되는 것에 대한 충격과 슬픔뿐만이 아니다. 내 모든 사랑을 바친 특별한 사람이 자신의 삶에서 사라지는 것이다.

게르다가 혼자라는 사실을 적나라하게 보여줬던 사람은 다름 아닌 그였다.

그의 성 정체성으로 인한 혼란과 슬픔은 이해하나 그것을 표출하는 방식이 게르다에게 있어 매우 잔인하지 않았나 싶다.

게르다는 여자로 태어난 그의 마지막까지도 곁에 있어주었다. 그것에 대한 같은 보답을 바란 것은 아니었다. 게르다에게 있어 소중했던 건 아이나였고, 아이나- 아니, 릴리에게 있어 소중했던 건 자기 자신이었다. 소중한 것을 지향하는 것이 다를 수야 있지만, 릴리는 게르다를 혼자로 만들어선 안 됐다. 자신이 혼자인 것은 참을 수 없어 릴리에게 2차 수술을 받으러 가자고 제안했던 것을, 남자를 만나 아이를 낳고 싶어했던 릴리지만, 결국 자신을 가장 이해할 수 있는 유일한 사람은 게르다 밖에 없다는 것을 릴리는 알 것이다.

이건 단순히 성 문제에만 국한된 것이 아니라 사랑에 초점을 맞춰야 된다.

내가 사랑하는 사람이 이젠 전처럼 날 안아주지 않고 키스해주지 않는다.

더불어 다른 누군가를 만나 한 가정을 차리고 싶다고 한다면?

그것이 성 정체성으로 인한 결과라 하더라도 쉽게 이해가 될까?

그것을 사랑으로 껴안고 끝까지 그 사람을 지켜줄 수 있는가.

캐롤 Carol 2015

1950년대 뉴욕, 맨해튼 백화점 점원인 테레즈(루니 마라)와 손님으로 찾아온 캐롤(케이트 블란쳇)은 처음 만난 순간부터 거부할 수 없는 강한 끌림을 느낀다. 하나뿐인 딸을 두고 이혼 소송 중인 캐롤과 헌신적인 남자친구가 있지만 확신이 없던 테레즈, 각자의 상황을 잊을 만큼 통제할 수 없이 서로에게 빠져드는 감정의 혼란 속에서 둘은 확신하게 된다. 인생의 마지막에, 그리고 처음으로 찾아온 진짜 사랑임을…

케이트 블란쳇(극 중 캐롤) 상대 배우로 나오는 종업원 테레즈(루니 마라 분)는 실제로 케이트 블란쳇이 우상이어서 연기하는데 힘들지 않았다고 했다. 그래서 그런지 연기는 자연스러우나.. 둘의 감정선은 정사씬에서 갑자기 폭발하는 듯한 감이 있다.

우발적이고 비이성적인 감정의 분화가 이게 현실의 삶이라면 더 있을 법한 것이 맞긴 한데, 남의 이야기를 보는 영화 관객 입장에선 그 사랑이 정사신 이전에 관객에게 좀 더 깊이 다가오게, 잘 전달될 수 있도록 점점 짙어지는 그들의 감정선을 몇 개 더 그려낼 필요가 있지 않았나 싶다. 여기서 나오는 남자들은 하나같이 여자들을 위한다고는 하지만 결국 그 사랑의 방향은 자기 자신을 향해 있는 남자들이다. 여자가 좋아할 만한 말들을 퍼붓지만 실로 그 욕망은 본인을 위한 것이기에 여자들은 이내 질리고 만다. 저런 남자들 틈에 있으니 여자 두 명이 눈이 맞지 싶은데 재밌는 건 캐롤도 다소 그런 남자들의 모습을 띠고 있다는 점이다. 캐롤도 테레즈를 사랑하기는 하나 사랑의 방향이 온전히 테레즈를 향하고 있다고 할 수 있을까? 딸을 포기할 입장이 되자 과감히 테레즈에게 너가 행복하길 바란다면서 헤어지자고 한다. 너를 위한거라면서.

59. "이 땅은 내꺼다. 이건 나의 숙명(destiny)이다."

- <영화> 파 앤드 어웨이 -

미국을 공부하는 과목 첫 시간에 보여 주는 영화가 <파 앤드 어웨이 Far and Away>(1992)이다. 미국의 개척시대에 있었을 이야기를 통해 "사람들에게 불의란 무엇일까?" 또 "개인에게 자유란 무엇일까?" 등을 잘 보여준 사실주의적 영화이다.

아일랜드(Ireland)의 1892년은 소작농들에게 과중한 소작료와 철거 등을 일삼는 지주 계급에 대한 농부들의 불만이 점점 더해가던 때였다. 당시 아일랜드는 먹을 것이 없어 굶는 사람이 많았고 영국의 압제와 가난으로 비참하게 살았다. "기회의 땅" 미국은 유럽의 가난한 사람에게 많은 기회를 주었다. 미국의 가톨릭 신자는 많은 수가 아일랜드계인 것을 보면 많이들 미국에 갔던 것을 알 수 있다.

조셉 다넬리(톰 크루즈 분)는 소작농의 막내아들로 부친이 지주 때문에 죽게 된 거라고 믿으며 지주인 크리스티를 살해할 목적으로 길을 떠난다. 땅을 얻기 위한 조셉은 크리스티를 죽이러 갔다가 쉐넌(니콜 키드먼 분)을 만나고 둘은 멀고도 먼(far and away) 미국으로 건너간다. 미국에서 역경에 부딪혀도 둘의 사랑은 뜨거워져 간다. 결국 둘이 꿈꾸던 땅도 얻게 되고 땅보다 더 소중한 사랑을 서로 재확인하기에 이른다.

조셉은 자기들 것이 될 땅에 기를 꽂으면서 말한다. "이 땅은 내꺼다. 이건 나의 숙명(destiny)이다." 영화는 여기서 미국에 와서 미국을 지배하고 번창해야 하는 것은 하나님이 미국인들에게 주어진 명백한 기독교적인 사명이라는 것을 암시하고 있다. 더 나아가 전

세계의 으뜸이 되고 전세계를 지도할... 미국의 저녁 메인뉴스는 "월드 뉴스"이고 미국 프로야구 결승 시리즈는 "월드 시리즈"이다.

"미국은 돈 없으면 아무 소용없어"라는 대사에서 자본주의를 비판하는 듯이 보이지만 미국이라는 나라는 당시 천대 받던 아이리시(Irish) 소작농 아들도 땅을 가질 수 있고 성공할 수 있는 기회의 나라라는 점을 영화는 강조하고 있다. Americanism! 작품성이 좋은 영화를 오스카상이 선택하겠지만 선호하는 내용 중 하나도 Americanism이다.

영화에선 미국인들이 땅 차지하는 것이 제일 흥미롭다. 말 타고 제일 먼저 달려가 자기 깃발을 꽂으면 주인이 되니 그 후에 농사짓기는 힘들어도 얼마나 좋았을까? 오클라호마 등 중부의 오지는 그런 식으로 땅을 개발했다.

달리기를 할 때 먼저 출발한 사람을 여지없이 총으로 쏴 죽이는 장면이 필자는 가장 인상 깊었다. 방임할 정도를 자유를 누리지만 공공질서를 어길 때는 여차 없이 처벌하는 미국의 법질서를 보는 것 같았다. 미국에 유학 갔을 때 한국과는 달리 경찰이 캠퍼스 안에 들어와 있는 것을 보고 놀랐다. 1970년 5월 4일, 4명의 켄트주립대학생이 시위 중 오하이오 주방위군의 총격으로 사망하는 사건을 같은 맥락에서 이해할 수가 있다. 이 영화를 보며 미국의 법과 질서를 지키는 문화, 법치주의 그리고 민주주의를 다시금 생각한다.

60. 베이징 798 예술구 Revisited

지난 2월 중국 갔을 때 베이징 798 예술구를 약 5년 만에 다시 방문할 기회를 가졌다. 중국 정부의 문화창의상업 집중구로 지정된 798 일대는 "베이징의 소호"라 불리는 문화의 랜드마크로서 관광객이 북적이는 번화가이다. 다시 찾으니 좀 더 확장되고 번창해 졌지만 너무 상업화되어 아쉬운 점도 있었다. 처음 갔을 때 느꼈던 버려진 공간의 활용이라는 문화적 감동은 이제는 찾기 힘들었다.

798 예술구는 로프트(loft) 형식의 대형 복합 예술단지이다. 로프트 형식 예술공간이란 뉴욕의 소호에서 시작되었는데 오래 된 공상이나 창고를 개조하여 스튜디오나 화랑 등의 예술공간으로 활용하는 것을 의미한다. 총 면적 약 60㎡에 이르는 798 예술구은 원래 국영 798단지 공장을 비롯해 구소련의 지원을 받은 무기 공장이 밀집된 공장지대였다. 냉전이 종식된 후 무기 공장이 하나씩 철수하였으나 그중 706, 707, 718, 751, 797, 798단지 등의 공장은 전자공업 제품의 생산 공장으로 남았다. 갤러리 외에도 예술가들의 작업실, 서점, 아트숍, 카페, 레스토랑 등이 들어서 있다. 50년대의 콘크리트 벽이 드러나 있는 군수공장과 예술이라는 단어는 어울리지 않을 것 같으면서도 흥미로운 결합을 보여준다.

저렴한 임대료 덕에 처음에는 가난한 예술가들이 하나둘 모여들기 시작했고 2001년에 중국 최고의 미술대학 중앙미술학원이 근처로 이전해오면서 붐이 일었다. 2002년을 기점으로 외국인 예술가들도 대규모로 진출했고 지금은 중국인보다 오히려 외국인들에게 유명세를 떨치고 있다. 이 시기에 필자가 한국해양대 김태만 교수에게서 이곳에 진출하려 한다는 이야기를 들었다.

798 예술구를 보면서 대한민국은, 특히 부산은 왜 이런 로프트 형식의 대형 복합 예술단지를 만들지 못하나하는 아쉬운 생각이 들었다. 부산은 왜 전주와 같은 "부산한옥마을"을... 부산은 왜 "제2의 남이섬"을... 사드 때문에 중국 관광객이 줄고 있는데 남이섬은 관광객 다변화로 관광객이 늘어나고 있다. 할랄 음식점까지 만들면서... 우리도 대한민국의 경제를 활성화시키고 일자리를 창출하는 고부가가치 문화산업이 필요하다.

61. <영화로 본 여성학>

제1장 여성학은 어떤 학문인가?

-여성의 자아(정체성) -인권(인권으로서 여성학, 여성의 인권) -여성학, 남성학, gender학 -사회적 성: gender -생물학적 성: sex -여자와 남자는 다르다?

제2장 페미니즘 이론

-자유주의(1) -진보주의: 사회주의(2) 급진주의(3) -사회적 약자/적극적 조치

제3장 섹슈얼리티

-(문화콘텐츠닷컴) 섹슈얼리티 (Sexuality)

성행위에 대한 인간의 성적 욕망과 성적 행위, 그리고 이와 관련

된 사회제도와 규범들을 뜻한다. 즉 욕망의 차원을 넘어 인간의 성 행동뿐만 아니라 인간이 성에 대해 가지고 있는 태도, 사고, 감정, 가치관, 이해심, 환상, 성의 존재 의미 등의 모든 것을 포함

-(위키백과) 섹슈얼리티(sexuality)또는 성은 생물의 성별과 성적 행위 따위를 일컫는 말로 인간의 경우 성에 대해 가지고 있는 태도, 사고, 감정, 가치관등을 포함한다.

성적 지향성(이 부분의 본문은 성적 지향입니다.)

성적 지향은 기본적으로 자신이 이끌리는 사회적 성 (젠더)이다. 이는 사람의 호색적인 또는 에로틱한 욕망, 환상, 자발적인 감정의 대상이 되어 이끌리게 되는 성적인 젠더(gender)를 말한다. 다른 용어로는 성적 취향과 성적 성향이 있다. 의사들을 비롯, 섹슈얼리티(sexuality)가 삶 초기에 형성되어 고정된다고 믿는 이들은 "취향"이란 표현을 사용하며 섹슈얼리티가 유동적이며 선택을 반영한다고 믿는 이들은 "성향"이란 표현을 사용한다.

사람은 일반적으로 이성애자 (반대 성) 또는 동성애자 (같은 성), 양성애자 (잠재적으로 두가지 성 모두, 또는 둘중에 하나), 무성애자 (성적 끌림이 없는)로 인식된다. (그러나 트랜스젠더와 중간성별에게 동성- 또는 이성- 이라는 표현이 어떻게 사용되는가에 대하여는 동성성과 트랜스젠더를 참고하라.)

성적 지향이라는 표현은 또한 선택이나 내재적 속성에 따른 개인의 "정체성"을 기술할 수도 있다. 이러한 분류들은 또한 개인이 택한 정체성이에 반하여 부글부글 튀쳐나오는 성적 행동을 말할 수도 있다.

"성적 지향"은 또한 법률상의 용어이며 타 분야에서 통용되는 뜻

과는 다른, 판례의 전통을 따르는 뜻을 지닌다. 이는 동성애, 이성애 또는 양성애를 차별하는 것을 금하는 법률에서 주로 사용되는 용어이다.

사람들을 이러한 무리들로 분류하는 행위는 그 자체만으로도 논란적이다. 다양한 주체들은 서로 다른 강도에 따라 지향성이나, 행동, 또는 정체성을 이용해 분류하는 것을 택할 수도 있다.

-여자와 남자의 성적욕망/성적만족(자유주의/진보주의)

제4장 여성과 결혼, 그리고 가정

-전형적 가족과 가족의 다양성 - 따뜻한 안식처/계약관계

제5장 여성과 노동, 그리고 직장

-여성 노동의 현실 -고학력 여성노동자의 현실

제6장 여성과 정치

-선거와 공천 -여성운동, 여성정책

62. 2016 총선과 여성의 정치참여 확대방안

- 부산광역시를 중심으로 -

이홍종(부경대학교)

Ⅰ. 서론

2000년대에 접어들면서 한국 여성은 여러 분야에서 발전을 거듭해 오고 있다. 아직 북유럽 여성들에는 미치지 못하지만 한국 여성의 사회적 관심이 높아짐에 따라 정치 등 사회 참여에 있어서 여성의 목소리가 높아지고 있다. 또한 경제적 참여도 증가하고 있다. 그러나 2015년 7월 발표된 아래의 통계청자료[205]에서 보듯이 2014년 고용률이 여성이 40.5%, 남성이 71.4%로 아직은 차이가 21.9%나 된다. 15-54세 기혼여성 중 경력단절여성도 20.7%나 된다.[206]

한국여성은 1990년대가 지나면서 정치에 대한 관심이 증가하였고 2000년대에 접어들면서 여성의 정치참여 확대가 선거를 앞두고 정치적 이슈가 되고 있으며 참여 확대를 위한 제도 개선이 있어 왔다. 2004년 17대 국회의원 선거에서 비례대표 명부에서 여성후보 50% 할당이 적용된 이래 증가 추세에 있다. 2004년 17대 국회에서 5.9%에서 13.0%로 여성의원이 급증하였지만 이후 2008년 18대에는 13.7%로 13%대를 벗어나지 못했다(김민정 2009, 242-243, 268). 2012년 19대에는 15.7%로 2% 늘어났다.[207] 아직도 갈 길이 멀다.

---

205 http://www.wikitree.co.kr/main/news_view.php?id=225401(검색일: 2015. 7. 10).
206 http://www.wikitree.co.kr/main/news_view.php?id=225401(검색일: 2015. 7. 10).
207 http://www.nec.go.kr/portal/subMain.do?menuNo=200176(검색일: 2015. 7. 10).

아래 2014년 통계청자료에서 보듯이 오히려 인구는 여성이 약간(8천명)이지만 남성보다 많다.[208]

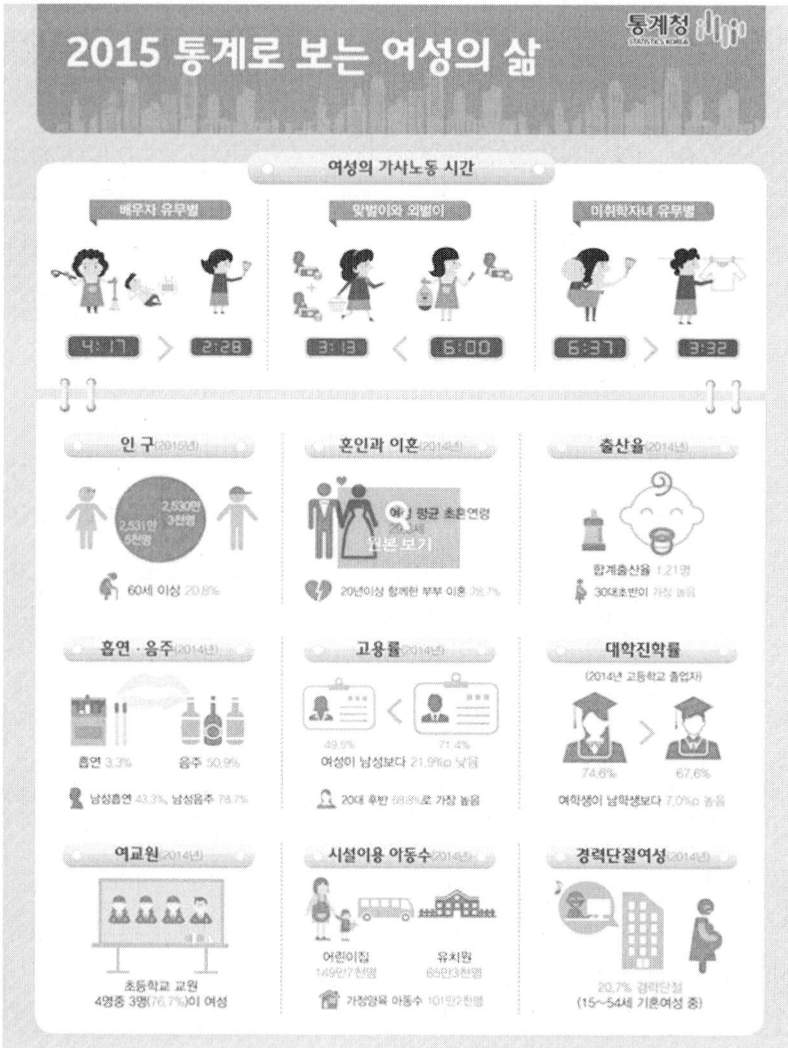

208 http://www.wikitree.co.kr/main/news_view.php?id=225401(검색일: 2015. 7. 10).

여성의 정치참여 확대방안에 대한 많은 연구들[209]이 진행되고 있다. 그러나 이러한 연구들이 이론적인 면에서 부족한 점이 있다고 판단된다. 본 논문은 2016년 20대 총선을 앞두고 여성이 정치에 참여해야 이유에 대하여 이론적인 논의를 하고 여성의 정치 참여를 제한하는 요인 및 여성의 정치참여를 확대하기 위한 방안을 분석해 보고자 한다.

Ⅱ. 여성의 정치참여에 대한 이론적 논의

1. 여권론(feminism)과 적극적인 행동(affirmative action)

여권론을 feminism으로 번역하는 것은 대개 자유주의에 기반을 두고 있으며 19세기 중반에 시작된 여성들의 참정권 운동이 그 출발점이 된다. 이는 여성 중심적 및 여성성 지향 등의 의미를 내포하는 여성존중의식을 나타낸다. 인류의 역시 이래로 남성 중심적으로 조명되어 온 인간 삶에 대한 관점을 넘어 여성의 활동과 삶을 우선적으로 부각시키고 궁극적으로는 남녀 평등한 사회를 지향하기 위한 관점, 활동 및 운동 경향을 말한다.[210] 자유주의 여권론은 점진적인 개선으로 여권의 문제가 해결될 수 있다고 본다. 남녀 간의 역할 분담은 생물학적으로 주어진다고 한다. 전통적인 사회에서 '성 역할'(sex role)은 생물학적 성을 근거로 남성과 여성에게 할당되는 서

209 구태효(2006), 김민정(2009; 2015), 김영일 외(2014), 김원홍 · 김혜영(2012), 김원홍 외(2008; 2014), 김재인 외(2007), 김해자(2001), 서현주 외(2010), 송숙희(2003), 송우현 · 전상근(2010), 신영태(2006), 안 티커너(2001), 유승희(2011), 이영애(1998), 이정혜(2007), 이홍종(2003), 현종민(1998), 황아란(2002), 홍미영 외(2010) 등

210 http://terms.naver.com/entry.nhn?docId=473452&cid=42120&categoryId=42120 (검색일 2015. 7. 10).

로 다른 사회적 역할을 가리킨다.

여권론은 자유주의 여권론만 있는 것이 아니고 사회주의 여권론과 급진주의 여권론도 있다(이정혜 2007, 15-24). 사회주의 여권론은 남녀의 문제를 계급의 관점에서 보면서 부르조아지가 프롤레타리아를 지배하는 수단으로 남성이 여성을 차별한다고 본다. 탁아, 여성의 가사노동에 대한 정당한 평가 등에 관심을 가진다.

일반적으로 급진주의는 문제의 뿌리를 근절시킨다는 것을 의미하며, 라틴어 radix로부터 나왔다. 근본적인 제도의 변화에 대한 필요성이 암시되어 있다.[211] 급진주의 여권론자들은 한국 사회의 가부장제를 여성억압의 가장 중요한 원인으로 삼고 있다.

시몬느 드 보봐르(Simone de Beauvoir)는 "여자는 태어나는 것이 아니라 만들어지는 것이다"라고 하면서 '제2의 성'이라는 표현을 썼다. 산업화에 따른 사회구조의 변화로 인해 여성은 가내수공업에서의 생산자 역할에서 벗어나 새로운 중산 계층의 소비자로 역할을 바꾸게 되는데 이러한 역할 전이는 노동력의 성별 분할과 병치되어 나타난다. 공적 사업장/남성적 영역, 사적 가정/여성적 영역이라는 성별에 따른 공사 영역의 분리가 일어나고, 성 역할은 성별에 따른 노동의 분리로 인해 더욱 굳건해진다. 이러한 관습적인 성 역할은 여성의 사회진출을 가로막는 최대의 걸림돌 중 하나였다. 시몬느 드 보봐르의 주장은 성별에 따른 역할 분담이 남여의 생물학적 차이가 아니라 문화와 역사 속에서 지속되어온 남녀차별에서 기인한 것이라는 점을 입증해주고 있다. 이러한 정형화된 성 역할은 여성

211 http://terms.naver.com/entry.nhn?docId=1520297&cid=42121&categoryId=42121 (검색일 2015. 7. 10).

에 대한 사회통제를 지속시킬 뿐만 아니라 남녀차별을 강화하는 기제로 작용해 왔다. 억압 형식으로서의 성 역할에 대한 비판은 이후 양성성에 대한 옹호나 남녀 성차의 폐기에 대한 주장 등으로 이어지기도 하였다.[212]

사회적 약자(minority)인 여성에게 평등을 넘어서 일종의 "역차별"로서 할당제와 같은 적극적 행동/조치(affirmative action)[213]가 주어져야 한다는 주장은 진보주의/급진주의 여권론과 맥을 같이 하고 있다. 선거에서는 여성에 대한 전략적 공천과 비례대표 50% 할당 등으로 나타나고 있다.

2. 집단이론

진보주의에 이야기하는 계급, 노동조합 등과 다른 자유주의적/다원주의적인 집단과 집단이론으로도 여성의 정치참여를 설명할 수 있다. 이 경우 집단은 약간의 의미 차이를 가지면서 압력단체(pressure group), 이익단체/이익집단(interest group), 시민단체/시민사회단체, 비정부기구(non-governmental organization) 등으로 표현되고 있다.

미국의 정치학자 벤틀리(A. F. Bentley)를 '집단이론의 아버지'라

---

212 http://terms.naver.com/entry.nhn?docId=1530303&cid=41799&categoryId=41800 (검색일 2015. 7. 10).

213 미국에서 인종, 성별, 종교, 장애 등의 이유로 불리한 입지에 있는 사람에게 혜택을 줌으로써 차별을 줄이기 위한 조치이다. 미국 내에서 1961년 존 F. 케네디 전 대통령이 행정명령을 통해 처음 시행한 뒤 대학입시, 취업, 승진 등 여러 분야에서 광범위하게 적용되고 있다. 그러나 이 제도에 대해서는 다양성을 존중하기 위해 필수적인 제도라는 주장과 평등을 침해하는 악법이라는 주장이 엇갈리고 있다.
http://terms.naver.com/entry.nhn?docId=1689748&cid=43667&categoryId=43667
(검색일 2015. 7. 10).

고도 부른다. 그의 저서 The Process of Government: A Study of Social Pressures(1908)는 현대정치학을 시작하는 것이었다. 벤틀리에 의하면 사회는 집단의 복합물로 집단 현상을 배제하고는 정치현상이 존재하지 않는다. 그리고 공공정책은 집단이익의 충돌과 타협의 산물이다. 따라서 정치연구는 집단 간의 상호작용에 관심을 기울여야 한다(정연정 2008, 171-172).[214]

압력단체의 역할은 집단과 집단의 활동에 대한 정부의 이해가 확인될 때만 가능하다고 주장한 벤틀리에 의해 학술적 중요성이 부여되었다. 정치적 성과는 집단들의 상호작용으로부터 나타난다. 모든 정부적 현상은 서로 압력을 가하고 교섭하는 집단들의 현상이다. 이익을 취합하고 접합함으로써 정부로 하여금 대중의 요구에 따르도록 압력을 가함으로써 민주적인 역할을 수행한다. 이들은 공적인 캠페인에 주력하며 언론이나 연합조합과 같은 비정부적 조직에도 로비활동을 한다.[215]

압력단체의 다양한 활동 중에 핵심적인 활동이 로비(lobbying) 활동이다(정연정 2008, 168). 이 외에 홍보, 소송 등이 있을 수 있고 또한 중요한 것이 단체의 구성원이 선출직에 당선되는 것이다. 혁신, 쇄신 등으로 표현되는 정치개혁도 제도의 개선, 교육 등의 방법이 있지만 제일 중요한 것은 인물의 교체이다. 여권을 신장시킬 수 있는 제일 좋은 방법은 여성의 정치참여를 확대하는 것이다.

---

214 http://terms.naver.com/entry.nhn?docId=730196&cid=42140&categoryId=42140 (검색일 2015. 7. 10)

215 http://terms.naver.com/entry.nhn?docId=1520965&cid=42121&categoryId=42121 (검색일 2015. 7. 10)

Ⅲ. 역대 총선과 여성 국회의원

〈도표 1〉 역대 총선(11대-19대)과 여성 국회의원[216]

	당선 인원	구분(명)		의석 비율	정당별 당선인원(명)				
11대 (1981년)	9명	지역구 1	전국구 8	3.3%	민주 정의당 7	민주 한국당 1			
12대 (1985년)	8명	지역구 2	전국구 6	2.9%	민주 정의당 8				
13대 (1988년)	6명	지역구 0	전국구 6	2.0%	민주 자유당 5	평화 민주당 1			
14대 (1992년)	4명	지역구 1	전국구 3	1.8%	민주 자유당 2	민주당 1	통일 국민당 1		
15대 (1996년)	9명	지역구 2	전국구 7	3.0%	신한국당 5	새천년 민주당 3	무소속 1		
16대 (2000년)	16명	지역 5	비례 11	6.9%	한나라당 7	새천년 민주당 8	민주 국민당 1		
17대 (2004년)	39명	지역 10	비례 29	13.0%	열린우리당 17	한나라당 16	민주 노동당 4	새천년 민주당 2	
18대 (2008년)	41명	지역 14	비례 27	13.7%	한나라당 22	민주당 13	자유 선진당 2	민주노동당2	미래희망 연대 2
19대 (2012년)	47명	지역 19	비례 28	15.7%	민주통합당 24	새누리당 17	통합진보당 5	자유 선진당 1	

Ⅳ. 여성의 정치참여 확대방안

1. 여성의 정치참여를 제한하는 요인(김민정 2009, 251-259)

- 여성정치인이 부족한 것은 우선 공천을 신청하는 여성이 적기 때

216 http://www.nec.go.kr/portal/subMain.do?menuNo=200176(검색일 2015. 7. 10)

문이다.

- 정치를 하려는 마음이 생긴 여성들이 만나는 두 번째의 어려움은 고정된 성역할은 여성들로 하여금 특정한 분야의 직업적 경험을 가지지 못했다는 것이다.
- 여성의 가사책임은 여성들에게 정치에 몰두할 수 있는 시간과 에너지를 앗아가기 때문에 여성들은 정치에 나서지 못한다.
- 공천이 밀실에서의 결정을 통해서 이루어지거나 공정하지 못한 방법 등에 의해서 이루어지거나 혹은 공정하게 이루어진다고 하더라도 당 집행부의 대다수가 남성정치인이므로 여성이 공천을 받는데 어려움이 있다.
- 소선거구 다수대표제의 경우에는 모든 선거구에서 가장 득표가 많은 후보만이 당선되므로 각 정당은 각 선거구에서 경쟁력이 높은 후보를 공천하게 되고 자연히 지명도가 높은 후보가 공천된다. 이런 이유로 소선거구제 다수대표제는 여성과 같은 전치 신인의 입장에서 매우 불리한 제도가 되고 있다.
- 선거운동과 관련하여 자금과 조직의 문제가 등장한다.
- 여성을 배제시키는 공천방식은 여성이 배제된 정당의 권력관계의 산물이며 이를 통해서 여성을 다시금 정당의 권력 관계로부터 배제시키는 방향으로 정당 문화를 강화하게 된다.
- 여성들을 공천을 받는다고 하더라도 선거에서 이기기 어려운데 그 이유는 여성유권자들이 여성후보를 지지하지 않기 때문이라는 것이다.

2. 여성의 정치참여를 확대하기 위한 방안(김민정 2009, 251-259; 서현주 외 2010, 201-221)

- 정당의 여성예비후보 발굴 및 육성 강화(예: 여성보좌관 채용 의무화)
- 여성들에게 정치에 관심을 가지도록 역할모델을 마련해주고 여성들이 정치에 참여할 수 있도록 교육시키며 방법과 기술을 알려 주어야 한다.
- 정당 내에 남성 중심적 문화가 지배적인 국가에서는 오히려 하향식의 공천방식이 여성들의 공천에 유리할 수 있다.
- 경선이라는 공천 과정의 민주화가 정치적 소수 특히 여성들에게 불이익을 초래하였으며 이 문제를 해결하기 위해서 경선제와 더불어 중앙당 차원에서 여성의 진출을 보장하기 위해서 일정한 비율의 여성들을 공천해 주는 것이 바람직하다.
- 여성의 정치참여를 위한 조직화 또는 네트워크화: 개인/지역/전국 네트워크, 여성단체간의 네트워크 등
- 여성 정치참여 확대를 위한 법・제도적 개선
- 여성당선보장제: 중대선거구제를 전제로 3명 중 1명
- 선출직 30% 여성 의무할당제, 여성의원수에 비례한 여성추천보조금(matching fund) 도입
- 여성정치발전기금(정치자금법, 국고보조금의 10%) 적극 활용
- 공천시기의 제도화

Ⅴ. 결론

2016 총선과 여성의 정치참여 확대방안 - 부산광역시를 중심으로 -

- 여성의원 비율: 북유럽 40% 가량, 르완다 60%(전쟁, 헌법명시)
- 상향식 공천방식과 하향식 공천방식
- open primary, 경선, 전략공천제

〈참고문헌〉

구태효. 2006. "한국여성의 정치참여 확대방안." 동아대대학원 석사학위 논문.

김민정. 2009. "한국 여성의 정치참여 확대의 필요성 및 확대방안." 『선거관리』. 55호.

김민정. 2015. "프랑스 남녀동수법과 양성평등." 『국제리뷰』. 봄호.

김영일, 이정진, 조주은. 2014. 『여성의 정치적 대표성 제고를 위한 과제』. 서울: 국회입법조사처.

김원홍, 김원홍, 이현출, 윤덕경, 최정원. 2008. 『17대 국회의원의 의정활동 성차 분석 및 성 인지성 확대방안』. 서울: 한국학술정보.

김원홍, 이수연, 김민정. 2012. 『국회의원 선거에서의 여성공천과정 분석을 통한 대표성 증진방안』. 서울: 한국여성정책연구원.

김원홍, 김혜영, 전선영, 김민정. 2014. 『여성정치인 육성 지원 방안 연구』. 서울: 한국여성정책연구원.

김재인, 곽삼근, 윤덕경, 김원홍, 김태홍. 2007. 『성평등정책론』. 서울: 교육과학사.

김해자. 2001. "지방의회 여성참여 확대방안." 『여성정책논집』. 1권 1호.

서현주, 김경숙, 송미영. 2010. "한 · 일 여성 정치네트워크 비교 고찰을 통한 정치참여 확대 방안에 관한 연구." 『여성연구』. 78권 1호.
송숙희. 2003. "여성정치참여 확대를 위한 제도개선 방안." 『여성정치참여 확대를 위한 워크샵 자료집』. 부산: 부산여성총연대.
송우현, 전상근. 2010. "여성 후보자 추천제도의 문제점 및 개선방안." 『선거연구』. 창간호.
시몬느 드 보봐르. 조홍식 역. 1987. 『제2의 성』. 서울: 을유문화사.
신영태. 2006. 『아시아 여성의 정치 참여: 한국과 일본을 중심으로』. 서울: 숙명여대아세아여성문제연구소.
안철현. 2015. 『한국현대정치사』(개정판). 서울: 새로운사람들.
안 티커너. 2001. 황영주, 주경미, 오미영 공역. 『여성과 국제정치』. 부산: 부산외국어대학교출판부.
유승희. 2011. "여성의 정치참여 확대가 최대의 정치개혁이다." 『사람과 정책』. 2호.
이영애. 1998. "한국의 정치발전과 여성참여." 『한국동북아논총』. 8집.
이영애. 2012. "여성학의 이해." 법문사.
이정혜. 2007. "한국과 미국의 여성정치참여에 관한 비교연구." 부경대 대학원 석사학위논문.
이정희. 2013. 『사랑의 정치』. 서울: 인간사랑.
이홍종. 2003. "선거제도 개혁과 여성의 정치참여." 『여성정책논집』. 3권.
정연정. 2008. "이익집단." 한국정치학회 편. 『정치학 이해의 길잡이, 정치학핸드북 Vol. 3, 정치과정』. 서울: 법문사.
현종민. 1998. "정치제도개혁과 여성의 정치참여." 『공공정책연구』. 4권.
황아란. 2002. "국회의원후보의 당선경쟁력에 대한 성차 연구." 『한국정치학회보』. 34집 3호.
황영주. 2003. "영화<해피엔드>, 정치 그리고 여성." 『국제문제총론』. 12호.
홍미영, 황영주, 이옥경, 백진화. 2010. 『부산지역의 성별영향평가의 성과와 과제』. 서울: 한국여성정책연구원.

Bem, S. L. 1975. "Sex role adaptability: One consequence of psychological androgyny." *Journal of Personality and Social Psychology*, Vol. 31.

Jaggar, A. M. 1999. 'Multicultural Democracy.' *Journal of Political Philosophy*. Vol. 7. No. 3.

Keane, J. 2003. *Global Civil Society?*. Cambridge: Cambridge University Press.

Lee, C. H., Nam, K. & Pennebaker, J. W. 2004. "Is writing as much phonological as speaking? Homophone usage across speaking and writing." *Psychologia,* Vol. 47.

Liphart, A. 1997. "Unequal participation: Democracy's unresolved dilemma." *The American Political Science Review*. Vol.19. No.1.

Maccoby, E. E., & Jacklin, C. N. 1974. *The psychology of sex diffferences*. Palo Alto, CA: Stanford University Presss.

Pennebaker, J. & Lee, C. H. 2002. "The power of words in social, clinical, and personality psychology." *Korean Journal of Thinking and Creativity*. Vol. 12.

www.nec.go.kr

63. 행복마을과 부산경제의 활성화

이홍종(부경대학교 국제지역학부)

목차

Ⅰ. 행복과 행복마을

행복의 사전적 의미는 "생활에서 충분한 만족과 기쁨을 느끼어 흐뭇함. 또는 그러한 상태"이다. 국민이 인간으로서의 행복을 추구할 수 있는 권리, 행복추구권은 우리 헌법에 보장되어 있다.[217]

고대 그리스부터 많은 학자들이 행복에 대해 관심을 가졌지만 학문으로서 행복학이 유행하기 시작한 것은 하버드 대학교에서 '행복학 열풍'을 불러일으킨 탈 벤-샤하르 덕분이라고 해도 과언이 아니다. 그는 '긍정심리학' 교수이자 『해피어』(2007)의 저자이다. 하버드대학에서 철학과 심리학을 전공하였고 조직행동 분야의 박사학위를 취득하였다. 탈 벤-샤하르는 하버드생들의 약 20퍼센트의 멘토가 되어 치열한 경쟁과 스트레스에 갇혀 있던 그들의 삶을 의미

217 http://krdic.naver.com/search.nhn?query=%ED%96%89%EB%B3%B5&kind=keyword

있게 변화시키고 있다.[218] 탈 벤-샤하르는 오랫동안 마음과 몸을 연결시키는 과정을 경험한 아시아는 서구보다 행복추구에 있어서 유리하다고 『해피어』의 "한국의 독자들에게"(한국어판을 위한 머리말)에서 이야기하고 있다(탈 벤-샤하르 2007, 6-7).[219]

행복학은 우리가 소소한 일상 속에 숨겨진 삶의 의미를 찾는 것이라고 할 수 있다. 그리고 우리가 정신문화 보다는 물질문화에 치우쳐 있는 것을 역전시켜야 행복해 질 수 있다. 그러나 행복을 추구하는 데 있어서 부(富), 물질 등을 완전히 무시하거나 소홀히 해서는 안 된다(이홍종 2015).

"행복한 정치"라는 구호도 나오고 있다. 정치란 '함께 더불어 사는 기술'이나 '희소자원의 권위적 배분'이라고 정의되듯이 원래 공익적이고 긍정적인데 정치를 담당하는 사람들이 공익이 아닌 사익을 위해 정치를 하기 때문에 정치가 매우 부정적으로 여겨지고 있다. 행복한 정치를 위하여 세 가지를 이야기한다. 공익을 위한 정치인, 법과 제도 그리고 정치문화이다. 이 중 한 가지만을 강조하는 사람들이 있지만 이 세 가지는 모두 같이 이루어져야 한다.

우리에게 행복을 가져다주는 것이 자본주의인지, 사회주의인지에 대해 논란이 많다. 둘 다 장단점이 있고 현실은 그 중간일 것이다. 현실사회주의는 탄력성에 있어서 자본주의 보다 못해 실패했다. 자본주의의 비판으로서 사회주의가 대안이 될 수 없다. 사회주

218 http://terms.naver.com/entry.nhn?docId=2078822&cid=44546&categoryId=44546

219 행복학의 출발인 긍정심리학은 1998년 미국에서 공식적으로 출범하였지만 많은 중심 사상들이 고대 아시아 철학에 뿌리를 두고 있다. 예를 들어 '수신제가치국평천하(修身齊家治國平天下)'라는 공자의 사상은 다른 사람을 돕기 위해서는 먼저 자신을 바르게 닦아 수양한다는 행복학의 기본적인 가정과 일치한다. 서구의 심리학은 이제 겨우 마음과 몸을 연결시키는 과정에 있다.

의 보다는 '지속가능한 발전'이 좋은 대안으로 제시되고 있다. 시장경제와 계획경제의 중간으로서 그리고 자본주의와 시장경제를 우선하면서 시장경제의 보완으로서의 지속가능한 성장이다. 연못이나 호수에서 한두 사람이 낚시를 하면 그 호수의 자정능력의 의해 호수가 깨끗함을 유지한다. 그러나 많은 사람들이 낚시를 하고 주위에 음식점들이 많이 생기면 그 호수는 깨끗함을 유지할 수가 없다. 이 호수가 상징하는 것이 '지구'(earth)이다(이홍종 2014, 107-108).

오랜 철학적 배경을 가진 행복학은 긍정심리학으로 시작하여 소위 "문사철"(문학, 역사, 철학) 등 인문학의 열풍과 함께 발전하고 있다. 경영학에서도 일찍이 '행복경영'이 기업 강연의 좋은 주제가 되고 있다. 정치권에서도 "국민행복" "행복한 통일" 등이 나왔고 지방자치단체도 경제 활성화와 일자리 창출 차원에서 행복마을[220] 만들기 사업을 하고 있다. 이는 낙후지역을 대상으로 마을공동체 복원을 통한 통합형 도시재생사업이다.[221]

Ⅱ. 부산광역시의 행복마을만들기 사업과 부산경제의 활성화

1. 부산광역시 행복마을만들기 사업의 추진목표

220 행복마을의 출발은 "도시에서 행복한 마을은 가능한가?"라는 질문이지만(유창복 2014, 6-11) 자연과 함께 하는 녹색생활이 행복마을의 기본이라는 주장도 있다(박영일 2011, 113, 124-126).

221 http://terms.naver.com/entry.nhn?docId=2824174&cid=55772&categoryId=55810

〈표 1〉 부산광역시 행복마을만들기 사업의 추진목표[222]

공간기반 조성 (community infra)	주민역량 강화 (community human)	마을경제력 증대 (community business)
지역의 공간기반 조성을 통한 물리적 재생	지역주민의 역량 강화를 통한 사회 · 문화적 재생	지역특성에 맞는 마을사업 발굴을 통한 경제적 재생

부산광역시의 행복마을만들기 사업의 추진목표는 '함께 어울러 살고 싶은 행복한 마을 조성'이다.[223] 오늘날 도시조성의 추세는 '세계도시'에서 '창조도시'로 도시 발전의 방향 전환을 꾀하고 있다. '작지만 강한 도시'로 성장하기 위해 스마트성장(Smart Growth) 정책이 대두되고 있는 것이다. 부산광역시는 '사람 중심의 창조도시 구현'을 목표로 단편적인 물리적 재생에서 공간적, 사회 · 경제적 재생을 요구하는 커뮤니티 중심의 도시재생을 지향하고 있다. 부산시의 창조도시 조성 정책은 창조환경, 창조계층, 그리고 창조산업의 육성을 통한 부산형 창조도시를 구축하고 도심과 부도심이 조화를 이루는 특색 있는 창조 도시를 조성하며, 도시 빈곤지역의 통합적 재생을 위한 지역공동체 복원 및 커뮤니티 비즈니스 활성화를 통한 행복마을만들기, 도시인프라 수준에 걸맞은 소프트 파워와 창조 콘텐츠 발굴을 통한 문화적 · 공간적 · 생활적 도시 재생 등을 추구하고 있다. 부산시의 행복마을만들기 전략은 창조공간 조성, 창조산업 육성, 창조인재 양성 등과 연결된다. 창조공간 조성은 도시의 물리적 재생에 해당하고 기존 공간의 재생과 새로운 공간의 조성의 방법으로 진행되며 창조거점, 창조마을, 창조시설 등으로 구

222 http://www.busan.go.kr

223 http://www.busan.go.kr

분된다.[224]

2. 부산광역시 행복마을만들기 사업의 추진체계

〈표 2〉 부산광역시 행복마을만들기 사업의 추진체계[225]

마을 추진협의회	컨설팅 (PM project manager), 모니터링	행정지원	사업 자문위원회
*구성: 마을단위 –마을주민대표, 공무원, 지원기관, 전문가 등 *기능: –사업계획수립 참여 –사업방향 –내용 협의 추진	*마을만들기 계획 컨설팅 *마을만들기 코디네이터 *사업 매뉴얼 개발 *사업 모니터링 *공동체 형성 프로그램 개발	*구성 –시, 자치구, 주민 자치센터 *기능 –행정지원 –예산집행	*구성: 교수, 전문가 등 *사업 대상지 선정 *실행계획 자문 *사업 성과 평가

3. 부산광역시 행복마을만들기 사업개요

부산광역시 행복마을만들기의 사업개요는 크게 두 가지로 나누어진다. 첫째, 행복센터를 거점으로 주민화합과 일자리창출의 터전을 조성하는 것이다. 행복센터 26개소, 주차장 1개소, 소공원 6개소를 건립하고 옹벽 및 가로경관을 15개소 개선한다. 협동조합 7개 마을, 마을기업 4개 마을 등 20개 마을에서 수익사업을 발굴한다. 마을공동작업, 북카페 운영, 프로그램 운영인력 등 160명에게 마을일자리를 창출하여 제공한다. 둘째, 자립기반 조성 및 주민역량 강화를 위한 다양한 특화프로그램을 운영하는 것이다. 행복마을만들기 사업을 공동체 특징으로 분류하면 마을사업 활동, 체험관광 활동,

224 http://terms.naver.com/entry.nhn?docId=2824174&cid=55772&categoryId=55810
225 http://www.busan.go.kr

문화 · 복지활동, 지역단체 연계활동 등 4가지 활동으로 행복마을만들기 사업이 진행되고 있다.[226]

행복마을만들기 사업은 철거에 의한 기존의 재개발 방식이 아닌 현재 동네의 원형을 유지하고 취약한 주거 환경은 물론 교육, 문화, 복지 환경을 점진적으로 개선하는 지역공동체 활성화 사업이다. 행복마을만들기 사업은 지역 주민의 역량과 경제적 기반을 강화하는 사회 경제적 환경 개선 사업으로 진행되어 부산경제의 활성화를 목표로 하고 있다. 행복마을만들기 사업은 총 사업비 356억 원이 투입되어 초기사업 1년은 환경개선 사업으로 진행되며 초기사업 이후 2년은 공동체 프로그램 사업으로 진행된다.[227]

〈표 3〉 연도별 마을현황(46개 마을)[228]

2010(4)	2011(11)	2012(7)	2013(8)	2014(10)	2015(5)	2016(1?)
아미농악마을/야시고개마을/ 괘내마을/ 까치고개마을	한마음마을/부산진성역사문화마을/주공1단지마을/1 · 3세대마을/기찻길옆동산마을/양달마을/철쭉마을/재반무지개마을/모래톱마을/선두구동마을/온골마을	닥밭골마을/오색빛깔마을/머드레마을/본동마을/ 공창마을/참살이마을/삼어마을	미리내마을/필봉오름마을/시싯골마을/샛디마을/해돋이마을/한내마을/새밭마을/본녹산마을	대지상리마을/월포마을/진목신포마을/운수골마을/천마마을/시약샘터마을/금정산성마을/ 장산길마을/보수동마을/동삼2주공마을	톤즈마을/담안골마을/죽동1구마을/모래내마을/회동도래마을	새뜰마을(현재 파악된 마을)

226 http://www.busan.go.kr

227 http://terms.naver.com/entry.nhn?docId=2824174&cid=55772&categoryId=55810

228 http://www.busan.go.kr

행복센터의 운영 활성화 계획은 4가지로 설명될 수 있다. 첫째, 외부단체의 센터관리를 통한 안정적 센터운영으로 주민혜택 증가이다. 둘째, 다기능 복합센터 전환 및 연계사업 확대로 지속적 관리체계 구축이다. 셋째, 센터 개방・공유 및 재능기부 확대를 통한 센터운영 활성화 기여이다. 넷째, 자립 및 경쟁력있는 수익사업 발굴・육성으로 사업 내실화 유도 토의 및 센터별 공간활용 방안 검토이다.[229]

〈표 4〉 행복센터 운영 특징 분류[230]

1. 비스니스형	2. 커뮤니티형	3. 복합형 1+2
봉제, 전통장류, 도자기 제작 등	프로그램실, 경로당+프로그램실, 경로당+작은 도서관, 공연장, 작은도서관+장난감 도서관 등	마을카페+프로그램실 공동작업장+프로그램실 공동작업장+지역아동센터 등

〈표 5〉 부산광역시 도시재생 활성화지역[231]

◇부산시 도시재생 활성화지역		
구분	단계	지역
도시경제 기반형 (3곳)	1	동구 초량동
	2	수영구 수영 · 망미동
	3	금정구 금사 · 회동동
중심 시가지형 (7곳)	1	영도구 봉래1 · 남항 · 영선1동 동래구 명륜 · 복산 · 수민동 북구 구포 · 덕천동

229 http://www.busan.go.kr

230 http://www.busan.go.kr

231 http://www.kookje.co.kr/news2011/asp/newsbody.asp?code=0300&key=20151103.22001204611

	2	부산진구 전포 · 부전동 동래구 온천동 사상구 감전 · 괘법동
	3	남구 대연동
일반 근린형 (16곳)	1	산복도로 르네상스 중구 보수동 서구 아미 · 초장동 동구 수정 · 좌천 · 범일동 해운대구 반송2동 사하구 감천동 금정구 금사 · 서3동 강서구 대저1동 신장로 마을 수영구 수영 · 망미동
	2	영도구 영선1 · 2 · 신선 · 봉래2동 부산진구 개금동 남구 우암동 해운대구 반여2 · 3동 해운대구 반송1 · 3동
	3	부산진구 전포동 사하구 괴정2동

부산광역시는 전략기획의 핵심인 '도시재생 활성화지역' 26곳을 지정하고 2015년 11월 중순 공고할 계획이라고 11월 2일 밝혔다. 원도심 창조경제 플랫폼과 산복도로 르네상스 등 앞으로 10년간 부산지역 도시재생을 이끌어갈 도시재생 전략계획이 확정됐다. 부산광역시는 도시재생특별법에 따라 내년부터 2025년까지 매년 2~4개 활성화지역에 대해 국가지원을 받아 도시재생사업을 추진한다. 부산광역시는 지역별 인구, 사업체 수, 노후주택 등 쇠퇴지수와 잠재력 분석에 따른 우선순위에 맞춰 1~3단계로 사업을 진행하며, 4000억 원(국비 2140억 · 시비 1180억 · 구비 680억 원)을 투입한다.[232]

---

232 http://www.kookje.co.kr/news2011/asp/newsbody.asp?code=0300&key=20151103.22001204611

Ⅳ. 맺는 말

행복마을에 관한 본 논문을 오기가미 나오코 감독의 '행복영화' 들에 대한 설명으로 마무리하고자 한다. 영화 <토일렛>은 행복에 있어서 긍정적인 마인드가 중요하고 "모든 것이 마음먹기 나름"이라는 점을 재미있게 잘 보여 주고 있다. 주인공 레이는 어머니의 갑작스런 죽음으로 자신의 삶에 침투해버린 세 명의 사람들과 고양이 한 마리에 대해 불만이 쌓여간다. 모두 자신이 돌보지 않으면 안 될 그런 존재들이고 시시때때로 울려 퍼지는 이들의 도움을 요청하는 전화벨 소리에 노이로제에 걸릴 것만 같다. 그러나 진실은 레이가 이들을 돌본 것이 아니고 지금까지 레이 자신이 돌봄의 대상이었다는 사실을 알게 된다. 레이가 어렸을 때 입양된 사실을 레이 자신만 모르고 있었던 것이다. 절망한 레이는 유일한 동료에게 이 사실을 털어놓지만 그 인도계 동료는 시니컬하게 반응한다. "그래서? 그게 그렇게 중요해? 그렇다고 해도 지금까지 잘 살아왔잖아" 이러한 느낌이 바로 나오코 감독이 바라보는 인생과 행복이 아닐까? 여기에는 단지 혈육으로 만들어진 가족의 한계를 넘어서는 확장된 가족에 대한 따뜻한 시선이 엿보인다. 이러한 대꾸를 한 동료가 인도계라는 점도 상징적인 것 같았다(이홍종 2015).

나오코 감독의 다른 작품들로는 <요시노 이발관>, <카모메 식당>, <안경>, <고양이를 빌려 드립니다> 등이 있다. 모두 소소한 일상 속에 숨겨진 삶의 의미와 따뜻한 감동을 절제된 구성 속에서 감독 특유의 유머러스함과 투명한 감성으로 녹여내는 '오기가미 표' 영화들이다. 원했든 원치 않았든 한 공동체에 속하게 된 또는 우연히 함께 지내게 된 사람들의 인연이 만들어가는 성장과 변화의 과정들을 세밀하게 잘 그려내고 있다. 그러나 이 영화들 중에 <안경>은 특이한 메시지를 전해 주고 있다. 우리가 행복해지기 위해서는 정신문화 보다는 물질문화에 치우쳐 있는 것을 역전시켜야 하지만 그러나 부(富), 물질 등을 완전히 무시하거나 소홀히 하면 안 된다. <안경>은 자본주의의 비판으로서 사회주의가 대안이 될 수 없다는 것을 재미있게 보여 주고 있다. 사회주의 보다는 지속가능한 발전을 좋은 대안으로 은연 중 제시하고 있다(이홍종 2015).

마을공동체 복원을 통한 통합형 도시재생사업인 행복마을은 지속가능한 발전의 좋은 예이다. 우리에게 행복을 가져다주는 것이 자본주의인지, 사회주의인지에 대해 논란이 많다. 둘 다 장단점이 있고 현실은 그 중간일 것이다. 현실사회주의는 탄력성에 있어서 자본주의 보다 못해 실패했다. 자본주의의 비판으로서 사회주의가 대안이 될 수 없다. 사회주의 보다는 '지속가능한 발전'이 좋은 대안으로 제시되고 있다. 시장경제와 계획경제의 중간으로서 그리고 자본주의와 시장경제를 우선하면서 시장경제의 보완으로서의 지속가능한 발전이다. 부산도 행복마을만들기 사업을 통해 부산경제를 활성화시키고 일자리도 창출시킬 수 있다.

참고문헌

김학진. 2013. 『행복마을 사람들』 서울: 타임비.

김해등. 2003. 『징검다리 편지: 행복마을에서 보내온 가슴 찡한 이야기』 서울: 행복한마음.

박영일. 2011. 『무지개를 띄우는 행복마을』 서울: 이담북스.
부산광역시. 2012. 『2012년 시정 백서』 부산: 부산광역시.
부산광역시. 2013. 『2013년 시정 백서』 부산: 부산광역시.
부산광역시. 2014. 『2014년 시정 백서』 부산: 부산광역시.
샤론 크리치 저. 이원열 역. 2015. 『우리동네 미완성 천사』 서울: 비룡소.
유창복. 2014. 『도시에서 행복한 마을은 가능한가: 마을과 행정 사이를 오가며 짱가가 들려주는 마을살이의 모든 것』 서울: 휴머니스트.
이홍종. 2014. "사회적 기업과 부산의 경제 활성화." 부선정책포럼 편. 『부산지역의 경제활성화와 일자리 창출방안』 부산: 세종출판사.
이홍종. 2015. "오기가미 나오코 감독의 영화와 행복." 『선진화 포커스』 (한국선진화포럼) 제239호.
장 드 브루노프 저. 길미향 역. 2012. 『행복 마을을 만든 바바 왕』 서울: 현북스.
정승진. 2010. 『행복마을에서 온 편지』 서울: 창조문예사.
쿠라세 하루 저. 이은주 역. 2007. 『거울성의 미미 3: 행복의 마을에 오신 것을 환영합니다』 서울: 학산문화사.
탈 벤-샤하르. 2007. 『해피어』 경기도: 위즈덤하우스.

http://www.busan.go.kr
http://terms.naver.com/entry.nhn?docId=2824174&cid=55772&categoryId=55810
http://krdic.naver.com/search.nhn?query=%ED%96%89%EB%B3%B5&kind=keyword
http://terms.naver.com/entry.nhn?docId=2078822&cid=44546&categoryId=44546
http://www.kookje.co.kr/news2011/asp/newsbody.asp?code=0300&key=20151103.22001204611

64. "정치와 상생, 그리고 통일한국"

이홍종(부경대 국제지역학부 교수/정치학박사)

목차

1. 정치와 상생

행복은 개인의 문제이며 사회 문제들과 별개로 각자가 스스로 추구해야 한다고 믿는 사람들이 있다. 또 어떤 이는 행복이 사회적인 것과 맞물려 있어 가난・불평등, 편견, 정치적 억압 같은 조건들을 해소시키지 않으면 진정한 행복은 불가능하다고 생각한다. 달라이라마와 하워드 커틀러<당신은 행복한가?>는 다양한 접근을 통해 이런 이분법적인 구분을 깨고자 노력한다. 행복은 개인과 사회 양쪽 모두에게 달려 있기 때문이다.

"화제의 책 〈당신은 행복한가〉 혼자서는 행복할 수 없다."
남형도 〈Weekly 공감〉 2013.9.16

(1) "인간은 정치적 동물"

○ 인간은 정치적 동물이다.
=인간은 함께 더불어 살아야 행복하다.

* 이상 vs. 현실

○ 정치란 “함께 더불어 사는 기술“

정치란 “희소 자원의 권위적 배분”(계약) David Easton

○ 이렇게 공익적이고 긍정적인 정치가 부정적으로 인식되고 있는 이유?

1) (당장의) 손해 > (나중의) 이익

2) 정치의 담당자 사익>공익

○ 정치개혁(쇄신) 사익->공익

1) 인물교체

2) 세도 및 구조

3) 문화(교육)

○ 정치는 원래 공익적이고 중요하기 때문에 비판은 하되 정치적 무관심은 바람직하지 않고 위험!

○ A. 좁은 의미의 정차: 권력현상설

B. 넓은 의미의 정치: 집단현상설

○ 고대 그리스: A

중세: B

절대주의시대: B

근대자유주의: B

현대민주주의: A

○ (분류 기준: 사회과학의 기본 패러다임/ 사회현상을 보는 기본적인 시각)

A. 자유주의: 개인, 시장, “보이지 않는 손” Adam Smith → 자본주의

B. 진보주의: 구조, 국가, “보이는 손” --> 사회주의, 공산주의

○ (분류기준: 시장에 정부개입 찬반 여부)
수정자본주의(A+B O) 정부개입찬성 liberal “진보”
(A+B X) 정부개입반대 conservative "보수“

○ 자본주의: 독점, 공황, 수정자본주의(A+B O 탄력성)
공산주의(B+A X 패쇄성) Karl Popper <Open Society & its Enemies>

○ 자본주의 <- 성악설(이기심)
공산주의 <- 성선설 * 생산성 저하: 현실사회주의 실패
* 아방가르드 프롤레타리아계급의 독재 장기화/부패

2. 정치의 실패, 전쟁 그리고 한반도 통일:
한반도 신뢰프로세스와 행복한 통일

(1) 북한의 도발과 한반도 정세

○ 북한은 작년 12월 장거리 로켓 발사에 이어 올해 2월 3차 핵실험을 함으로써 국제사회의 비판과 대북제재에 직면

- 북한의 오랜 후원국인 중국내부에서조차 반북 여론이 급등, 중국 언론과 학자들 사이에 북한제재 적극 동참 여론이 조성되고 있음.

○ 북한은 노동신문을 비롯한 각종 매체를 통해 ‘핵보유국’이라는 표현이 담긴 글을 하루에 수십 편 이상씩 발표, 핵보유국 위상을 계속해서 강조

- 북한은 작년 4월 헌법개정시 서문에 ‘핵보유국’이라는 표현을

넣었고 3차 핵실험이후 '핵보유국'과 '위성발사국' 지위를 영구화 할 것이라고 선언(3월 9일 외무성 대변인 성명)

- 이번 3차 핵실험을 계기로 인도나 파키스탄처럼 국제사회에서 사실상의 핵보유국 지위를 확실하게 다져놓겠다는 의도가 있는 것으로 분석

❍ 3차 핵실험 이후 고강도 대북제재를 담고 있는 유엔안보리 대북제재 결의안 2094호 채택

- 금융 제재, 화물 검색, 선박·항공기 차단, 금수 조치 시행 촉구 등 제재 대상과 통제 품목을 확대, 제재 조치의 실질적인 강화가 이루어졌음.
- 결의 위반 및 제재 회피 사례에 대한 정보 제공 등 결의 이행 확보를 위한 장치도 강화됐으며, 북한의 추가 도발시 안보리가 "추가적인 중대한 조치"를 취하기로 결정했음.

❍ 정권 출범 후 1년이 지났지만 뚜렷한 업적이 없는 김정은으로서는 장거리 로켓발사와 3차 핵실험을 통해 군사적 리더십을 확보하고 체제내부 결속을 도모하고 있음.

❍ 북한은 3차 핵실험 이후 '정전협정 폐기', '전시태세 강조', '불벼락' 발언 등 계속적인 대남 도발 위협 발언을 하고 있음

- 과격하고 모험성이 강한 김정은 정권이기에 예측 불가능의 위험스러운 형태를 향후에도 자행할 수 있음.

❍ '10·4선언'을 도출한 노무현-김정일 간 정상회담 대화록을 둘러싸고 최근남북 및 남남 갈등이 중첩적으로 벌어지고 있음. 지난 1972년 남북은 7·4공동성명을 공표했고 자주·평화·민족대단결 등 통일 3원칙이 핵심. 북한이 말하는 '자주'는 '남한은

미국의 식민지'라는 전제. '민족 대단결'도 마찬가지. 북한의 대남전략인 '통일전선'을 가리킨다는 점에서 책임 있는 당국 간 협상을 우선하는 우리의 문법과는 너무 다름. 이것이 최근 남남 갈등이 되레 증폭되는 배경. 북한의 '통일전선' 전략이 성공적으로 이루어지고 있는 상황.

- 우리의 적은 북한에만 있는 것이 아니고 한국 사회 내에 더 어려운 적들이 많음. 그런데 친북좌파 세력들은 국가정보원의 임무를 대 북한 임무로 제한하려고 선동. 상황을 거꾸로 대처하는 것임.

○ 지난 6월 27일은 6·25전쟁의 정전협정을 체결한 지 60주년. 적화통일을 꿈꾸던 북한의 기습적 남침(南侵)을 신생 대한민국이 피로 막아낸 값진 승리를 기념하는 날. 한국군과 16개 참전국은 유엔의 깃발 아래 하나가 돼 자유민주주의를 수호(박근혜대통령 6/24 유엔평화공원 방문). 세계에서 가장 가난한 나라였던 한국이 원조를 주는 나라로 거듭나고 민주주의와 시장경제의 모범국가가 된 것도 6·25전쟁에서 승리한 덕분.

- 미국에서 6·25는 더이상 '잊혀진 전쟁'이 아니라 '영광스러운 승리'로 자리매김. 버락 오바마 미국 대통령은 사상 처음으로 정전 기념식에 참석해 연설. '잊혀지지 않는 영웅들'을 주제로 워싱턴의 한국전쟁 참전용사 기념공원에서 열리는 이번 기념식에는 7000명이 참석. 정전 이후 한국과 미국은 60년을 지탱한 혈맹(血盟) 관계. 세계사에서 가장 성공적인 동맹으로 평가받는 한미동맹이 지난 60년의 성공을 바탕으로 앞으로도 굳건한 공동번영의 초석이 되길 기대.

- 6·25전쟁을 미국과 이승만 정권의 북침이라고 우기는 북한은

이날을 전승기념일이라며 대대적으로 선전. 예년과 달리 대규모 열병식, 그리고 대동강 변에 전시하던 미 정보수집함 푸에블로호를 전승기념관으로 옮겨 대대적인 재개장 행사. 전승(戰勝)이라는 말부터 거짓말. 적화통일이라는 목표에서 보면 실패한 전쟁. 주민이 먹을 식량도 모자라는 지금 북한의 처지를 놓고 보면 대한민국으로 편입되는 편이 훨씬 나았을 것임.

(2) 한반도 신뢰프로세스의 의미와 내용

❍ 한반도 신뢰프로세스는 헌법 제4조의 자유민주적 기본질서에 입각한 평화통일의 정신을 구체화한 것임.

❍ 한반도 신뢰프로세스는 "작은 신뢰에서 큰 신뢰로" "작은 통일에서 큰 통일로" 남북 관계를 진화 발전시켜 나아가는 것을 의미.

❍ 한반도 평화정착을 시작으로 경제통일에 이어 정치통일을 완성하기 위해서는 남북 간 신뢰 쌓기가 우선이라는 인식에서 출발.

- 과거처럼 단 한 번의 최고위급 회담에서 남북문제를 완결짓겠다는 과욕은 존재하지 않음.

❍ 한반도 신뢰프로세스란 남북관계에 신뢰가 쌓이고 북한의 비핵화가 진전되면 국제사회까지 참여하는 대규모 경제협력 프로젝트 추진을 주요 내용으로 함.

❍ 남북한의 기존 합의에 담긴 평화와 상호존중의 정신을 실천하되 세부사항은 현실에 맞게 조정하여 이행

- 다양한 대화채널을 열어 놓으며 인도적 문제는 정치적 상황과 구분하여 지속하되 투명하게 진행

❍ 또한 호혜적 경제협력・사회교류도 업그레이드하고 이를 전담할

사무소를 서울과 평양에 설치하며 신뢰가 쌓이고 비핵화가 진전 되면 경제공동체 건설을 위한 '비전코리아 프로젝트'를 가동

❍ 신뢰정책의 목표는 한반도를 갈등의 지역에서 신뢰의 지역으로 변화시키고, 지속가능한 평화와 통일, 안정적인 동북아 질서를 구축

❍ 신뢰정책의 방법론으로는 글로벌 규범에 의거해서 남북한 상호 신뢰를 구축하고 검증이 가능하고 상호적인 차원의 신뢰를 구축
- 즉 합의 준수를 검증하고, 상호이익이 확인된 후에 다음 단계로 전이

> "현재 우리가 처한 안보 상황이 너무도 엄중하지만 여기에만 머물 수 없습니다. 저는 한반도 신뢰프로세스로 한민족 모두가 보다 풍요롭고 자유롭게 생활하며, 자신의 꿈을 이룰 수 있는 행복한 통일시대의 기반을 만들고자 합니다. 확실한 억지력을 바탕으로 남북 간에 신뢰를 쌓기 위해 한 걸음 한 걸음 나아가겠습니다."
>
> <박근혜 대통령 취임사>

❍ 한반도 신뢰를 실현하기 위한 전략으로 신뢰정책은 일종의 균형 정책임.
- ① 남북간 안보와 협력의 균형, ② 남북한 협력과 국제공조의 균형, ③ 북한정권과 북한주민의 균형을 취함.
- 균형정책은 중간적 입장을 취하는 것이 아니라 강경할 때는 강경하게, 유화적일 때는 유화적으로 한다는 입장임.

❍ 한반도 신뢰프로세스를 가동하여 박근혜 정부가 직면한 대외적 위기를 한반도 평화와 안정 구축의 기회로 전환하는 계기로 활용

❍ 2013년 4월 3일 북한의 일방적 통행제한 조치로 개성공단 사태

가 촉발된 이후 지난 9월 11일 개성공단 재가동에 합의하기까지 남북은 161일간 지루한 '줄다리기'를 계속해왔다. 개성공단 사태 해결을 위한 당국 간 실무회담만 7차례 개최됐고 6차 회담 때는 남북 회담관계자들이 서로 '멱살잡이'를 하며 싸우는 초유의 사태까지 벌어졌다. 개성공단의 완전 정상화까지 갈등의 파고가 유독 높았던 이유는 이 문제가 향후 남북관계의 척도로 인식됐기 때문이다. 드디어 지난 9월 16일부터 개성공단이 재가동되었다. 개성공단의 정상화가 남북관계의 시금석이라는 점에서 관계 개선에도 탄력이 붙을 전망이다.

❍ 그동안 기업들이 불편을 겪었던 동행과 통신, 통관 문제도 국제 기준에 맞게 손질한다. 개성공단의 국제화 추진도 본격화되었다. 이와 관련, 남북은 10월 중 개성공단에서 외국 기업과 상공인을 초청해 투자설명회를 열기로 했다. 개성공단이 국제적 경쟁력을 갖추고 안정적으로 발전하기 위한 제도적 장치가 마련됐다.

❍ 한국 정부는 개성공단 사태 해결 과정을 통해 북한의 신뢰도를 평가하고 이를 남북대화의 시금석으로 삼겠다는 입장을 밝혀 왔다. 남북 간 '신뢰'를 출발점으로 하는 한반도 신뢰프로세스와 북한 김정은 국방위원회 제1위원장의 대남 정책이 개성공단 정상화 합의로 첫 시험대에 올랐던 것이다. 우여곡절 끝에 개성공단 제도 개선에 대해 북한이 과거에 비해 적극적이고 진전된 태도를 보였다.

❍ 개성공단 정상화는 박근혜 대통령의 원칙 있는 대북정책으로서 한반도 신뢰프로세스의 성공으로 볼 수 있지만 그것이 단지 강경정책의 성공으로만 보면 안 된다. 한반도 신뢰프로세스는 강

경정책과 대화정책이 합쳐진 것이기 때문이다. 박 대통령은 후보 시절 "전쟁 중에도 적과 대화를 할 수 있어야 한다"고 말한 적이 있다.

(3) 행복한 통일

○ 박근혜 정부는 행복한 한반도를 시대적 소명으로 설정
  - 안보분야에서는 튼튼한 국방력과 국제협력을 바탕으로 대한민국의 주권과 안전을 확실히 확보
  - 통일분야에서는 한반도 신뢰 프로세스를 통해 행복한 통일을 지향
  - 외교분야에서는 전통우방 및 주변국 등과의 상생외교 및 외교 지평 확대를 추구

○ 튼튼한 안보와 지속가능한 평화 실현 전략을 위해 6가지 국정과제를 선정
  - ① 국민이 신뢰하는 확고한 국방태세 확립, ② 전략환경 변화에 부합하는 미래지향적 방위역량 강화, ③ 한미군사동맹 지속적 발전 및 주변국 국방협력 강화, ④ 혁신적 국방경영 및 국방과학기술 발전, ⑤ 보람있는 군복무 및 국민존중의 국방정책 추진, ⑥ 명예로운 보훈, 북핵문제의 진전을 위한 동력 강화

○ 행복한 통일로 가는 새로운 한반도 구현 전략을 위해 3가지 국정과제를 설정
  - ① 한반도 신뢰프로세스를 통한 남북관계 정상화, ② 작은 통일에서 시작하여 큰 통일을 지향, ③ 통일 대비 역량 강화를 통한 실질적 통일 준비

○ 박근혜 대통령은 역대 어느 대통령보다 남북통일에 관한 강한 의지를 갖고 있음. 박 대통령은 4대 국정기조에 <평화통일>을 명시한 첫 대통령.

- 박 대통령은 임기를 시작하자마자 가장 역점을 둔 한미 정상회담과 한중 정상회담에서 임기 중 평화통일에 돌파구를 만들겠다는 각오를 다지고 평화통일의 그랜드 디자인을 제시(한러정상회담은 2013년 9월 예정).

(4) 한반도 신뢰프로세스와 '서울 프로세스'

○ 한반도 신뢰프로세스의 기본 목표는 북한이 핵을 포기하고 국제사회의 책임 있는 일원으로 변화하도록 견인하는 것이다. 이를 위해 확고한 억지력을 바탕으로 북한의 핵무기와 도발에는 대가가 있음을 깨닫게 하는 한편 대화의 창은 열어 올바른 선택을 유도해 나가는 것이다. 한반도 신뢰프로세스는 한반도를 갈등의 지역에서 신뢰의 지역으로 변화시키고 지속가능한 평화와 통일, 안정적인 동북아 질서를 구축하는 것이다.

○ 한반도 신뢰프로세스 정책의 방법은 글로벌 규범에 의거해서 남북한 상호신뢰를 구축하고 검증이 가능하고 상호적인 차원의 신뢰를 구축하는 것이다. 최근 개성공단을 국제적 경쟁력을 갖추고 안정적으로 발전되게 하기 위한 제도적 장치가 마련하기 위한 노력이 이러한 예라고 볼 수 있다.

○ 박근혜 대통령은 지난 5월 7일 한미정상회담에서 동북아 다자간 협력구상인 '서울 프로세스'를 오바마 대통령에게 제안하고 협조를 요청했다. 이 구상은 북핵 6자회담이 교착상태에 빠진 가운

데 미국을 포함해 동북아 국가들이 기후변화와 대테러, 원전 안전성 등 비정치적 사안에서 무릎을 맞대 신뢰를 확인하고 이를 동력삼아 북핵 문제 등 역내 안보현안까지 대화를 확장해가자는 박 대통령의 안보제안이다. 박근혜 대통령은 '서울 프로세스'를 제시하며 동북아 긴장 완화를 위해 우리나라가 주도적 역할을 하겠다는 의지를 밝혔다.

○ 박근혜 대통령은 한미정상회담의 테이블에서 억지와 대화를 두 바퀴로 하는 자신의 대북 정책 기조인 한반도 신뢰프로세스를 우선 오바마 대통령에게 설명하고 지지를 확보하였다. 새 정부 출범 이후 한국 측 외교라인은 박 대통령이 내세운 한반도 신뢰프로세스 및 남북관계와 국제공조 사이의 균형 있는 대북정책이 튼튼한 한미동맹을 기초로 펼쳐질 것임을 설명하였다. 박 대통령은 한반도 신뢰프로세스를 통한 남북문제의 해결과 중국과의 전략적 협력동반자 관계 심화, 이명박 정부와 비교한 북·중관계의 진전 등이 한미동맹을 바탕으로 전개된다는데 오바마 대통령과 인식을 같이하였다.

○ 박근혜 대통령은 "미국의 아시아 재균형 정책과 저의 동북아 평화협상 구상이 동북아의 평화와 발전을 추구하는데 시너지 효과를 가져올 것"이라며 '서울 프로세스'를 적극 설명하고 이에 오바마 대통령은 "다자적인 접근(approach)이 중요하다"며 인식을 같이 했다. 박 대통령은 "미국을 포함한 동북아 국가들이 연성 이슈부터 대화와 협력을 통해 신뢰를 쌓고 점차 다른 분야까지 협력의 범위를 넓혀가는 동북아 다자간 대화 프로세스를 시작할 때가 됐다"며 '서울 프로세스'의 당위성을 강조했다.

○ 동북아 국가들이 비정치적인 이슈에서부터 다자협력을 통한 신뢰를 쌓고 나아가 더 큰 문제와 갈등을 호혜적 입장에서 풀자는 게 박근혜 대통령의 구상이다. 아시아 국가들이 경제적으로는 상호의존도가 높지만 안보나 역사, 영토문제 등의 경우 분쟁의 소지가 많은 '아시아패러독스'가 존재하는 만큼 이를 극복하기 위한 수단이 필요하다는 생각에서다. '서울 프로세스'는 비핵화를 전제로 남북한 상호간에 신뢰 관계를 구축하면 경제공동체 건설까지 나아갈 수 있다는 한반도 신뢰 프로세스의 동북아 확장판인 셈이다.

○ 박근혜 대통령은 '서울 프로세스'에 "북한도 참여할 수 있을 것"이라며 북한에도 문을 열어놓은 점은 주목할 만하다. 한반도 신뢰프로세스와 연장선상에서 '서울 프로세스'가 작동하도록 해 한반도 주변을 둘러싼 갈등을 해소할 수 있는 양대 축이 될 수 있다는 구상으로 풀이된다. 북한이 동북아 역내국가의 책임 있는 일원으로서 역할을 한다면 개혁 · 개방 등 변화의 길로 나올 수 있다는 기대감도 있다. 비정치적 이슈에서 '서울 프로세스'가 출발한다는 점에서 자연스레 북한을 대화의 장으로 유도하는 유인책으로도 작용할 수 있다.

○ '서울 프로세스'의 관건은 중국이 될 것이다. 한 · 중 · 일 역사 및 영토 분쟁의 한 축이자 북한을 대화 테이블로 끌어내는데 있어 가장 중요한 열쇠를 쥐고 있는 국가가 바로 중국이기 때문이다. 한미정상도 한미정상회담에서 중국의 역할론에 대한 공감대를 형성하였다. 박근혜 대통령이 한미정상회담 후 기자회견에서 "북한이 변화하도록 공동노력을 기울이는데 있어서는 중국의

영향이 크기 때문에 다 같이 동참해서 갈 수 있도록 우리가 노력해 나가기로 했다"고 언급하고 오바마 대통령은 '서울 프로세스'에 있어서 중국의 역할에 대한 긍정적인 평가를 내렸다는 점이 이를 뒷받침한다.

○ '서울 프로세스' 구축에 기여하기 위해 우선 우리나라에 유리한 국제적 안보환경 여건을 조성해야 한다. '서울 메커니즘'은 우선적으로 미국, 중국, 일본, 러시아와 남・북한을 중심으로 시작될 것이다. '서울 프로세스'는 한반도가 평화롭고 협력적인 동북아를 만들어 나가는데 기여할 수 있도록 한반도 신뢰프로세스와 동북아 평화 협력 구상을 상호 보완적으로 추진해 나간다는 구상이다.

3. 맺는 말

○ 지난 9월 6일 법무부가 '위헌 정당・단체 태스크포스(TF)' 구성을 발표하고 새누리당이 통합진보당 이석기 의원 제명안을 낸 것은 결국 정부와 여당이 이번 기회에 종북 세력이 성장할 수 있는 토양 자체를 없애겠다는 의지의 표현으로 해석된다. 법무부 관계자는 '이번에 출범하는 TF는 위헌 정당뿐 아니라 반국가・이적 단체 등 위헌 단체 문제까지 함께 연구해 종합 대책을 마련하기 위한 팀이라는 점에 주목해 달라'고 말했다. 헌법 8조 4항은 '정당의 목적이나 활동이 민주적 기본 질서에 위배될 때에는 정부는 헌법재판소에 그 해산을 제소할 수 있고, 정당은 헌법재판소의 심판에 의하여 해산된다'고 규정하고 있다. 정부는 국무

회의 심의를 거쳐 헌법재판소에 정당 해산 심판을 청구할 수 있다. 위헌 정당에 대한 해산 소추는 정부의 선택이 아니라 의무이다. 헌법 질서를 유지하고 국가 존립을 확보해야 할 의무가 정부에 있기 때문에 위헌 정당이라고 판단하면 반드시 헌법재판소에 제소해야 한다.

❍ 헌법재판소는 정부로부터 정당 해산 심판 청구를 받으면 해당 정당의 활동을 정지시키는 가처분 결정부터 내릴 수 있다. 최종 해산 결정이 나올 때 까지 시일이 오래 걸릴 수 있기 때문에 그 사이 위헌적 정당 활동을 막으려는 조치이다. 헌법재판관 전체 9명 중 7명 이상이 출석해 이 가운네 6명 이상의 찬싱이 있으면 정당 해산 결정이 내려진다. 헌법재판소가 해산 결정을 내리면 소속 의원도 제명된다. 헌법이나 선거법, 정당법 등에 명시적 규정은 없지만 비례대표 · 지역구 의원 모두 국회가 자율적으로 제명 조치해야 한다. 비례대표는 후순위자가 승계해서도 안 된다. 비례대표 의원은 정당 자체를 기반으로 당선된 사람이고 지역구 의원은 정당에 지급된 선거 보조금을 활용해 당선된 사람이다. 정당 자체가 위헌으로 해산되면 의원들도 모두 자격 상실돼야 한다.

❍ 정당 해산의 심사 기준인 '민주적 기본 질서'는 헌법재판소가 결정을 내렸다. 반국가 단체에 의한 일인 지배, 일당독재는 안 된다는 대목이 맨 앞에 나온다. 북한의 주체사상은 그 자체로 민주적 기본 질서 위배다. 북한은 민주주의가 아니다. 북한은 일당독재이고 일인 지배다. 북한이 전쟁을 일으켰을 때 여기에 가담해 우리나라를 전복하려는 것은 민주적 기본 질서 위배이다. 주체사

상을 신봉하고 이에 따라 행동하는 정당은 헌법상의 민주적 기본 질서에 위배되기 때문에 정당으로 보호할 필요가 없다. 5월 12일의 RO(Revolutionary Organization) 모임에 대해 통합진보당은 경기도당 모임이라고 했다. 당의 공식 회합이었다. 국가정보원이 수사한 대로 이 자리에서 내란 음모 행위가 있었다면 통합진보당이 정당 차원에서 민주적 기본 질서를 어긴 것이다.

- RO가 '현실적 위험성은 없다'는 주장을 내세우는 것은 잘못된 것이다. 독일 연방헌법재판소가 1956년 독일공산당을 해산시켰다. 당시 재판소는 민주적 기본 질서에 대한 현실적 위험성이 없더라도 정당 해산이 가능하다고 결정했다. 애초부터 민주적 기본 질서 침해를 목적으로 하는 정당은 국가가 보호하거나 지원할 필요가 없다는 것이다. 만약 현실적 위험성이 없다고 해산을 안 시키면 반국가 활동, 종북 활동을 하는 정당에도 보조금 주고 선거 참여를 인정해야 한다. 민주주의의 적(敵)까지 지켜줄 이유가 없다. 민주주의를 방어하기 위해서다.
- 헌법은 정당의 목적이나 활동이 민주적 기본 질서에 위배되면 정부가 헌법재판소에 해산을 제소할 수 있도록 규정하고 있다. 또한 법을 만드는 국회의원이 법 질서와 민주적 기본 질서를 파기한다면 반드시 제명 조치되어야 한다. 그리고 또 다른 이석기와 통합진보당이 선거직에 진출할 수 없도록 선거법과 제도를 바꾸어야 한다.

〈참고문헌〉

저서

「국제관계의 이해」(공저, 2인) 부경대학교출판부 2003

논문

"사회과학 패러다임과 한국의 지역주의-자유주의, 진보주의, 그리고 구성주의를 중심으로-" 「국제정치연구」 제7집 1호 (2004. 6)

"세계화 시대의 국가의 역할" (공저, 2인) 「국제지역연구」 제8권 제3호 (2004. 10)

"Thc Nation-State at the Crossroads" (공저, 2인) 「International Area Review」 Vol. 7, No. 2 (2004. 11)

"국제지역기구로서의 EU와 APEC의 비교연구-통합이론을 중심으로" 「국제지역논총」 1권1호 (2004.12)

"Analysis of Korean Regionalism based on Liberal, Progressive, and Constructive Views" 「국제지역연구」 제9권 제1호 (2005. 2)

"Welfare State Restructuring in Sweden" (공저, 2인) 「한국정치학회보」 39권4호 (2005.12)

"국제기구로서의 APEC과 EU의 비교연구-국제지역기구에서의 미국의 역할을 중심으로-" 「21세기정치학회보」 제16집 3호 (2006.12)

"이란핵문제와 북한핵문제 비교연구-미국의 대북 대이란 핵문제에 대한 인식을 중심으로-" (공저, 2인) 「한국이슬람학회논총」 제19-1집 (2009. 2)

"남북정상회담과 이명박정부의 「그랜드 바겐」정책" 「기독교와 통일」 제4권 (2010. 11)

"남북한 환경에너지협력과 저탄소녹색성장-중국의 저탄소녹색성장과의 비교를 중심으로-" 「中國學」 제44집 3호 (2013. 4)

65. 비교문화연구: 미국과 한국

1982년 9월, 유학 차 미국에 처음 가서 느낀 점은 그야말로 "세상은 넓고 할 일은 많다"였다. 고속도로 상하행선 분리하는 땅이 아주 넓어 거기에 농사를 지어도 "대한민국 사람들을 다 먹여 살리겠구나?"하는 상상을 해 보았다. 미국이 선진국이라고 했는데 아직도 새로이 개발하는 곳들이 많은 데에 놀랐다. 미국에 이민가는 사람들을 부정적으로만 볼 것이 아니고 장려해야 된다.

미국은 많은 문제점들을 안고 있는 나라라고 한다. 로마제국이 멸망하기 직전과 비유되듯이 도덕적 타락 등... 그럼에도 불구하고 미국은 한 나라로 유지되고 건재하고 발전하고 있다. 그것이 단지 나라의 '사이즈' 때문일까? 그것만은 아닐 것이다. 이 책은 이러한 관점에서 미국을 이해하고자 한다.

"반미기자"로 유명한 오마이뉴스 오연호대표이사가 1995년부터 1997년까지 월간 '말' 워싱턴특파원을 하면서 미국에서 석사를 공부하고 돌아와 강연을 할 때 들은 적이 있다. 기본적인 이야기는 반미만 할 것이 아니고 미국을 제대로 알아야 한다는 것이고 미국에는 지배하는 '기득권층(establishment)'만 있는 것이 아니고 양심세력인 "제2의 정부"가 있다고 강조했다.

제2차 세계대전 이후 승승장구하던 미국을 좌절시킨 두 사건이 있었다. 그것은 베트남전쟁과 워터게이트사건이다. 베트남전쟁은 두 가지 의미가 있다. "미국이 이기지 못한 전쟁"이고 미국민들의 지지를 받지 못한 전쟁이다. 워터게이트사건으로 닉슨대통령은 탄핵 위기에 몰렸다가 사임한다. 상대 당인 민주당 선거본부에 도청

장치를 한 것도 잘못이지만 그것을 알고도 거짓말한 것이 문제였다.

외교정책 등에서 얼마나 진실만을 말할 수 있는지 모르지만 미국은 거짓말 안 하는 것을 중요한 가치로 생각한다. 예를 들어, 조지 워싱턴을 초대 미국 대통령으로 만든 것은 '정직'이라고 한다.

워싱턴이 아주 어린 나이였을 때 아버지가 도끼를 한 자루 주었다. 번쩍거리는 새 것이었다. 그는 정원으로 달려가서 자기의 작은 도끼를 가지고 일을 시작했다. 나무는 매우 작았기 때문에 그 나무를 넘어뜨리는 일은 오래 걸리지 않았다. 그리고 나서 얼마 안 있어 아버지가 집으로 돌아왔다. "누가 내 어린 벚나무를 잘랐느냐?"하고 소리를 쳤다. "그 나무는 이 나라에는 단 한 그루밖에 없는 것이라서 그걸 사는 데 많은 돈을 들인 것인데..." "만약 그 벚나무를 자른 녀석을 알기만 하며 그 녀석을 그냥..." 하며 아버지는 소리쳤다. "아버지!" 하고 어린 워싱턴이 크게 말했다. "솔직히 말씀드려서 제가 제 도끼로 그 나무를 베어 쓰러뜨렸습니다." 아버지는 어린 아들을 두 팔로 껴안으며 말했다. "조지. 네가 정직하게 말해주니 기쁘다. 내게는 네가 거짓말을 한 번 하느니 차라리 벚나무 열두 그루를 잃어버리는 것이 낫다."[233]

다음은 필자가 유학 시절 접한 이야기이다, 미국에서 세금을 천천히 나누어 내는 것은 죄가 되지 않지만 세금을 "거짓보고"하면 죄가 된다. 야구선수 피트 로즈(Pete Rose)는 안타 4,256개로 메이저리그 최다 안타을 기록한 선수이지만 3천(?) 안타를 친 배트를 경

233 http://blog.naver.com/PostView.nhn?blogId=genseoks1&logNo=220541974692 (검색일: 2017. 4. 29).

매하고 세금보고하지 않아 결국 감옥에 간다.

제2차 세계대전 이후 승승장구하던 미국을 좌절시킨 두 사건, 베트남전쟁과 워터게이트사건 등을 겪으면서 1960년대와 1970년대, 소위 "폭동과 혁명의 시기(the era of revolts and revolution)"가 온다. 거꾸로 보면 "양심의 시기"라고도 볼 수 있다.

1960년대와 1970년대는 사회적으로 엄청난 격변의 시기였다. 시작할 때는 낙관주의와 기대로 가득 찼다. 젊은 존 F. 케네디가 대통령으로 선출되었기 때문이다. 마틴 루터 킹 목사는 미국 내에서 폭력 없이 흑백 분리와 인종주의를 종결시키자고 주장하여 미국 전역의 주목을 받았다. 그러나 이상주의는 산산 조각이 났다. 케네디 대통령이 1963년 암살당한 것이다. 1965년부터 1968년까지 많은 도시에서 폭동이 일어났다. 1968년 마틴 루터 킹과 케네디 대통령의 동생인 로버트 케네디도 흉탄에 쓰러졌다. 그러나 1960년대 미국 사회에서 가장 충격적이고도 결정적인 사건은 베트남 전쟁의 발발이었다. 1960년대 젊은이들이 느끼는 소외감에는 다른 원인도 있었다. 일차적으로는 1950년대부터 이어져 오던 세대 간의 차이가 지속되었고 또 다른 면에서는 대학생들이 대학 과정을 불합리한 것으로 생각하기 시작했다. 많은 학생들이 일종의 공동체를 이루고 살면서 터무니없는 의복을 걸치고 마약을 하면서 살았다. '히피'라 불리우는 많은 젊은이들이 목걸이를 하고 정신에 영향을 주는 LSD[234] 같은 향정신성 약물들을 실험적으로 복용했다. 베이비 붐 세대 젊은이들의 일탈은 1970년대 초기에 발생한 사건들 때문에 더욱 심해

234 1966년까지 LSD는 합법이었다.

졌다. 1974년, 대통령 리처드 닉슨은 권력 남용 때문에 불명예스럽게 대통령직을 내놓았다. 참고로 이 시기 동안 젊은 세대들을 하나로 묶어준 것은 대중음악이었다.[235]

미국을 탄생시키고 건재하게 만든 것으로 '미국의 양심 세력과 양심적인 운동' 뿐 아니라 먼저 자유주의와 공동체주의를 들어야 한다. 자유주의에 대해서는 뒤 본론의 "수정자본주의"에서 설명할 것이다, 공동체주의는 특히 미국 건국초기에 큰 역할을 하였다. 미국민들은 행복이 '개인적인 출세(사회적/경제적)' 뿐 아니라 본인이 속한 '공동체(community)에의 기여(contribution)'에 의해서 주어진다고 한다. 공동체의 기여는 시간과 물질적인 방빕으로 이루어진다.

공동체주의는 인간의 정체감은 자신이 특정한 가족, 계급, 공동체, 국가, 민족의 구성원이라는 의식으로부터 분리될 수 없다고 보는 사상이다. 자유주의자들은 개인의 자율성에 절대적인 우선성을 부여하고 인간이 사회 이전에 개인으로 존재한다고 보는 반면 공동체주의자들은 자유주의가 사람들의 가치는 그들이 살고 있는 사회에 의해 만들어지는 점을 무시한다고 비판한다.[236] 공동체주의는 개인의 자유보다는 평등의 이념, 권리(right)보다는 책임(responsibility), 가치중립적 방임보다는 가치 판단적 담론을 중시한다. 18세기 말~19세기 초의 미국인들은 공적(公的) 미덕, 즉 개인이 사적(私的)인 이해관계를 공동체의 이익을 위해 기꺼이 종속시키는 것을 강조

235 http://100.daum.net/encyclopedia/view/168XX57600214(검색일: 2017. 4. 30).

236 http://terms.naver.com/entry.nhn?docId=1838312&cid=42044&categoryId=42044 (검색일: 2017. 4. 30).

하는 신념체계, 다시 말해 공동체주의를 고수했다.[237]

미국의 역사에서 많은 대통령들이 중요한 역할을 한다. 이들에 대한 이야기는 본론에서 이야기된다. 여기서는 마지막으로 트럼프(D. Trump) 대통령에 대해서만 설명하겠다. 트럼프는 “America First”와 “Make America Great Again”[238]을 내세워 많은 사람들의 예상을 뒤엎고 당선되었다.

필자는 트럼프 성공의 가장 큰 이유로 2004년부터 자신이 지분을 보유한 NBC 방송국에서 <어프렌티스 The Apprentice>라는 리얼리티 쇼 프로그램을 진행하면서 대중의 인기를 끌었다는 점을 꼽는다. 이 프로그램은 회사에 갓 입사한 젊은이들의 직장 생활을 담은 내용인데, 트럼프는 이 프로그램에 출연해 “너는 해고야(You're fired).”라는 유행어를 남기기도 했다. 대통령 선거 공약으로는 강력한 보호무역 실시, 한국 등 미군 주둔국의 방위분담금 인상, 이란 핵협상 무효화, 불법 이민자 추방, 무슬림 입국 금지 등을 공약으로 내세웠다. 2016년 11월 8일(현지시간) 치러진 2016년 미국 대선에서 힐러리가 우세할 것이라던 대부분 미국 언론의 예측과는 달리 3대 경합주인 플로리다와 오하이오, 펜실베이니아 등을 석권하면서 미국의 45대 대통령으로 당선됐다. 트럼프는 총 득표수에서는 힐러리에게 뒤졌으나 당락을 결정하는 선거인단 확보에서 압도적으로 승리하였다(306 대 232). 2017년 1월 대통령 취임 후 TPP(환태평양경제동반자협정) 탈퇴를 위한 행정명령에 서명한 데 이어 이라크 · 시

237 http://terms.naver.com/entry.nhn?docId=1518618&cid=41908&categoryId=41932 (검색일: 2017. 4. 30).

238 처음에 “Make America Great”를 내세운 대통령은 레이건(R.. Reagan)이다.

리아 · 이란 등 무슬림 7개국에 대한 미국 입국 일시 중단 및 비자 발급 중단 등을 골자로 하는 반(反)이민 행정명령에 서명함으로써 거센 반발을 불러일으켰다. 트럼프는 수완 좋은 사업가이자 베스트셀러 작가로서 ≪거래의 기술 The Art of the Deal≫(1987) 등의 저서가 있다. 그는 인종차별, 성차별 등의 막말과 기행으로 기성 정치권, 미디어 등 어디에서도 환영받지 못하는 아웃사이더이다. 그러나 이러한 악조건은 거센 비난을 부르는 동시에 지지율을 급상승시키는 원동력으로 작용하여 트럼피즘(Trumpism ; 트럼프의 극단적 주장에 대중이 열광하는 현상)이라는 신조어까지 생겨났다.[239]

---

239 http://terms.naver.com/entry.nhn?docId=3552004&cid=40942&categoryId=34318 (검색일: 2017. 4. 30).